科技论文与专利写作实用教程

陈英波 张兴祥 刘美甜 等编著

化学工业出版社

·北京·

内 容 简 介

本书全面阐述了科技论文与专利文件的写作,旨在帮助在校师生和科研工作者熟悉并掌握从科技文献检索、学术成果发表到知识产权保护的全流程操作。本书以材料学科论文的写作为例,介绍了中英文科技论文写作的全过程,包括期刊论文的写作技巧、SCI 论文的写作技巧和常见问题、论文的投稿与发表,以及毕业论文和会议论文的写作方法、技巧和规范等;还详细介绍了申请专利的主要方法、步骤和专利文件的撰写等。

本书融入作者长期科研工作和专利申请实践经验和大量案例,具体、实用,可操作性强。本书可供广大科研工作者参考,也可作为相关专业本科生和研究生的教学参考书或教材。

图书在版编目 (CIP) 数据

科技论文与专利写作实用教程/陈英波等编著. —北京:
化学工业出版社,2021.1(2025.1 重印)
ISBN 978-7-122-33281-3

Ⅰ.①科… Ⅱ.①陈… Ⅲ.①科学技术-论文-写作
②科技成果-专利申请 Ⅳ.①H152.3②G306.3

中国版本图书馆 CIP 数据核字 (2018) 第 258348 号

责任编辑:朱 彤　　　　　　　　文字编辑:向　东
责任校对:宋　夏　　　　　　　　装帧设计:刘丽华

出版发行:化学工业出版社(北京市东城区青年湖南街 13 号　邮政编码 100011)
印　　装:北京盛通数码印刷有限公司
787mm×1092mm　1/16　印张 11¾　字数 313 千字　2025 年 1 月北京第 1 版第 4 次印刷

购书咨询:010-64518888　　　　　　售后服务:010-64518899
网　　址:http://www.cip.com.cn
凡购买本书,如有缺损质量问题,本社销售中心负责调换。

定　价:49.00 元　　　　　　　　　　　　　　　　　　　版权所有　违者必究

前言

对于广大科研工作者而言，撰写和发表论文、申请专利等是一项重要任务和基本技能，也是评价科研工作者能力和学识的主要依据之一，只有掌握相关方法、技巧和规范，才能在今后的科研工作中发挥应有的作用。目前我国高等院校的论文写作与文献信息检索课程一般是作为通识教育类课程进行开设，由图书馆或相关机构为本科生或研究生开设该课程，以提高学生文献检索、分析、利用和写作能力。然而，不得不看到该课程的开设针对的是几乎所有专业的学生，通常只介绍文献信息检索与写作的基础知识，所使用的参考书也主要是文献检索与论文写作类参考书，其专业针对性较差。

众所周知，对于不同专业和门类，其文献资料特点和论文写作格式和方法均具有较大差异，如材料科学作为一门专业性较强的学科，拥有其自身的学者和读者队伍，有关人士需要一本内容全面、针对性强和使用价值较高的涉及材料类科技论文写作与文献信息检索、知识产权与专利保护等方面的书籍，但目前市面上这类书籍较少，这也是我们编写本书的初衷。

本书以材料科学为例，介绍了中英文科技论文的写作和专利文件写作的全过程。书中主要内容如下：第1章概述了科技论文和专利的基本概念和主要写作特点；第2章详细介绍了中英文科技文献检索与阅读方法，还对国内外专利和产品标准的查询进行了介绍；第3章结合科技论文写作的规范和要求，对中英文期刊论文的写作进行了详细介绍；第4章是为了更好地满足广大读者撰写SCI论文的实际需要，对英文论文写作过程中经常遇到的常见用词和语法等疑难问题进行了归纳和分析，并以实例进行了说明；第5章结合具体实例，阐述了论文投稿与发表的步骤与方法；第6章和第7章还分别介绍了毕业论文和会议论文的写作方法与技巧，以实际经验分享具体操作和注意事项。

专利在推动科技进步、鼓励自主创新中扮演着日益重要的角色，加强专利保护是激励科技创新的重要保障，但是目前仍有很多专利申请人不了解申请专利的流程。另外，专利申请文件的撰写要求也是很高的。为了帮助发明人、专利申请人轻松提高独立处理专利申请的能力，本书的第8章以较大篇幅对专利文件写作进行了详细介绍。

本书由陈英波、张兴祥、刘美甜等编著，其中第1章、第3章、第5章、第7章由陈英波编写；第2章由张兴祥编写；第4章、第6章由赵林飞、陈英波编写；第8章由刘美甜编写；全书由陈英波负责统稿，刘振对全书进行了校对与审核。在本书撰写过程中，融入了笔者长期科研工作和专利申请的实践经验，结合大量案例，可操作性强，可供广大科研工作者和在校师生参考。

由于知识水平和时间所限，书中难免有疏漏之处，敬请广大读者批评指正。

编著者

2021年5月

目录

第1章 概述 ··· 001
1.1 科技论文的概念 ··· 001
1.2 科技论文的特点 ··· 001
1.2.1 学术性 ··· 001
1.2.2 科学性和准确性 ··· 002
1.2.3 创造性 ··· 002
1.2.4 专业性 ··· 003
1.2.5 规范性 ··· 003
1.3 SCI 论文及评价 ·· 003
1.3.1 SCI 论文介绍 ··· 003
1.3.2 SCI 论文评价 ··· 004
1.4 科技论文写作过程 ··· 007
1.4.1 选题 ·· 007
1.4.2 制定实验方案 ··· 008
1.4.3 收集实验数据 ··· 009
1.4.4 准备论文写作 ··· 010
1.4.5 拟稿 ·· 012
1.5 专利概述 ·· 012

第2章 文献检索与阅读 ··· 013
2.1 概论 ··· 013
2.2 纸质版书籍的检索 ··· 013
2.2.1 书名检索 ·· 013
2.2.2 著者姓名检索 ··· 015
2.2.3 主题检索 ·· 015
2.2.4 词组短语检索 ··· 016
2.3 电子版图书的检索 ··· 017
2.4 中文论文检索 ··· 017
2.4.1 中文论文数据库简介 ·· 017
2.4.2 中文期刊论文检索 ··· 018

2.5 英文论文检索 · 022
　2.5.1　科学引文（ISI Web of Science）检索 · 022
　2.5.2　工程索引（Engineering Index）检索 · 028
　2.5.3　出版社数据库检索 · 031
2.6 中国专利查询 · 032
　2.6.1　关于专利 · 032
　2.6.2　专利查询 · 032
2.7 国外专利查询 · 034
2.8 产品标准查询 · 036
2.9 文献阅读 · 037
　2.9.1　概述 · 037
　2.9.2　文献阅读方法 · 037

第3章　期刊论文写作 · 039

3.1 概述 · 039
　3.1.1　期刊论文的结构 · 039
　3.1.2　期刊论文的写作顺序 · 039
3.2 标题 · 040
　3.2.1　标题的基本要求 · 040
　3.2.2　标题的类型 · 041
　3.2.3　标题的用词 · 042
　3.2.4　眉题的写法 · 043
3.3 作者及其机构 · 043
　3.3.1　作者的分类及署名原则 · 043
　3.3.2　作者名字的书写 · 045
　3.3.3　作者地址的标署 · 046
3.4 摘要和关键词 · 047
　3.4.1　论文摘要的主要作用 · 047
　3.4.2　摘要的基本要素 · 047
　3.4.3　摘要的分类 · 047
　3.4.4　摘要的时态 · 048
　3.4.5　摘要的语态 · 049
　3.4.6　摘要中常用的表达方法 · 049
3.5 引言 · 050
　3.5.1　研究背景和意义 · 050
　3.5.2　引言写作的语言技巧 · 051
3.6 材料与方法 · 053
　3.6.1　材料与方法的内容 · 053
　3.6.2　材料与方法部分常见的错误 · 054
　3.6.3　材料与方法部分书写时态和语态 · 054
　3.6.4　实验部分写作实例 · 055
　3.6.5　论文实验步骤修改实例 · 056

3.7 结果与讨论 ·· 057
   3.7.1 讨论部分的常见内容 ·· 057
   3.7.2 讨论部分应注意的问题 ··· 058
   3.7.3 讨论部分写作过程 ··· 058
   3.7.4 结果与讨论部分的图表及规范 ··· 059
3.8 结论 ·· 067
   3.8.1 结论的主要内容 ·· 067
   3.8.2 结论的写作结构 ·· 068
   3.8.3 结论的语言惯例 ·· 068
   3.8.4 结果、讨论与结论的区别 ·· 068
3.9 致谢部分 ·· 069
3.10 参考文献 ·· 072
   3.10.1 APA 文献格式规范 ·· 074
   3.10.2 文内引用（括号引用）·· 075

第 4 章　SCI 论文写作中常见语法和用词问题 ························ 077

4.1 常见用词问题 ·· 077
   4.1.1 选词要准确 ·· 077
   4.1.2 常见词义用法解析举例 ··· 078
4.2 主要语法 ·· 079
   4.2.1 句子成分 ··· 079
   4.2.2 句型 ··· 081
4.3 重要语法问题 ·· 082
   4.3.1 主语和谓语的单复数要一致 ··· 082
   4.3.2 主语和主语的行动在逻辑上要一致 ··· 083
   4.3.3 代名词和其代理的先行词要一致 ·· 083
   4.3.4 句子的时态 ·· 083
   4.3.5 常见语法问题举例 ··· 083

第 5 章　论文的投稿与发表 ··· 086

5.1 投稿前的准备 ·· 086
   5.1.1 期刊的选择 ·· 086
   5.1.2 论文格式调整 ··· 086
   5.1.3 投稿材料的准备 ·· 086
5.2 论文投稿 ·· 089
   5.2.1 注册账号 ··· 089
   5.2.2 登入投稿 ··· 093
5.3 论文发表 ·· 096
   5.3.1 稿件状态及应对措施 ·· 096

5.3.2 稿件接收与发表 ………………………………………………………………… 101

第 6 章 毕业论文的写作 ……………………………………………………… 103

6.1 毕业论文的意义和性质 …………………………………………………………… 103
   6.1.1 什么是毕业论文 ……………………………………………………………… 103
   6.1.2 撰写毕业论文的目的 ………………………………………………………… 104
6.2 选题与准备工作 …………………………………………………………………… 104
   6.2.1 选题原则和要求 ……………………………………………………………… 104
   6.2.2 选题的方法 …………………………………………………………………… 105
6.3 结构与格式 ………………………………………………………………………… 105
   6.3.1 毕业论文的文稿结构与要求 ………………………………………………… 105
   6.3.2 毕业设计说明书的结构 ……………………………………………………… 106
6.4 初稿的撰写与修改 ………………………………………………………………… 107
   6.4.1 拟定提纲 ……………………………………………………………………… 107
   6.4.2 整理实验数据，先写正文 …………………………………………………… 107
   6.4.3 撰写前言和结论 ……………………………………………………………… 107
   6.4.4 逻辑关系的调整 ……………………………………………………………… 108
   6.4.5 论文修改 ……………………………………………………………………… 108

第 7 章 会议论文写作与报告 ……………………………………………………… 109

7.1 会议论文写作 ……………………………………………………………………… 109
   7.1.1 标题 …………………………………………………………………………… 109
   7.1.2 署名 …………………………………………………………………………… 110
   7.1.3 摘要 …………………………………………………………………………… 110
   7.1.4 关键词和中图分类号 ………………………………………………………… 111
   7.1.5 引言 …………………………………………………………………………… 112
   7.1.6 正文 …………………………………………………………………………… 112
   7.1.7 结论 …………………………………………………………………………… 113
   7.1.8 致谢 …………………………………………………………………………… 113
   7.1.9 参考文献 ……………………………………………………………………… 114
   7.1.10 注意事项 ……………………………………………………………………… 115
7.2 会议口头报告 ……………………………………………………………………… 115
   7.2.1 报告内容的确定 ……………………………………………………………… 115
   7.2.2 报告材料的准备 ……………………………………………………………… 115
   7.2.3 PPT 的准备 …………………………………………………………………… 116
   7.2.4 PPT 的讲解 …………………………………………………………………… 116
   7.2.5 提问环节 ……………………………………………………………………… 117
7.3 会议墙报报告 ……………………………………………………………………… 117
   7.3.1 墙报的设计制作 ……………………………………………………………… 117

7.3.2　墙报内容的制作 …………………………………………………………… 118
　　7.3.3　墙报的安排方式 …………………………………………………………… 118

第8章　专利文件撰写 …………………………………………………………… 119

8.1　引言 ……………………………………………………………………………… 119
8.2　研发阶段专利的产生 …………………………………………………………… 119
　　8.2.1　立项 …………………………………………………………………………… 119
　　8.2.2　研究开发 ……………………………………………………………………… 119
　　8.2.3　生产 …………………………………………………………………………… 120
8.3　申请文件的撰写 ………………………………………………………………… 120
　　8.3.1　专利的类型 …………………………………………………………………… 120
　　8.3.2　不授予专利权的客体 ………………………………………………………… 121
　　8.3.3　专利申请文件的要求 ………………………………………………………… 122
　　8.3.4　实用新型专利的撰写要求 …………………………………………………… 124
　　8.3.5　外观设计专利的撰写要求 …………………………………………………… 127
　　8.3.6　单一性 ………………………………………………………………………… 130
8.4　发明/实用新型专利的可专利性 ………………………………………………… 136
　　8.4.1　实用性 ………………………………………………………………………… 136
　　8.4.2　新颖性 ………………………………………………………………………… 137
　　8.4.3　创造性 ………………………………………………………………………… 140
　　8.4.4　化学领域的特殊规定 ………………………………………………………… 146
8.5　发明/实用新型专利申请文件的撰写 …………………………………………… 152
　　8.5.1　产品结构类 …………………………………………………………………… 152
　　8.5.2　方法类 ………………………………………………………………………… 156
8.6　审查意见的答复 ………………………………………………………………… 159
　　8.6.1　基本规定 ……………………………………………………………………… 159
　　8.6.2　实例 …………………………………………………………………………… 163

附录　按照分类选择期刊（材料科学类） ………………………………………… 170

参考文献 ……………………………………………………………………………… 178

第1章 概述

1.1 科技论文的概念

科技论文在情报学中又称为原始论文或一次文献,它是科学技术人员或其他研究人员在科学实验的基础上,对自然科学、工程技术科学以及人文艺术研究领域的现象(或问题)进行科学分析、综合研究和阐述;或对一些现象和问题进行进一步研究、总结和创新而得到新的结果和结论,同时按照各个科技期刊的要求进行电子和书面的表达。

作为科技研究成果的科技论文可以在专业刊物上发表,也可在学术会议及科技论坛上报告、交流,并力争通过开发使研究成果转化为生产力。科学论文的主要功能是记录、总结科研成果,促进科研工作的完成,它是科学研究的重要组成部分,也是科学研究的重要手段。科技论文的主要读者是高度专业化的科技研究专家和研究同行,允许同行评价、审查研究的发现,并提出批评,是科技人员交流学术思想和科研成果的工具。科技论文具有重要的知识产权,是代表科技发展巨大贡献的基础。

材料学论文是对材料科学与技术进行研究、分析和论述的学术表达,具有一般科技论文的基本特点,主要针对材料的原料合成、材料加工、性能测试和表征来探讨材料科学与技术的基本原理和方法。

1.2 科技论文的特点

科技论文与一般议论文不同,它是一种对自然科学、社会科学某一专业、学科领域里的某一课题进行探讨、研究、分析、论证的规范性说理文体,是议论文中带有特殊性质的一大类别。由于它的写作目的和表达方式的特殊性,因而有以下主要特点。

1.2.1 学术性

学术性或称理论性,是科技论文与其他类议论文章根本区别之所在。科技论文是一种学术性的论理文章,只能以学术问题作为论题,以学术成果作为表述对象,以学术见解作为文章的核心内容。它要求运用科学原理和方法,通过严密的论证和分析,以揭示事物的内在本质和发展变化的规律，而不是对客观事物外部直观形态和过程的叙述。理论性是指一篇科技论文应具有一定的学术价值，表现内容的专业性和系统性，有两个方面的含义：对实验、观察或用其他方式所得到的结果，要从一定的理论高度进行分析和总结，形成一定的科学见解，包括提出并解决一些有科学价值的问题；对自己提出的科学见解或问题，要用事实和理论进行符合逻辑的论证与分析或说明。

从实质而言，科技论文的写作过程，本身就是作者在认识上的深化和在实践基础上进行科学抽象的过程。只有这样，论文所报道的发现或发明才不只具有实用价值，而且具有理论价值即学术价值。所以，写一篇论文，如果仅仅是说明解决了某一实际问题，讲述某一技术和方法，是远远不够的。从事科学研究，特别是从事工程技术研究的科技人员，应注意并学会善于从理论上总结与提高，争取写出既有创新性又有理论价值的科技论文。

1.2.2 科学性和准确性

科学性是一切科技论文的灵魂和生命。科学研究的目的是探索客观真理，因此首先必须发扬实事求是的科学精神，反对弄虚作假的不诚实态度；其次，任何学术研究都必须符合科学的规律。一篇论文有了创新性和理论性还只能定性地说它已经具备了一篇论文最主要的东西，在具体研究及写作阶段还必须使论文具有科学性和准确性。

所谓科学性，就是要正确地说明研究对象所具有的特殊矛盾，并且要尊重事实、尊重科学。具体说来，包括实验具有可重复性，论点正确，论据必要而充分，论证严密，推理符合逻辑，数据可靠、处理合理，计算精确，结论客观等。

所谓准确性是指对客观事物即研究对象的运动规律和性质表述的接近程度，包括概念、定义、判断、分析和结论要准确，对自己研究成果的估计要确切、恰当，对他人研究成果（尤其是在做比较时）的评价要实事求是，切忌片面性和说过头话。

1.2.3 创造性

创造性或称创新性、创见性、独创性，是衡量科技论文价值的根本标准。科学研究是处理已有信息、获取新信息的一种创造性精神劳动，需要不断开拓新的领域、探索新的方法、阐述新的理论、提出新的见解。表述科研成果的学术论文，贵在创新。如果没有一点创新性，就根本没有必要写学术论文。科技论文报道的主要研究成果应是前人所没有的。原则上是不能重复别人的工作，可以改进但不能照抄。没有新的观点、见解和结论，就不能称其为科技论文。

科技论文的创新程度是相对于人类已有知识而言的。至于某一篇论文，其创新程度可能大些，也可能很小，但总要有一些独到之处，总要对丰富科学技术知识宝库和推动科学技术发展起到一定作用。"首次提出""首次发现"，当然是具有重大价值的研究成果，这毕竟为数不多；在某一个问题上有新意、对某一点有发展，应属于创新范围，而基本上是重复他人的工作，尽管确实是作者"研究"所得的"成果"，但也不属于创新之列。在实际研究中，有很多课题是在引进、消化、移植国内外已有的先进科学技术，以及应用已有理论来解决本地区、本行业、本系统的实际问题。只要对丰富理论、促进生产发展、推动技术进步有效果和有作用，报道这类成果的论文也应视为有一定程度的创新。

由于创新性要求，科技论文的写作不应与教科书（讲义）、实验报告或工作总结等内容等同。教科书是介绍和传授已有知识的，主要读者是外行人、初学者，因此十分强调系统性、完整性和连续性，写法上要力求循序渐进，深入浅出，由浅入深。实验报告或工作总结等则要求把实验过程和操作以及数据资料，或者做了哪些工作，怎么做的，有什么成绩和缺点，有什经验和体会等比较详细地反映出来，即使是重复别人的工作也可以写进去。当然，这里并不否认某些实验报告或工作总结等也具有新意。科技论文报道的是作者自己的研究成果，因而与他人重复的研究内容、基础性知识，以及某些一般性的、具体实验过程和操作或数学推导以及比较浅显的分析等都应删去，或者只做简要的交代和说明，同时应对原始材料有整理、有取舍、有提高，要形成新观点、新认识、新结论。

1.2.4 专业性

学术论文的专业性不仅表现在研究内容和手段上具有明显的专业特色，而且表现在文章的结构、专业术语、图表、公式等方面；在逻辑性方面也要求思路清晰，结构严谨，推导合理。

1.2.5 规范性

不同期刊的论文虽然在语种、版面上有区别，但都具有相似的基本格式。世界发达国家对学术论文的撰写和编辑制定了各种国家标准。国际标准化组织也制定了一系列国际标准，不同学科和专业的学术机构还制定了本学科和专业的国际标准。

撰写科技论文是为了交流、传播、储存新的科技信息，让他人利用。因此，科技论文必须按一定格式写作，具有良好的可读性。在文字表达上，要求语言准确、简明、通顺，条理清楚，层次分明，论述严谨。在技术表达上，包括名词术语、数字、符号的使用，图表的设计、计量单位的使用、文献的著录等都应符合规范化要求。一篇科技论文失去了规范性和可读性，将严重降低它的价值，有时甚至会使人怀疑它报道的研究成果是否可靠。

1.3 SCI 论文及评价

1.3.1 SCI 论文介绍

SCI 即《科学引文索引》(Science Citation Index)，是美国科学情报研究所 (ISI) 创办的一种期刊文献检索工具，也是自然科学领域中基础理论学科方面的重要期刊文摘索引数据库。SCI 是目前国际上三大检索系统中最著名的一种，其他两种检索系统为工程索引 (EI) 和科技会议录索引 (ISTP)。SCI 以物理、化学、生命科学及医学所占比例为最大，收录范围是当年国际上的重要期刊，尤其是它的引文索引表现出独特的科学参考价值，较好反映出自然科学研究的学术水平，在学术界占有重要地位。

SCI 创建于 1961 年，创始人为美国科学情报研究所所长 Eugene Garfield。它主要收录文献的作者、标题、源期刊、摘要以及关键词，不仅可以从文献引证的角度评估文章的学术价值，还可以迅速、方便地组建研究课题的参考文献网络；利用它可以检索数学、物理学、化学、天文学、生物学、医学、农业科学、计算机科学和材料科学等学科自 1945 年以来重要的学术成果信息。SCI 还被国内外学术界作为确定学科发展规划和进行学术排名的重要依据。

经过 50 多年的发展和完善，SCI 已从开始时单一的印刷型系统发展成为集电子化、集成化和网络化为一体的大型多学科、综合性检索系统。目前，SCI 的出版形式包括印刷版、光盘版、联机数据库，以及互联网上广泛传播的 Web 版数据库。SCI 按期刊来源可划分为 SCI 和 SCI-E。SCI 是指来源刊为 3500 多种的 SCI 印刷版和 SCI 光盘版期刊 (SCI Compact Disc Edition, SCI CDE)，SCI-E (SCI Expanded) 是 SCI 的扩展库，可通过国际联机或互联网（因特网）进行检索。

美国科学情报研究所每年会对 SCI 刊源进行调整，通过严格的选刊标准和评估程序保证其收录的文献能覆盖全世界更重要、更有影响力的研究成果。所谓更有影响力的研究成果，是指报道这些成果的文献被其他文献大量地引用，即通过先前文献被当前文献的引用来说明文献之间的相关性及先前文献对当前文献的影响力。

SCI 的索引方式共有 4 种。①引文索引，即按第一作者名字的英文字母顺序排列，用于检索同一姓名作者发表的论文。②期刊源索引，即按每篇论文的完整文题排列，用于检索论文主要内容。③主题词索引，即通过标题词汇或主题词检索某学科、某专业方向所涉及的文献。④机构索引，即按地域名称的字母顺序进行排列，检索每篇论文的所属机构；或用于统计某机构所发表的论文时，可通过光盘版或 Web 版数据库进行检索。

1.3.2 SCI 论文评价

（1）影响因子　影响因子（impact factor，IF）是指某一期刊的文章在特定年份或时期被引用的频率，是国际上通行的衡量学术期刊影响力的指标。影响因子是由美国科学情报研究所（ISI）创始人 Eugene Garfield 创立的，为后世文献计量学的发展带来了一系列重大革新。影响因子的计算方法为：某期刊前两年发表的论文在该报告年份被引用的总次数除以该期刊在前两年内发表的论文总篇数。

事实上虽然作者可能对期刊影响因子的影响微乎其微，但是人们仍会用影响因子来评价一位作者或一篇文章的价值。在一些国家，学者的学术职业生涯水平取决于以影响因子为基础的评价指标。因此，面对来自影响因子的压力，发表高质量的学术论文是解决该问题的唯一途径。前沿的课题和新颖的方法是发表高质量学术论文的前提和保证，所以采用大量时间了解同行在相关领域的实验进展和成果，有助于发现更有价值的问题。对作者而言，论文被排名顶尖的期刊所收录，是其科研能力的一种体现。在这种以影响因子为评判标准的前提下，大学和科研机构的科研氛围日渐浓厚，同时也促使作者更加注重探索和创新。

（2）引用次数　引用次数是衡量某篇论文被其他论文参考、引用的一个重要指标。引用次数通常定义为某篇论文被其他论文所引用的数量总和，包括自引和他引。自引又称自我引用，一般是指自己后续的实验是以先前的实验为基础，所得实验数据也与之相关，所以后续论文的撰写要引用曾经发表过的论文。也就是说，对于在同一实验中得到的一系列重大发现，当随后发表的多篇论文都要引用该第一篇论文时，就构成了自我引用。而他引又称他人引用，是指在他人阅读文献时，发现该篇论文阐述的观点具有一定的说服力，于是在撰写论文时引用该论文中的论点来辅助表达自己的观点，就构成了他人引用。

在实验之前，几乎所有的科研人员都会对将要研究的方向进行调研，这个过程大多数是通过对文献的阅读来完成的。无论采取何种方法，调研所欲获得的信息几乎都是一样的，大致可分为研究进展、已经取得的成果以及尚未解决的问题。当已经发表的论文被其他人引用并且作为支撑观点的依据时，表明该论文在其相关领域甚至整个学术界具有一定的重要性；其研究思想、研究方法以及研究成果对后续研发人员具有启发作用，也有利于促进该领域技术的发展。因此，该篇论文自然会被认为是有价值的参考文献。

在大多数情况下，引用次数也会作为评判论文质量和科研人员能力的一项指标。普遍认为，引用次数越多（包括不区分自引和他引的情况），则该论文质量越高；或者作者的科研能力越强。这种说法从某种程度上来说是正确的，但也并不是完全正确：较高的引用次数，只能说明该领域的很多科研人员阅读过该篇论文，表明他们认真阅读了该篇论文并给出了自己的看法。同时，文献的引用只是表明论文之间有很大的相关性，并不能完全反映出论文质量和水平的高低；有时甚至还可能会出现误引的现象。此外，论文与被引用的文献相关性不大，二者只是在主题或者篇名中含有相同的术语，然后被列为引用文献，这种情况客观上会增加引用次数，但实际上并不应被计为有效的引用次数。

论文引用次数较少时，不能简单地归结为论文质量差，论文质量只是被引用的其中一个因素。对于一些冷门专业或者行业，因为科研人员较少，所以该行业人员的整体科研实力较弱，或者科研步伐较慢；同时，由于相关研究人员较少，发表的论文或者科研成果不像热门专业层出不穷，也会导致论文的发表数量和引用数量受到限制。

采用引用次数来衡量论文的质量或研究人员的科研能力往往具有一定的局限性，它并不能准确地反映论文的重要性。相比较而言，它更能反映目前该领域研究的主题和趋势。对于热门行业或者高新技术领域，凭借其潜在的研究价值往往能够吸引更多的人才，导致该领域的科研步伐不断加快，各方面研究都会有较大突破，因而科研成果以及论文的发表数量也会比较多。因此，从事该领域的人员往往会提供更多的参考文献数量。

总之，引用次数的变化趋势并非是一成不变的，随着时间的推移以及技术的进步也会发生变化。譬如当某领域的一篇论文发表时，也许当时他人对该论文的引用次数相当少甚至没有。但是，随着之后科技不断进步、技术更加成熟，这时该领域的研究热度和研究人数在短时间内会急剧上升；同时，曾经发表的论文也会被更多人阅读和引用，因此论文的引用次数在很短的时间内甚至会急剧增加。

(3) 引用率/他引率　引用率是通过引用次数计算出来的数据，通常指科学论文被文献引用的次数，是科研水平高低的标志。与影响因子相比，它更能直观地反映出科研文献和科研机构被外界认可的程度。通常所说的"高被引论文"就是指各学科近十年来被引用次数排在世界前1%的论文，自然，其引用率也很高。目前大量数据库都将同一领域的论文与引用率相关联，以引用率的高低进行排序，令检索结果呈现出更高的参考价值。此外，将引用率附加为检索条件还能快速找到引用率高的文献。

2003年，美国科学情报研究所对1992~2002年全球151个国家和地区被其收录的所有自然科学领域发表的论文进行研究，尝试推断出各相关国家/地区的研发水平。此项研究中设计了多个指标用于反映各个国家和地区科研水平和文献质量，计算出了所有论文的总被引次数、每篇论文的平均被引用次数，以及排名前20位的国家和地区。根据调查结果显示，当时中国的论文发表总量在全球占据第一位，但是论文的引用率却落后于其他国家，表明我国的论文质量还有待进一步提高。

引用是借用他人的观点和数据来表明自己的观点，而抄袭则是直接把前人的结果作为自己的成果来使用。引用不同于抄袭，引用率与抄袭率也是两个完全不同的概念。引用和抄袭之间通常会用一个固定的阈值来界定，不同的系统阈值可能会有所不同。在通常情况下，当引用占全文的比例小于5%时，可以认为是正常引用；否则可被视为抄袭，会被认为是学术不端行为。

他引率是某篇论文被他人引用的次数占总引用次数的比例，具体的计算方法是被他人引用的次数除以被引用的总次数。他引率在一定程度上能说明他人对论文质量的认可度，但是也存在一定的局限性。与引用率相比，他引率更有意义，更能反映出当前工作对他人的影响。但目前大多数学校和科研机构都只把引用率作为一个参考指标，不太重视他引率。

为了提高引用率和他引率，对论文具有一定要求：首先，论文的标题和关键词要能够反映文章的主题；其次，摘要不仅要简洁明了，而且还应能全面概括文章内容。此外，在数据库中能够按照标题、主题或者关键词等条件来检索到该篇论文。

(4) h指数　h指数又称h因子（h-index或h-factor），最早是2005年由美国物理学家乔治·赫希（Jorge Hirsch）提出的，其目的是评估科研人员学术论文或者科研成果的数量和质量。它是一个混合量化指标，同时也是一个新的衡量指标。混合量化主要体现在它不仅能够评估学术论文或科研成果的数量，同时也能评估学术论文的质量。

赫希给出的 h 指数定义是：在某位科学家发表的 n 篇论文中，有 h 篇论文中每一篇的被引用的次数都大于或等于 h 次，而其余论文的被引用次数均小于 h 次，则该科学家的 h 指数即为 h。h 指数纠正了论文影响力的大小与所发表期刊的影响因子有关的现象，它是对先前所有论文评估指标的一大改进。自从其创立以来，受到广大学术研究人员的高度认可，经过后期不断修整，逐渐成为一个普遍使用的评估方法。其具有概念简单和易理解以及计算过程简易等优点；但同时 h 指数与其他衡量指标一样，不适用于跨学科进行评估。

通常 h 指数越高，表明论文质量越好，在该研究领域范围内的影响也越大。h 指数的高低与科研人员的科研生涯往往有着直接关系；科研生涯时间越长，相应的 h 指数就可能越高；它只会随着时间的推移保持不变或增加，但是从来不会减小。科研人员之间 h 指数的比较也存在着缺陷，如 h 指数无法表征科研是否停止的情况。若科研人员不再从事科研事业，h 指数却仍有可能会继续增加。通常科研生涯长的科研人员的 h 指数会偏高。此外，不同科研生涯的科研人员的 h 指数有明显区别，只有比较科研生涯基本相同的科研人员 h 指数才更具有意义。为了解决 h 指数与时间的关系，人们后来又提出很多 h 指数变体，其中以赫希本人提出的 m 商最为典型，较好解决了 h 指数与科研生涯长短的关系。

(5) 中科院分区 中科院分区（又称中科院期刊分区表、SCI 分区表）是中国科学院文献情报中心通过研究不同期刊影响因子差异而得到的分区表格，其是依据 Thomson Reuters 公司的 JCR 影响因子对 SCI 期刊进行的分区。中科院分区的方法形成时间比较晚，分区表的思路形成于 2000 年，2004 年雏形基本形成，但是仅仅包括 13 个大类学科；2007 年开始纳入小类学科分区。小类学科分区方式与 JCR 分区基本相同，经过不断的演变和完善，最终形成了目前大部分高校所沿用的中科院分区表。中国科学院文献情报中心每年都会在 JCR 期刊分区数据平台发布最新的分区表，供用户查询和浏览。

中科院分区表对大类学科顶尖期刊的遴选方式做过几次调整，使得对论文的要求越来越高，分区划分也越来越严格。每一个分区都有着明确的划分范围，按照 SCI 期刊近三年的平均影响因子由高到低进行排列，位于排名前 5% 的为一区，6%～20% 的为二区，21%～50% 的为三区，而 51%～100% 的则为四区。划分区间具有明显的分层现象，这种划分方式更能突出顶尖期刊和高质量论文，避免了高低水平一概而论的现象。

除了中科院分区之外，JCR 分区同样也是对不同期刊进行划分，二者既有相似又有区别：相似之处是中科院分区表小类学科划分和 JCR 分区规则相同；区别是总体划分规则不一样，JCR 分区表划分规则是将期刊按照前一年的影响因子由高到低进行排序，分别划分为一区、二区、三区和四区，通常称为 Q1、Q2、Q3 和 Q4，其中 0～25% 为 Q1，26%～50% 为 Q2，51%～75% 为 Q3，76%～100% 为 Q4，四个区均等划分。

通过对比 JCR 分区表和中科院分区表后可以发现，在相同分区的条件下，后者期刊的平均影响因子明显高于前者。主要原因是二者对分区的阈值选择不同，前者的阈值比较低；后者较为严格，阈值较高。除此之外，学科分类和影响因子的参考年限也不同，分区表一般不适用于跨学科评估。论文在两种分区表中可能会有不同的结果。例如，一篇论文在 JCR 分区表中被划分为一区，而在中科院分区表中却被划分为三区。通过对比二者可发现，中科院分区表更加准确，更容易将作者的科研水平以及影响力区分开。中科院分区是科研评估的一项基本指标，目前已经得到国内很多高校的认可。中科院分区不仅关注期刊的影响因子，还更加注重期刊在过去三年时间内的影响力大小。

1.4 科技论文写作过程

1.4.1 选题

（1）选题的目的和意义（包括理论意义和实际意义） 科学研究的目的和意义在于两个方面：一是促进科学技术的发展，创造出新的知识和理论；二是解决工程技术上遇到的问题，简化程序、节约成本，促使技术进步。因而科技论文选题也要从这个出发点考虑，即是否对科学和技术的发展进步有贡献，选题的完成对科学理论和工程实际有什么意义？

（2）创新观点来源 材料学科技论文中非常看重材料本身结构和性质及其加工成型过程的创新。这一创新主要体现在论文所涉及的课题和观点的创新，而并非文字的创新。论文的创新性，一般来说，要求不能简单重复前人的观点，而必须有独立见解。学术论文之所以要有创新性，是由科学研究的目的决定的。从根本上说，人们进行科学研究就是为了认识那些尚未被人们认识的领域，学术论文的写作则是研究成果的文字表述。因此，研究和写作过程本身就是一种创造性活动。从这个意义上说，学术论文如果毫无创造性，就不能称其为科学研究，因而也不能称其为学术论文。毕业论文虽然着眼于对学生科学研究能力的基本训练，但创造性仍是其着力强调的一项基本要求。

当然，对学术论文创造性的具体要求应做正确理解。它可以表现为在前人没有探索过的新领域，前人没有做过的新题目上做出成果；可以表现为在前人成果的基础上做进一步研究，有新的发现或提出新的看法，形成一家之言；也可以表现为从一个新的角度，把已有材料或观点重新加以概括和表述。文章能对现实生活中的新问题做出科学的说明，提出解决方案，这自然是一种创造性；即使只是提出某种新现象、新问题，能引起人们的注意和思考，这也不失为一种创造性。国家科学技术委员会早在1983年3月发布的《中华人民共和国发明奖励条例》（简称《条例》）中指出："在科学技术成就中只有改造客观世界的才是发明，……至于认识客观世界的科学成就，则是发现。"《条例》中对"新"做了明确规定："新"是指前人所没有的，凡是公知和公用的，都不是"新"。这些规定，可作为我们衡量科技论文创造性的重要依据。

根据《条例》所规定的原则，并结合写作实践，衡量科技论文的创造性，可以从以下几个具体方面来考虑。

① 所提出的问题在本专业学科领域内有一定的理论意义或实际意义，并通过独立研究，提出自己一定的认识和看法。

② 虽是别人已研究过的问题，但作者采取了新的论证角度或新的实验方法，所提出的结论在一定程度上能够给人以启发。

③ 能够以自己有力而周密的分析，澄清在某一问题上的混乱看法。虽然没有更新的见解，但能够为别人再研究这一问题提供一些必要的条件和方法。

④ 用较新理论、较新方法提出并在一定程度上解决实际生产、生活中的问题，取得一定效果；或为实际问题的解决提供新的思路和数据。

⑤ 用相关学科的理论较好地提出并在一定程度上解决本学科中的问题。

⑥ 用新发现的材料（数据、事实、史实、观察所得等）来证明已证明过的观点。

科学研究中的创造性要求对前人已有的结论不盲从，而要善于独立思考，敢于提出独立见解，敢于否定那些陈旧过时的结论，这不仅要有勤奋的学习态度，还必须具有追求真理、勇于创新的精神。

（3）长期研究积累和科技前沿的把握 选题不是随便选定一个研究题目或跳跃式地想出很多课题，很多研究是在长期研究基础上，不断解决老问题，而同时产生新问题和进一步研究。

有的课题组几十年在一个研究领域不断深入，不断提出新问题，从而推动学科发展和技术进步。

对于新进入材料学研究领域的研究人员，课题的选择就更要谨慎，首先要紧跟科技发展前沿，充分了解自己所在研究领域的发展状况，在此基础上，大胆创新，提出新方法和理念并查阅相关文献，证实该新思想确实没有人做过，并通过文献阅读和分析，预测研究方法和思想的实际可行性，避免天马行空、不着边际。

1.4.2 制定实验方案

科技论文的作者必须要回答四个基本问题，即你为什么要做该工作（Why did you do it）? 你做了什么（What did you do）? 你得到什么结果（What did you find）? 有什么意义（What does it mean）?

其中，为什么要做该工作（Why did you do it?）即为选题的原则。选题要考虑社会的需要和个人的实际情况，要在了解的基础上选题。一般来说，选题要遵循下列原则。

① 论文的选题应具有一定的理论意义和现实意义，具有创新性。要在学术上有理论意义或在实际工作中有现实意义，尽可能选择本学科的重大问题，即大家普遍关心、正在思考、有所争议、迫切需要解决的问题。不要选择老师在课堂上讲明，书里已写清的问题。

② 要确定自己感兴趣的研究领域。通过大量文献资料的阅读和收集，了解该领域的研究成果和最新发展动态，摸清自己要研究的课题以前有没有人研究过，研究成果如何，结论是什么，有哪些需要补充或修订；是不是还有遗留问题需要进一步研究，从大量文献资料中看出自己的研究课题所要达到的"终点"，从而找到课题的"起点"，避免"撞车"。对有人研究过的课题，重点要放在"新"上，才有立足之地；对没人或很少有人研究过的课题，参考资料很少，只要观点不谬、论据确凿即可。

③ 要结合自己的知识结构。选题时要注意扬"长"避"短"，力求与自己所学的专业对口，以便充分利用自身具备的基础知识，使自己的才能得到最大限度的发挥，同时要结合自己的兴趣、爱好，选自己比较熟悉的课题，这样研究起来才有热情，体会深刻，容易做好。

④ 要尽量选小题目。一般来说，选题宜小不宜大，提倡小题大做。在没有广泛阅读文献、收集相关资料、仔细思考的情况下而泛泛选题，题目难免过大。题目太大，往往不易写得深刻，容易流于空泛或耗时过多。如果选择题目草率，根本没有实现的可能，选题就等于零。因而首先确定个大方向，并逐步把选题范围缩小和具体化。

你做了什么（What did you do?）即为具体的实验方案。实验方案要切合选题，通过实验可以回答选题所涉及的问题，或验证提出的问题是否与预想的一致。材料学实验方案中需要考虑以下一些问题。

(1) 试剂样品　需考虑样品和试剂的来源、成本、是否易得、纯度等基本情况，还要考虑实验条件下样品是否稳定等。

(2) 实验安全　安全是实验的基本要求，在设计实验方案时必须给予充分考虑，实验过程中是否会对人员、设备、环境等造成伤害或破坏，应该采取什么防范措施，并对实验过程中可能发生的突发情况做出提示。

(3) 实验设备　设计实验方案时要根据现有设备条件进行，如需新购置设备时，要充分考虑设备购置所需资金和时间，或对现有设备进行升级改造时，要考虑设备替代的可行性。此外，还需考虑实验规模和设备是否匹配。

(4) 实验参数　设计实验方案时需充分考虑实验参数对实验结果的影响，什么是最恰当的实验条件，实验条件如何控制和实现。往往实验之前并不知道最佳实验条件是什么，需要在实验过程中摸索合适的实验参数,这时需设定合理的参数范围,找到理论上实验结果的突变点和转变点。实验设计时还需考虑给出的实验参数设备和测试条件或环境条件是否能够达到。

(5) 实验结果　通过实验是否能得到预期的实验结果,这些结果能否回答提出的问题或证明相关的理论,实验方案得到的数据是否充分和必要。

1.4.3　收集实验数据

论文数据主要有两个来源:其一是文献资料;其二是实验数据。

一项研究工作从选题开始就离不开文献资料。论文要求引用资料必须确切、翔实,观点明确,论证严密。在撰写论文时一定要将产生新的学术思想之前最重要的文献列举出来,说明当时的研究所达到的水平;在写作过程中受哪些文献资料的启发,从哪篇论文中获得教益,属于这类的文献均应列出。在有限的篇幅里,论文应该尽可能地提供有关该选题的信息。

在论文题目确定以后,接下来便是材料的收集工作。收集材料既是寻找论点、丰满论文"血肉"的过程,也是论点、论文"灵魂"提炼的准备过程。充分占有大量材料是学术论文写作的基础。

(1) 收集资料的重要意义　科学研究具有探索性、继承性和连续性。在论文写作过程中,需要详尽地列举出前人已经完成相关领域的研究成果,并对已有成果和数据进行对比和分析,得出作者自己收集的数据能表明的观点。可见,不详尽或不充分占有大量资料,论点不会"从天上掉下来"。

(2) 收集资料的要求

① 必要而充分。必要即必不可少,缺此不能表现主题。写作时应紧紧抓住这类材料,而与主题无关的材料,则不论来得多么不容易也不要采用,即使用了修改时也应舍弃。充分即量要足够,若没有一定数量,有时难以将问题论证清楚,即所谓"证据不足"。有了足够的量,才能从中选出足够的必要材料。

② 真实而准确。真实即不虚假,材料来自客观实际,即来自社会调查、生产实践和科学实验,而不是虚构或编造的。准确即完全符合实际。学术论文十分强调科学性,任何一点不真实、不准确的材料,都会使得观点的可信度和可靠性受到损失,从而使论文的价值降低或完全丧失。研究方法、调查方式和实验方案的选取要合理,实验操作和数据的采集、记录及处理都要正确,才能获得真实而准确的材料。写作时要尽量用直接材料;对间接材料要分析和核对,引用时要在全面理解的基础上合理取舍,避免断章取义,更不能歪曲原意;形成发展材料时,要保持原有材料的客观性,力求避免由主观因素可能造成的失真。

③ 典型而新颖。典型即材料能反映事物的本质特征。这样的材料能使道理具体化,描述形象化,有较强的说服力。要获得典型的材料,调查和研究工作必须深入,否则难以捕获事物的本质;应善于从众多、繁杂的材料中取其具有代表性的,而将一般性的材料果断舍去。新颖即新鲜、不陈旧,要使材料新颖,关键是要做开拓性工作,不断获得创新性成果。同时,收集文献资料面要广、量要大,并多做分析、比较,从中选取那些能突出说明主题的材料,能反映新进展、新成果的新材料,而摒弃过时的材料。

(3) 实验数据的获取　按照论文课题要求设计相关实验,从实验过程中获取客观数据,在论文写作过程中充分利用所得到的数据来进行论证和说明。因此,在实验过程中要求数据必须真实、客观可靠、全面。对于单因素影响的数据,可以采用重复实验的方法,获取数据的平均值来提高数据的准确性,选用合适的仪器设备来获取数据,以满足数据精确性方面的要求;对于多因素、多水平影响的参数,可采用正交实验的方法,获取全面准确的数据,同时又减少总体实验次数,提高实验效率。

对于获得的数据，可以通过数值处理方法来提高数据的准确性和可读性，例如可以通过平均数的方法来提高数据的准确性，必要时数据需与误差范围一并提供，以便读者了解数据对平均数的偏差范围。对于具有统计学意义上的大量数据，可用数理统计方法对数据进行必要的处理。

1.4.4 准备论文写作

（1）构思谋篇的思路与要求　在获得灵感之后、起草目录之前，必然有一个构思阶段。构思是从整体上对文章的抽象把握和设计，以抽象思维为主。构思简单地说就是整体思索，"想"文章，就是组织设计论文的篇章结构。因为论文的写作不像写一首短诗、一篇散文、一段札记那样随感而发、信手拈来，用一则材料、几段短语就能表达一种思想、一段感情；而是要用大量资料、较多的层次、严密的推理来展开论述，从各个方面来阐述理由、论证自己的观点。因此，构思谋篇就显得非常重要，一篇好的论文，必然要求先有好的构思，没有构思可能写出不错的散文，但是永远也写不出一篇好的论文。

① 构思要围绕主题展开。若要使论文写得条理清晰、脉络分明，就必须要使全文有一条贯穿线，这就是论文的主题。主题是一篇学术论文的精髓，它直接体现作者的学术观点和学术见解，论文对读者的影响主要就是靠其主题来实现的。因此，下笔写论文前，构思谋篇就要围绕主题，构思要为主题服务，要从满足专业需要与发展的角度去思考，确定取舍材料与表达深度与广度，明确论文的重点。正如法国的画家米勒所说："所谓构思，是指把一个人的思想传递给别人的艺术。"

② 构思论文布局，要力求结构完整统一。在对一篇论文构思时，有时发现需要按时间顺序编写，有时又需要按地域位置（空间顺序）编写，但更多的还是需要按逻辑关系编写，即要求符合客观事物的内在联系和规律，符合科学研究和认识事物的逻辑。但不管属于何种情形，都应保持合乎情理、连贯完整。有时构思出现几种写作方案，这就需要进行比较，在比较中，随着思考的不断深化，写作思路又会经历一个由复杂到简单，由千头万绪到形成一条明确线索的过程。此时，应适时抓住顿悟之机，确定一种较好方案。

（2）拟制提纲的意义　很难想象，一个思维不清晰的作者能够写出条理清晰、脉络分明的论文。因此，通过写作实践训练思维能力是非常重要的，思维能力提高了，构思论文的能力将随之提高。

在正式撰写学术论文之前，先拟制写作提纲，可以极大地帮助作者提炼思想，提高构思能力，这一办法是被长期实践证明了的、有效的办法之一。

论文除总题目以外，一般还有层次标题。层次标题是指除题名之外的各个级别的标题，通常将其分为章、节、条、款几个层次。层次标题在结构形式上可使整篇内容层次分明；从内容上是对每章、每节中心内容的概括，其实就是所谓的"提纲"。提纲是构思的外化和成果，实际上相当于用序号和文字符号所组成的一种图表。提纲的作用在于指导起草，使构思视觉化，以便作者从总体上更为准确和概括地把握、修改和提高。

论文写作都要编写提纲，编写提纲本身就是在研究和起草。只要不断充实，提纲就成为一篇文章的初稿。论文中的逻辑关系集中地表明在提纲上，因此，要特别重视提纲。从写作程序上看，它是作者动笔行文前的必要准备；从提纲本身来看，它是作者构思谋篇的具体体现。有了一个好的提纲，就能纲举目张、提纲挈领、掌握全篇论文的基本骨架，使论文的结构完整统一；就能分清层次、明确重点、周密地谋篇布局，使总论点和分论点有机地统一起来；也就能够按照各部分的要求安排、组织、利用资料，决定取舍，最大限度地发挥资料的作用。

如果不是在脑海中已把全文的提纲想好，如果心中对于全文的论点、论据、论证步骤还是混乱的，那么编写一个提纲是十分必要的，是大有好处的，其作用如下。

① 可以体现作者的总体思路。写作提纲，类似一张建设蓝图，可以帮助作者勾画出全篇

论文的框架或轮廓，体现自己经过对材料的消化与进行逻辑思维后形成的初步设想，可计划先写什么、后写什么，前后如何表述一致，重点又放在哪里，哪里需要进行一些注释或解说。其优点在于，使作者易于掌握论文结构的全局，层次清楚，一目了然。按此计划写作，可使论文层次清晰，前后照应，内容连贯，表达严密。

② 能使全文有机组合。有个提纲，可以帮助我们树立全局观念，从整体出发，再检验每一个部分所占的地位、所起的作用，相互间是否有逻辑联系，每部分所占的篇幅与其在全局中的地位和作用是否相称，各个部分之间的比例是否恰当和谐，每一部分是否都为全局所需要，是否都丝丝入扣、相互配合并成为整体的有机组成部分，是否都能为展开论题服务。经过这样的考虑和编写，论文的结构才能统一而完整，才能很好地为表达论文的内容服务。

③ 有利于及时调整，避免大返工。在论文的研究和写作过程中，作者的思维活动是非常活跃的，一些不起眼的材料，从表面看起来的不相关材料，经过熟悉和深思，常常会产生新的联想或新的观点。如果不认真编写提纲，动起笔来被这种现象所干扰，不得不停下笔来重新思考，甚至推翻已写的从头而写，这样，不仅增加工作量，还会极大地影响写作情绪。而拟制写作提纲，只需要运用一些简单的句子甚至是词与词组加以提示，把材料单元与相应论点有机组织，编成顺序号，考虑得周到严谨，就能形成一个层次清楚、逻辑严密的论文框架，工作量并不大，也容易办到。

当提纲写成后，再从总体上来统筹调整。这很像是转动万花筒，只要稍稍转动一个角度，便会出现新的图案。提纲的调整也是如此。应该说，有提纲要比无提纲写好以后再调整轻松得多。提纲中用以提示写作的句子，有时即可用来作论文段落的标题。由此可见，通过写作提纲的拟制，可以确定论文的结构，使论文全篇形成一个统一完整的理论体系。

④ 提纲的拟制，有助于繁忙的作者与合作撰写的众多作者进行分工与合作。前者，由于工作忙，时而中断写作过程，可借提纲提示，帮助你在重新写作时立即恢复原来的思路；后者，可帮助合作撰稿人按照提纲进行分工与协调，避免由于各写各的引起的重复与疏漏。

(3) 拟制提纲的原则

① 确定论文提要，再加进材料，形成全文的概要。论文提要是内容提纲的雏形，一般书、教学参考书都有反映全书内容的提要，以便读者一翻提要就知道书的大概内容。我们论文也需要先写出论文提要，在执笔前把论文的题目和大标题、小标题列出来，再把选用的材料插进去，就形成了论文内容的提要。

② 从中心论点出发，决定材料的取舍。把与主题无关或关系不大的材料毫不吝啬地舍弃，尽管这些材料是煞费苦心搜罗来的。有所失，才能有所得。一块毛料寸寸宝贵，舍不得剪裁，也就缝制不成合身的衣服。为了成衣，必须剪裁掉不需要的部分。所以，我们必须时刻牢记材料总是为形成自己论文的论点服务的。离开了论点，无论是多么好的材料都必须舍得抛弃。

③ 要考虑各部分之间的逻辑关系。初学撰写论文的人常犯的毛病是论点和论据没有必然联系，有的只限于反复阐述论点，而缺乏切实有力的论据；有的材料一大堆，论点不明确；有的各部分之间没有形成有机的逻辑关系。这样的论文都是不合乎要求的，是没有说服力的。为了使论文有说服力，必须有论点、有例证，理论和实际相结合，论证过程有严密的逻辑性，拟提纲时特别要注意检查这一点。

④ 提纲的推敲和修改。这是提纲写好后的一项很重要的工作，不可疏忽。这种推敲和修改要把握如下几点：一是推敲题目是否恰当，是否合适；二是推敲提纲的结构。先围绕所要阐述的中心论点或者说明的主要论题，检查划分的部分、层次和段落是否可以充分说明问题，是否合乎道理；各层次、段落之间的联系是否紧密，过渡是否自然，然后进行客观总体布局的检查，再对每一层次中的论述顺序进行"微调"。

(4) 拟制提纲的方法　朱光潜先生在《作文和运思》中谈到的他编写论文提纲的方法和过程，值得我们学习。他说："定了题目之后，我取一张纸条摆在面前，抱着那题目四面八方地想。想时全凭心理学家所谓'自由联想'，不拘大小，不问次序，想得一点意思，就用三五个字的小标题写在纸条上，如此一直想下去，一直记下去，到当时所能想到的意思都记下来了为止，这种寻思的工作做完了，于是把杂乱无章的小标题看一眼，仔细加一番衡量，把无关重要的无须说的各点，一齐丢开，把应该说的选择出来，再在其中理出一条线索和次第，用小标题写成一个纲要。"

① 先拟标题；
② 写出总论点；
③ 考虑全篇总的安排：从几个方面，以什么顺序来论述总论点，这是论文结构的骨架；
④ 大的项目妥当之后，再逐个考虑每个项目的下位论点，直到段一级，写出段的论点句；
⑤ 依次考虑各个段的安排，把准备使用的材料按顺序编码，以便写作时使用；
⑥ 全面检查，做必要的增删。

1.4.5 拟稿

撰写初稿，也称起草和打草稿，就是按照拟制好的写作提纲的思路，运用语言文字，写作者把自己研究的初步成果和逐步形成的思想和观点完整、准确地表达出来。主要有两种方法。

（1）一气呵成法　无论从绪论起笔，还是从本论入手，均应按拟制好的提纲，顺着思路来写。"起笔入题""开门见山"，不要中途停顿，不使思路中断，要尽可能快地把头脑中涌现出来的句子用文字表达出来，不要为斟酌一句话或为挑选一个词而搁笔。初稿完成后，再细致推敲、加工修改。

（2）分段完成法　按照拟制好的提纲顺序，把全篇分成若干部分，分段撰写，哪一部分考虑成熟，就写哪一部分，不分先后，各个击破。每个部分以写一个分论点或几个小论点为单元，并注意保持各章节内容的相对完整性。每写完一段，稍做整理，再转入其他各段。待几部分都写好后，连接起来就成为一篇完整的论文。

1.5　专利概述

随着科学技术的不断发展，近年来知识产权的保护越来越受到重视，特别是对于新产品开发中的技术专利，有些很有特色的技术由于没有受到专利保护而引起了许多法律争端。因此，如何将自主研发技术采用合理的形式进行保护是摆在人们面前有待解决的难题。同时，随着经济全球化的发展，对知识产权保护方面的知识和技能也提出了较高要求。在国内，专利还是支撑高新技术企业的审批和资质的重要条件，也是高新技术企业享受政府各种免税等扶持政策的重要依据，因此掌握好专利写作技能显得愈发重要。

人们往往以为，专利申报手续繁杂冗长，必须由专利代理机构来完成。其实，专利从申请到授权也有一个固定程序，只需按要求准备并递交申请文件，再按时答复有关审查意见即可，普通科研人员完全可以独立完成这些工作。此外，如果技术人员亲自来撰写文件，可以避免技术沟通环节可能造成的理解偏差，从而能更准确地表达发明创造的真实意图和需要保护的关键技术；还可以缩短文件的运转周期，更快地获得专利授权，同时还能省掉一笔不菲的专利代理费。

为了帮助从事科学研究工作的技术人员更好地了解和掌握专利申请的基本程序及相关文件的准备方法，完成自己动手撰写申请文件、自己申报和处理有关文件的实际需要，本书的第8章以较大篇幅对专利文件的写作进行了详细介绍，读者可以通过相关内容快速查找想了解的有关内容，掌握和提高自己完成专利申请的能力。

第 2 章

文献检索与阅读

2.1 概论

材料是人类用于制造物品、器件、构件、机器或其他产品的那些物质。材料是物质,但不是所有物质都可以称为材料,如燃料、化学元素、工业化学品、食物和药物,一般都不算是材料。材料在人类文明发展历史上具有重要的里程碑意义,人类文明的发展经历了石器时代、青铜器时代、铁器时代以及 20 世纪的半导体时代。今天,材料是国民经济发展的物质基础。每年发表的关于材料制备、表征、产业化和应用及有效性和毒性的研究文献、专利、产品标准等多如繁星,如何快速查找到所需的文献资料,供科学研究、产品开发或质量检验等使用,是每一位从业者梦寐以求的事情。本章主要介绍书籍、论文、专利和产品标准的检索办法。

2.2 纸质版书籍的检索

书籍是记载知识的重要载体,包括教科书、专著、科普读物和百科全书等多种。科学发展到现在,书籍已经不仅限于纸质版,还出现了大量电子书(e-Book)。纸质版书籍一般存放在各级图书馆或者书店中,而一个图书馆或书店是否有所要查找的图书以及图书在馆藏中存放的位置是检索所要实现的目标。书籍的检索项包括:词组短语、著者、题名、丛书和期刊题名等。

2.2.1 书名检索

以《化学纤维概论》为例,在学校网页中查找"服务导航"(图 2-1)❶。点击"服务导航",进入"网站导航(图 2-2)"。点击(本书除特别说明外,均是指鼠标左键点击)图书馆,进入图书馆主页面(图 2-3),默认的选项为馆藏图书,将鼠标放在"词组短语"右侧的"∨"上,下拉菜单显示有"词组短语、著者、题名、丛书和期刊题名"五个选项。点击"题

---

❶ 由于网络页面处于适时更新之中,本章使用网络截屏只是为了说明数据库检索的使用方法,所有的截屏图片都可能跟使用本书时的显示结果不同。

名"，输入"化学纤维概论"，点击"检索"，页面弹出"题名""化学纤维概论"检索到 3 题名（图 2-4），表示"题名"为"化学纤维概论"的图书有 3 部，肖长发（主）编，分别出版于 2015 年、2005 年和 1997 年。点击 2015 年版的《化学纤维概论》，弹出如图 2-5 所示页面。

图 2-1 服务导航截屏

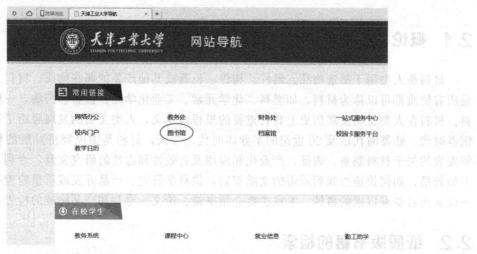

图 2-2 网站导航截屏

图 2-3 图书馆主页面截屏

图 2-4 《化学纤维概论》检索结果截屏

图 2-5 2015 年版《化学纤维概论》检索结果截屏

肖长发主编《化学纤维概论》，出版者：中国纺织出版社，出版日期：2015，面页册数：264 页，ISBN：9787518014958。页面下方显示记录馆藏位置：理工图书借阅区（二）和图书分类号 TQ34/12-2 中文普通书。记录馆藏区域和图书分类号即可到馆藏区按照图书分类号查找该书并取书，可现场阅读或办理借阅手续。

2.2.2 著者姓名检索

如果还想知道该书的著者是否还有其他著作，或者已经知道一位著者的姓名，想要查找其他著作情况。在检索框内输入"肖长发"，将检索类别改为"著者"，点击检索，弹出"著者""肖长发"检索到 5 题名（图 2-6）。除前述不同年限出版的《化学纤维概论》外，还有"肖长发"主编的《膜分离材料应用基础》和《纤维复合材料纤维、基体、力学性能》。点击蓝色字体显示的题目，弹出相应页面，可阅读出版者、出版日期、面页册数、ISBN、馆藏分布状况等。

2.2.3 主题检索

"主题"或"关键词"是按照著作的主要内容进行检索的方式，按照"主题"进行检索是一种有效地查找参考书的手段。在检索框内输入"化学纤维",将检索类别改为"主题",点击检索,弹出"主题""化学纤维"检索到 78 题名(图 2-7)。通过点击每一个题名可以进行查看。

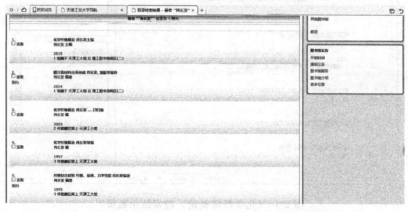

图 2-6 著者"肖长发"检索结果截屏

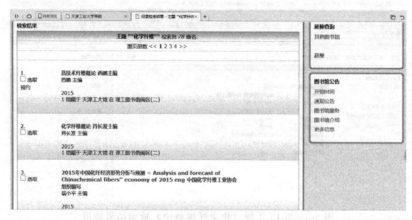

图 2-7 "化学纤维"主题检索结果截屏

2.2.4 词组短语检索

在检索框内输入"化学纤维",将检索类别改为"词组短语",点击检索,弹出"词组短语""化学纤维"检索到包括《2015/2016 中国纺织工业发展报告》和《高技术纤维概论》等 131 题名(图 2-8)。通过点击每一个题名可以进行查看。

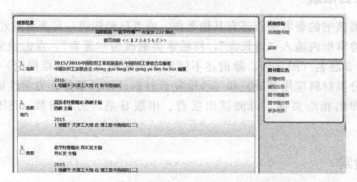

图 2-8 "化学纤维"词组短语检索结果截屏

2.3 电子版图书的检索

除纸质版图书外，电子版图书也已经非常普遍。检索电子版图书的方式与纸质版相同。在图书馆的"数据库"界面，可以看到"超星电子图书"和"美星外文图书馆"（图2-9）。将鼠标移到"超星电子图书"上面点击左键，弹出"超星电子图书"的两个链接，点击http：//211.81.27.45：3320/index/visit? id=130（工大镜像），弹出"超星电子图书"界面（图2-10）。检索框下面有"书名""作者"和"主题词"三个选项，右侧有一系列检索条目，包括：全部分类、经济、文化、自然科学总论和工业技术等。输入相应的检索词，选择检索条目后可进行检索。阅读检索到的图书需要下载"超星阅读器"。

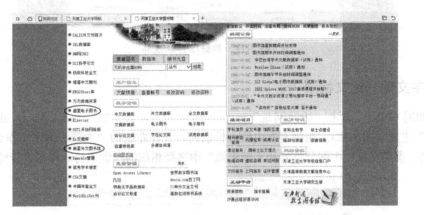

图2-9 "超星电子图书"和"美星外文图书馆"界面截屏

图2-10 "超星电子图书"界面截屏

2.4 中文论文检索

2.4.1 中文论文数据库简介

目前比较常用的中文数据库有"知网CNKI""维普中文期刊"和"万方数据库"等（图2-11）。

"知网CNKI"可提供中国学术期刊网络出版总库、中国博士学位论文全文数据库、中国优秀硕士学位论文全文数据库、国内外重要会议论文全文数据库、中国重要报纸全文数据库、中国国家标准全文数据库、商务印书馆精品工具书库和中国专利全文数据库（知网版）等数据库查询服务，是上述三个数据库中可查询的文献种类最全的。

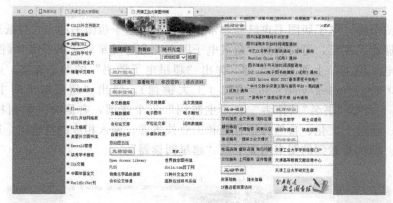

图 2-11　数据库目录截屏

2.4.2　中文期刊论文检索

（1）知网 CNKI　点击"访问网址"http：//211.81.27.45：3320/index/visit？id＝178，打开"中国知网"主页（图 2-12）。在检索框内输入检索词，并在左侧的"主题、全文、作者、单位、关键词、摘要、参考文献、中图分类号和文献来源"中选择相应的检索条目，即可进行检索。

图 2-12　中国知网主页面截屏

如在检索框内输入"化学纤维"，并选择检索条目为"关键词"，然后点击"检索"，显示检索到 195 篇文献（图 2-13），默认以"主题排序"显示的发表时间不规律。一般来说，发表时间越短的文献，参考价值越大。点击"主题排序"右侧的"发表时间"，则按文献的发表时间呈现"从近到远"或"从远到近"的排列（图 2-14）。也可以通过点击"被引"或"被下载"键重新确定文献的呈现顺序。

"知网"列出了被检索的文献的"下载次数"和被"引用"次数，如图 2-13 中（用椭圆圈标出）文献 2——"高性能纤维发展概况"已被下载 1033 次，被引用 28 次。这两个数字反映论文的受关注程度，已被教育部学位与研究生教育发展中心作为中文论文水平的评价指标。

找到感兴趣的文献，点击文献的标题，弹出包括文献题目、作者、作者单位、摘要、基金、资助项目、文献分类号和文献识别号 DOI 等信息的页面。以"生物基合成纤维单体发展现状及展望"为例，点击文献标题，弹出页面（图 2-15）。页面底部显示该文献可以"CAJ 下载"或以"PDF 下载"，在安装相应的浏览软件后，点击相应按钮，打开文献页面。以"PDF 下载"为例，点击右侧"PDF 下载"按钮后，弹出"新建下载任务"框，有"直接打开""下载"或"取消"供选择,默认"下载"。点击后下载在相应路径的文件夹内,点击打开即可进行阅读。

图 2-13 关键词为"化学纤维"的检索结果截屏

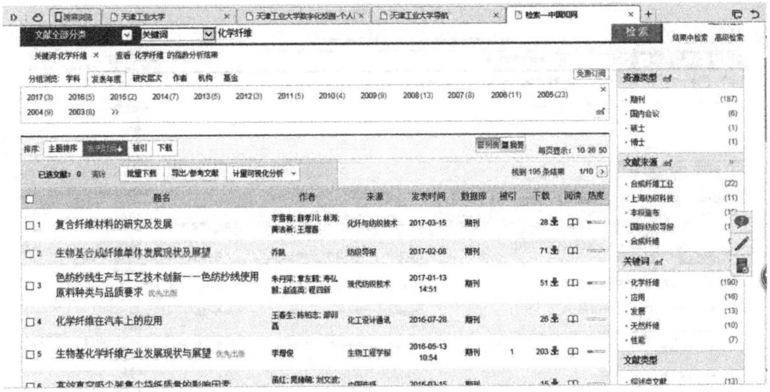

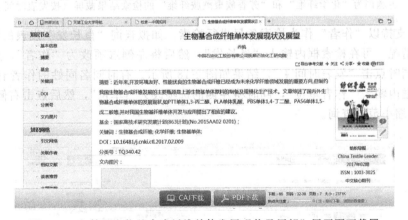

图 2-14 按发表时间排列的关键词为"化学纤维"的检索结果截屏

图 2-15 文献"生物基合成纤维单体发展现状及展望"展开页面截屏

可以通过在右侧选择"主题"作为检索条目,完成检索,如以"化学纤维"为主题词进行检索,结果如图 2-16 所示。对比图 2-13 和图 2-16 发现,两者之间存在差异。查询过程中可以根据所要检索的文献交替使用。

由于"化学纤维"涵盖的范围非常大,可以通过进一步输入主题词的方法,使检索结果更符合要求。如拟检索"芳香族聚酰胺纤维"的文献情况,可在检索框内输入"芳香族聚酰胺纤维",然后点击右侧的"结果中检索",列出的是主题词为"化学纤维"和"芳香族聚酰胺纤维"的文献(图 2-17)。

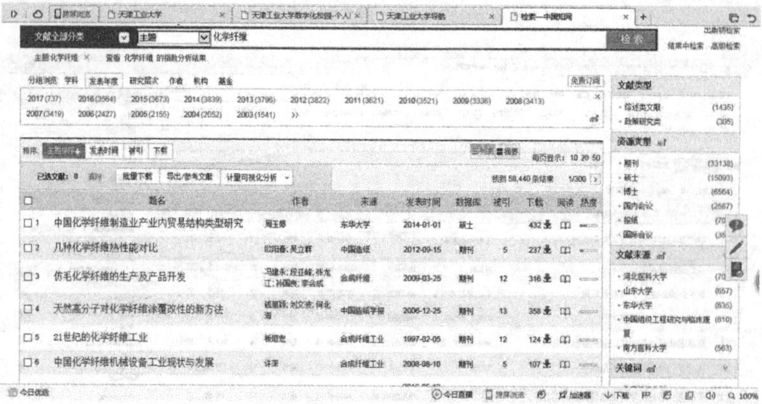

图 2-16 以"化学纤维"为主题进行检索的结果截屏

图 2-17 主题词为"化学纤维"和"芳香族聚酰胺纤维"的检索结果截屏（按发表时间↓排列）

"知网"支持以"作者"作为检索条目进行检索。如拟查询"肖长发"发表的期刊、会议、学位等论文情况，可在检索框内输入"肖长发"，然后将左侧选项改为"作者"，点击"检索"完成查询，同时点击"发表时间↓"，结果如图 2-18 所示。有时同名同姓的作者有多位，可以通过在检索框内输入"作者单位"，同时将左侧的选项改为"单位"，然后点击右侧的"结果中检索"，完成缩小范围查询。

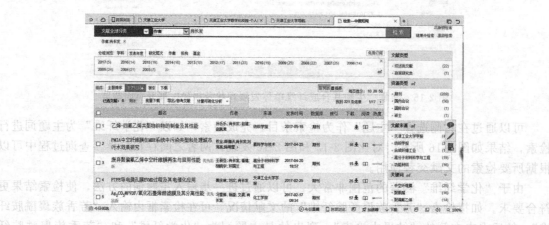

图 2-18 以"作者""肖长发"作为检索词的检索结果截屏（按发表时间↓排列）

"知网"除可检索期刊论文、重要会议论文外,还包括博士学位论文和优秀硕士学位论文以及相同检索词的国外学术期刊论文等,可检索的内容非常宽泛。图 2-19 为图 2-17 下拉后的截屏。

图 2-19 图 2-17 下拉后的截屏

(2) 维普中文期刊 "维普中文期刊"主要提供中文期刊论文的查询服务。在检索选项中将期刊分为"核心期刊❶""EI 来源期刊❷""SCI 来源期刊❸""CA 来源期刊❹""CSCD 来源期刊❺"和"CSSCI 来源期刊❻"等(图 2-20),可以根据需要确定检索期刊范围。

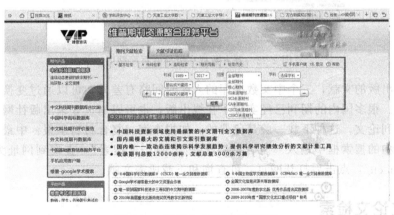

图 2-20 维普中文期刊网页截屏

(3) 万方数据 "万方数据"提供学术论文、期刊、学位、会议、外文文献、专利、标准、成果、新方志、法规、机构和专家检索服务(图 2-21)。其"一般检索"包括:全部、主题、作者和作者单位检索。查询方法与"知网"和"维普中文期刊"相似。其高级检索允许输入最多三个检索条目(图 2-22),每个条目与另外两个条目之间可以选择"和"或"或"的关系。还可以点击左侧的文献类型,以便缩小检索结果数量,缩短检索时间。

---

❶ 核心期刊:核心期刊是指刊载论文数量多、品质高,而且能反映出该学科最新研究成果及发展趋势,受到读者重视的学术期刊。北京大学图书馆每年发布中文核心期刊目录。
❷ EI 来源期刊:美国工程信息公司《工程索引(Engineering Index)》数据库检索的期刊。
❸ SCI 来源期刊:科学引文索引(ISI Web of Science)期刊。
❹ CA 来源期刊:美国化学会化学文摘(CA, Chemical Abstract)期刊。
❺ CSCD 来源期刊:中国科学引文数据库(Chinese Science Citation Database, CSCD)。
❻ CSSCI 来源期刊:中文社会科学引文索引(Chinese Social Sciences Citation Index, CSSCI)。

图 2-21 万方数据网页截屏

图 2-22 万方数据高级检索页面截屏

对于最新出版的文献，三个中文数据库的入库时间略有差异，可以通过变换数据库获得最新的文献资料。很多国内的期刊已经实现了在线出版，也可以通过登录出版社网页，直接下载当前一期和过刊论文，这种下载一般是免费的。如拟查询《复合材料学报》中最新一期发表的论文，可在搜狗的搜索框中输入"复合材料学报"，点击"搜索"，查询到网址为 http：//fh-clxb. buaa. edu. cn/，点击后打开网页，可查询和下载所需文献。

2.5 英文论文检索

2.5.1 科学引文(ISI Web of Science)检索

ISI Web of Science 是全球最大、覆盖学科最多的综合性学术信息资源，收录了自然科学、工程技术、生物医学等各个研究领域最具影响力的超过 8700 多种核心学术期刊。利用 Web of Science 丰富而强大的检索功能——普通检索、被引文献检索、化学结构检索，可以方便快速地找到有价值的科研信息，既可以越查越旧，也可以越查越新，全面了解有关某一学科、某一主题的研究信息。数据库收录的期刊包括世界上各种语言的出版物，《科学通报》《高等学校化学学报》和《材料研究学报》等中文期刊也是其源刊，刊物名称使用的是英文名称。

科学引文数据库是付费使用的。目前天津市高等教育文献信息中心已开通的版本和数据年限包括：

Science Citation Index Expanded，1998-
Current Chemical Reactions，1986-

Index Chemicus, 1993-

Journal Citation Reports (JCR)

通过学校的图书馆提供的链接,可以登录数据库的网页 http://apps.webofknowledge.com (图 2-23)。为了迎合广大中文用户,数据库的首页中使用了部分中文说明。数据库提供"基本检索""被引参考文献检索"和"高级检索"服务。检索的条目包括"主题、标题、作者、作者识别号、编者、团队作者、出版物名称、DOI、出版年、地址"等选项,通过点击"+添加另一字段"实现单一条目和多条目的文献检索。每个条目之间的逻辑关系可以是"AND""OR"或"NOT"的关系,选择"AND"是指同时满足两个检索条目的文献,选择"OR"是满足第一个条目和第二个条目的均可,选择"NOT"是在第一个条目中不包括第二个条目的文献。

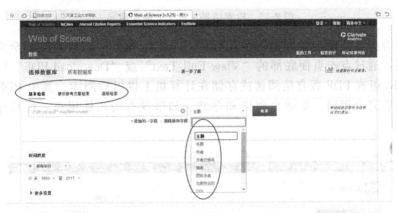

图 2-23　科学引文数据库网页截屏

(1) 主题词检索　"主题词"一般是指论文的"关键词",需要使用英文主题词。如在数据库中使用第一个主题词检索"Chemical fiber",使用第二个主题词检索"Aramid polyamide",选择两个条目之间是"AND",检索的结果应该是 Chemical fiber 中的 Aramid polyamide。点击右侧的"检索"按钮,完成检索(图 2-24)。符合条件的检索结果共有 41 个。点击蓝色的论文标题,可以阅读论文的摘要(图 2-25)。该页面上包括论文摘要、全部作者姓名、期刊名称、出版年、卷(期)、页码和文献的 DOI 及作者单位、通信作者电子邮件等信息。

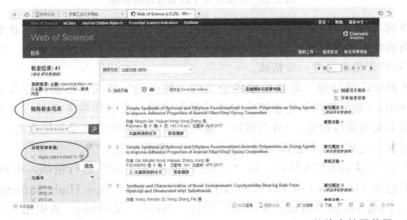

图 2-24　主题词"Chemical fiber"和"Aramid polyamide"的检索结果截屏

为了方便识别论文的检索情况,数据库为每篇被检索论文提供了一个"入藏号"和"检索号"。这两个号码均可通过点击被检索论文的题目,在弹出的网页上找到,如图 2-25 所示。

图 2-25　检索结果 1 论文的摘要截屏

如果已经购买了该期刊数据库的使用权，点击左上角的"出版商处的全文"可以链接到期刊的网页，通过点击页面底部的"View Full Text"或"Download PDF"（图 2-26），下载论文的 HTM 版或 PDF 版直接阅读或存储在计算机上供以后阅读。其中 PDF 版的排版格式与纸质版几乎完全相同，更适合阅读和存储。如果没有购买使用权，则只能在线阅读论文的摘要。

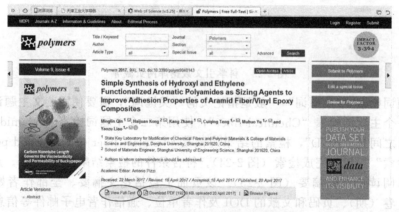

图 2-26　检索结果 1 的相应链接截屏

在一次查询之后，还可以根据查询到的结果是否符合要求，进行二次或三次查询，具体是在左侧的"精炼检索结果"框内输入与之前检索使用的主题词不同的主题词，然后点击"搜索"，可实现对检索结果的进一步精炼。

科学引文数据库统计每一篇被检索的论文的"被引用"情况，在题目的右侧以"被引频次"的方式标出，"被引频次"是指该论文被其后发表的论文引作参考文献，而且引用该文献的论文被科学引文数据库检索。"被引频次"越高，一般说明该论文受关注度高。一定时间内，被引用次数超过一定数量，数据库会做出标记——"高被引论文"❶。

如对图 2-24 中显示的检索结果，以"Highly Cited in Field"进行精炼，得到图 2-27 所示的 1 篇高被引论文 [Garicia Jose M，Garcia Felix C，Serma Felipe. High-performance aromatic polyamids. Progress in Polymer Science，2010，35(5)：623-686]，被引用 216 次。点击该

---

❶　根据对应领域和出版年中的高引用阈值，到 1 月/2 月 2017 年为止，本高被引论文受到引用的次数已将其归入其学术领域中最优秀的 1% 之列。

蓝色数字,可以查看哪些文献引用了该论文(图 2-28)。

图 2-27　图 2-24 中以"Highly Cited in Field"进行精炼的结果截屏

图 2-28　点击"被引频次"后显示结果截屏

科学引文支持使用 EndNote 作为文件夹储存兴趣文献,通过选择页面中间的"保存至 EndNote desktop",直接将页面上显示的文献的相关信息存储在 EndNote 中(需要购买和安装相应的软件)。

(2)作者检索　在科学引文数据库中查询一名科技工作者的论文情况是经常使用的一种检索方式。该数据库支持以作者的"姓+名"进行检索,也支持以"姓+简写的名"进行检索,但需使用英文姓名或汉语拼音。如"肖长发"的汉语拼音为"Xiao Changfa","名"简写后成为"Xiao CF"。以"Xiao Changfa"为作者进行检索,查询到 164 篇文献(图 2-29)。由于国内外均有可能出现同名同姓的作者,尤其是在使用简写的"名"作为检索条目时,这种情况更为明显。如以 Xiao CF 为作者进行检索,查询到的文献为 287 篇(图 2-30)。如果要准确查询一名科技工作者的论文情况,有时还需要以"地址"进行区分。如以"Xiao CF"为作者,以天津工业大学的缩写"Tianjin Polytech"为地址,选择"AND"进行检索,查询到文献 199 篇(图 2-31)。

查询科学引文数据库中某一作者或某个作者团队的论文检索情况,可以跟踪其研究进展,也可以用于选择合作伙伴或攻读研究生期间的导师。

比较三种方式查询的结果可以发现,查询到的文献数有很大差异,这其中既有作者姓名重叠的原因,也有部分期刊规定只能使用简写的"名"的原因,还有单位地址的原因。对于有单位变更的作者,要准确查询其论文或会议论文被检索情况,有时需要进行多次查询。

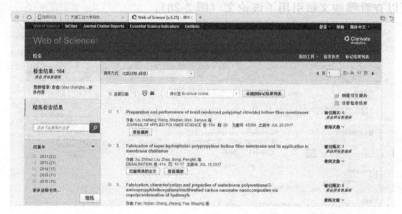

图 2-29　以"Xiao Changfa"查询的结果截屏

图 2-30　以"Xiao CF"查询的结果截屏

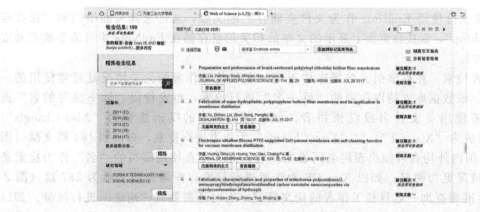

图 2-31　以"Xiao CF"和"Tianjin Polytech"进行检索的结果截屏

（3）地址检索　科学引文索引中提供"地址"作为检索条目，也支持以一个单位的缩写作为地址进行检索。借此可以查询一所高等学校、一个研究所或者一个重点实验室等的被检索论文情况，或者该单位发表的论文被引用情况。数据库提供的可查询文献时间范围逐渐扩大，目前已经可以查询 1950~2017 年期间发表的论文，实际检索中可以自行设定检索的时间范围。如以"Tianjin Polytech"为地址查询"天津工业大学"2012~2016 年发表的论文被科学引文索引情况，结果如图 2-32 所示，共有 4118 篇论文被引用。2016 年天津工业大学共有工程学、材料学、化学工程和数学四个学科进入世界 ESI 前 1%。ESI 排名可以反映一个学科、一个学校在科学研究,尤其是基础研究和应用基础研究方面的水平。

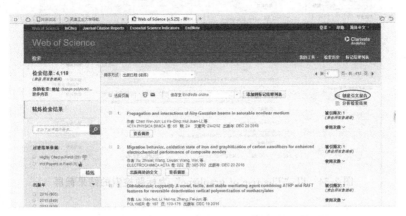

图 2-32　以"Tianjin Polytech"为检索地址查询到的
2012~2016 年之间发表的论文检索结果截屏

点击右上角"创建引文报告",网页弹出 4118 篇论文被引用情况(图 2-33),借此可了解天津工业大学的哪些科技工作者在这五年期间发表的论文被引用次数最多。点击蓝色数字可以展示引用该论文的全部文献。

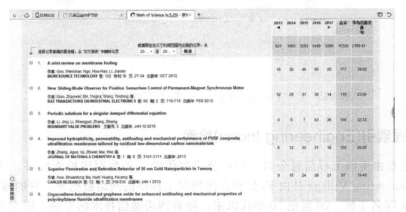

图 2-33　2012~2016 年之间论文被引用情况截屏

(4) 标题检索　如果已知一篇论文的"标题",想要通过科学引文数据库找到论文的全文或其他信息,可以将论文的"题目"粘贴在搜索框内,然后将检索条目改为"标题",点击"检索",即可完成检索。以"标题"为检索条目时,必须保证标题的准确性,不能有拼写错误;否则,数据库给出的结果会有偏差。利用这个偏差,有时可以检索到相似的文献。

如以"The rise of graphene"为标题进行检索,数据库显示有 10 篇文献符合条件,而实际上只有第 10 篇是要查找的论文(图 2-34),该论文是由 2010 年诺贝尔物理学奖获得者 Geim A. K. 和 Novoselov K. S. 撰写的评述性论文,截屏时已经被引用 19221 次。

为了使检索结果更准确,可以将检索词放在引号内,如以"The rise of graphene"为标题进行检索,则检索结果只有 1 篇论文符合要求(图 2-35)。检索的准确性得到很大提高。

(5) 出版物名称检索　单独以"出版物名称"为条目进行检索,可以了解某出版物被引用情况,实际应用中会由于列出的文献过多,而失去检索价值。一般应与其他检索条目搭配使用。

图 2-34　以"The rise of graphene"为标题检索的结果截屏

图 2-35　以"The rise of graphene"为标题检索的结果截屏

2.5.2　工程索引(Engineering Index)检索

工程索引是由美国工程信息公司（Ei）公司提供的一种数据库检索服务。该公司始建于 1884 年，Engineering Village 是由 Ei 公司在因特网上提供的网络数据库，它的核心产品 Engineering Index 闻名于世。20 世纪 70 年代以来，随着网络通信技术的发展，Ei 公司开始提供网络版《工程索引》数据库（Ei Compendex Web）；同时开始研究基于 Internet 环境下的集成信息服务模式，1997 年左右推出的 Ei Village 是以 Ei Compendex Web 为核心数据库，将世界范围内的工程信息资源组织、筛选、集成在一起，向用户提供"一步到位"的便捷式服务。

Compendex 是目前全球最全面的工程领域二次文献数据库，侧重提供应用科学和工程领域的文摘索引信息，涉及核技术、生物工程、交通运输、化学和工艺工程、照明和光学技术、农业工程和食品技术、计算机和数据处理、应用物理、电子和通信、控制工程、土木工程、机械工程、材料工程、石油、宇航、汽车工程以及这些领域的子学科。

通过学校图书馆的网页可以访问 Engineering Village 的链接 http：//www. engineeringvillage. com，点击该链接后，弹出网页（图 2-36）。《工程索引》的"Quick search"提供的检索条目多达 19 个，包括"All fields（全部）""Subject（主题）/Title（题目）/Abstract（摘要）""Abstract（摘要）""Author（作者）""Author affiliation（作者单位）"和"Title（题目）"等。数据库支持 3 个或 3 个以上条目搜索，每个条目之间的逻辑关系可以是"AND""OR"或"NOT"，其含义与科学引文索引相同。

（1）主题词检索　工程索引数据库支持以"主题词"进行检索。如以"chemical fiber"

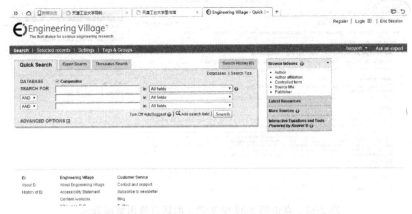

图 2-36　Engineering Village 检索页面截屏

"AND""aramid polyamide fiber"为"Subject/Title/Abstract"进行检索，结果如图 2-37 所示，在数据库收入的源刊中 1969~2018 年间共有 46 篇文献符合要求，与科学引文索引的 41 篇文献符合要求但稍有出入，这是因为两个数据库的源刊略有差异引起的。科学引文数据库的源刊更偏重于科学和技术，工程索引数据库的源刊更偏重于技术和工程，有一些源刊很难划分种类，同时被两个数据库作为源刊。同样，工程索引数据库的源刊也包括多种文章的期刊和会议论文等，《复合材料学报》《高分子材料科学与工程》和《纺织学报》等中文期刊是其源刊。

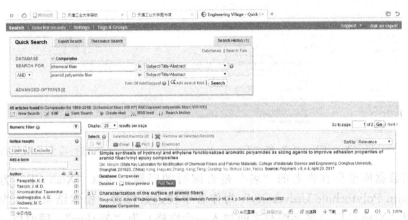

图 2-37　以"chemical fiber""AND""aramid polyamide fiber"
为"Subject/Title/Abstract"进行检索的结果截屏

点击"文献的题目"，弹出包含文献题目、作者、作者单位、发表刊物、年、卷（期）、页码、摘要等信息的页面（图 2-38）。点击"Abstract"右侧的"Detailed"键后弹出的页面稍有变化，其中"Accession number：20171703604227"是图 2-37 中文献 1 的 EI 收录号码。

点击"Full Text"按钮，可以链接到期刊的网页，如果已经购买了版权，则可以通过点击下方的按钮，展开全文在线阅读或下载文献全文。

（2）作者检索　工程索引中作者检索与科学引文数据库相似，在检索框内输入作者的英文名字或汉语拼音，然后下拉检索条目菜单，修改为"Author"，即可进行检索。同样由于同名同姓，作者可能有多人，为了加以区别，同时选择"AND"，在第二个搜索框内输入作者单位，然后下拉相应的检索条目菜单，修改为"Author affiliation"，即可进行检索。如拟检索天津工业大学肖长发的论文被工程索引检索情况，在第一个搜索框内输入"Xiao Changfa"，下

图 2-38　点击图 2-37 中文献 1 的题目弹出页面截屏

拉搜索条目菜单，将右侧的检索条目修改为"Author"，然后在第二个搜索框内输入"Tianjin Polytechnic University（天津工业大学）"，下拉搜索条目菜单，将右侧的检索条目修改为"Author affiliation"，点击"Search"按钮，完成搜索，弹出的页面如图 2-39 所示，共检索到符合条件的文献 145 篇。

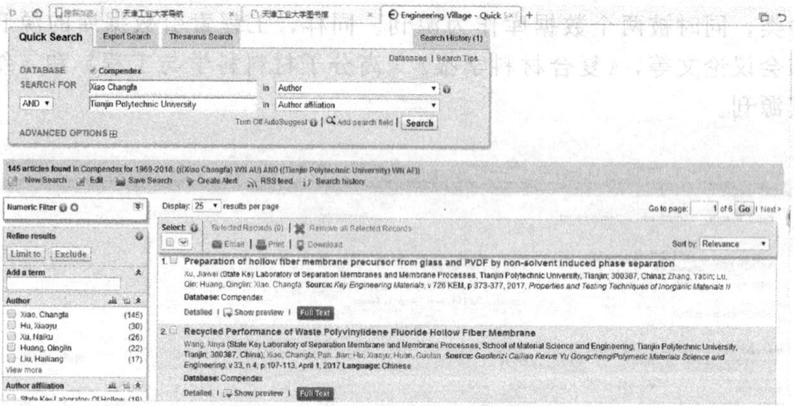

图 2-39　以"Xiao Changfa"和"Tianjin Polytechnic University"进行检索的结果截屏

工程索引数据库也存在作者的"名"是否缩写的问题，如以"Xiao CF"为"Author"，同时以"Tianjin Polytechnic University"为作者单位进行检索，检索结果显示为 0 篇文献符合要求，而以"Xiao C F"（名字缩写之间加入一个空格）为"Author"，同时以"Tianjin Polytechnic University"为作者单位进行检索，检索结果显示为 10 篇文献符合要求。另外，甚至于以"Xiao C"为"Author"，同时以"Tianjin Polytechnic University"为作者单位进行检索，检索结果显示为 11 篇文献符合要求，其中的文献 10（Z Zhong, C Xiao. 3-Fabric composition testing, Fabric Testing. A volume in Woodhead Publishing Series in Textiles, 2008, Pages 48-89）因为文献发表时使用的作者姓名是"Xiao C"，符合检索要求。

国内和国外作者中都存在一些"大姓"，即同一个姓氏的作者很多，名字缩写以后出现"同名同姓"的可能性增大。为了避免"张冠李戴"，以作者姓名进行检索时，有时需要检索多次，以免遗漏欲查询作者的论文或会议论文成果。

（3）作者单位检索　工程索引中作者单位检索也与科学引文数据库相似。在检索框内输入作者单位，然后下拉相应的检索条目菜单，修改为"Author affiliation"即可进行检索。如以"Tianjin Polytechnic University"为作者单位进行检索，查询到符合条件的文献 8563 篇（图 2-40）。

图 2-40　以"Tianjin Polytechnic University"为作者单位进行检索的结果截屏

为了了解作者单位在某个方面的研究工作情况，可以在以作者单位为一个检索条目的同时，选择以主题词为第二个检索条目，进行检索。如以"Tianjin Polytechnic University"为作者单位，以"Hollow Fiber Membrane（中空纤维膜）"为"Subject/Title/Abstract"进行检索，查询到符合条件的文献221篇（图2-41）。

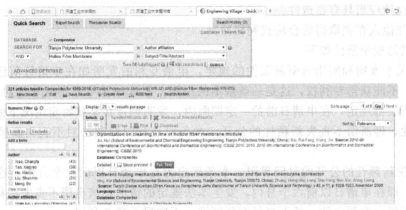

图 2-41　以"Tianjin Polytechnic University"为作者单位，
"Hollow Fiber Membrane"为主题词进行检索的结果截屏

（4）其他检索　工程索引提供的19个检索条目中常用的还有"Publisher"和"Source Title"等，可根据需要单独使用，或与其他检索条目组合使用。

2.5.3　出版社数据库检索

使用科学引文数据库和工程索引数据库进行文献检索均需要预先购买使用权，直接查询出版社的网站，基本可以查找到论文的题目、作者、作者单位、摘要等信息。如果作者已经支付了版权使用费或者出版社实行免费下载，也可以查询到所需的文献。比较知名的出版网站，如 Wiley Online Library （http：//onlinelibrary.wiley.com/）、Sciencedirect （http：//www.sciencedirect.com/）和 Springer （http：//www.springer.com/cn/）等都提供与上述两个数据库相似的检索功能。这些网站除提供科技论文的相关信息外，还推送学术专著和系列刊物供读者选用。

世界著名的"Science"则可在读者进行网络（http：//www.sciencemag.org/）注册获得账户后，免费下载"Science"上发表的学术论文和评论等。

部分大学或研究机构的科技工作者通过预先支付出版社相关费用，在自己的网页上提供免费下载论文 PDF 文件的链接，方便读者阅读，扩大学术影响力。

2.6 中国专利查询

2.6.1 关于专利

专利一词，一般有三种含义，即专利权、取得专利权的发明创造和专利文献，但主要是指专利权。所谓专利权就是由国家专利主管机关依据专利法授予申请人的一种实施其发明创造的专有权。

目前世界上很多国家和地区都有专利管理机构，进行知识产权保护与管理。我国的专利分三种：发明、实用新型和外观设计。按照专利法规定，授予专利权的发明和实用新型必须具备新颖性、创造性和实用性，即通常所说的专利"三性"要件。这是各国专利法普遍采用的准则，也是世界贸易组织《与贸易有关的知识产权协议》（TRIPS）所确认的准则（https://jingyan.baidu.com/article/1e5468f91cc412484961b7ad.html）。外观设计专利权的授予条件如下：

① 外观设计应当具有新颖性。
② 外观设计应当具有创造性。
③ 不得与他人在先取得的合法权利相冲突。

发明专利的授予条件如下：

① 按照关于发明和实用新型新颖性的规定，申请专利的发明如在申请日前已经公开，便失去新颖性，不能获得专利权，这是一条基本的原则。但这一基本原则并非绝对，也有例外。许多国家专利法都规定，在申请日前的一定期限内，发明创造在某些特定情况下的公开，可以不丧失新颖性，即所谓不丧失新颖性的公开。本条即是我国专利法对不丧失新颖性的公开的规定。

② 不丧失新颖性的公开的时间界限，本条规定为在申请日以前六个月内。这一期限又被称为宽限期，即在申请日以前六个月内，发生本法规定的情形，该申请不丧失新颖性。如果超过这个期限再提出专利申请，就不再具有新颖性，不应授予其专利权。

③ 不丧失新颖性的情形，本条规定为三种：

a. 在中国政府主办或者承认的国际展览会上首次展出的。包括两层含义：一是必须是由中国政府主办或者承认的国际展览会；二是必须是国际展览会，即展出的展品除了举办国的产品以外，还应当有来自外国的展品。

b. 在规定的学术会议或者技术会议上首次发表的，不丧失新颖性。

c. 他人未经申请人同意而泄露其内容的。

2.6.2 专利查询

在搜索引擎的搜索框内输入"专利检索"，弹出的页面中选择国家知识产权局提供的"高级检索"页面，点击 http://epub.sipo.gov.cn/gjcx.jsp 后打开，如图 2-42 所示。查询的专利类型包括：发明公布、发明授权、实用新型、外观设计四类。常用的检索条目包括：申请号、申请（专利权）人、发明（设计）人、名称、摘要、摘要/简要说明等，其他检索条目可以根据需要选用。

（1）发明人查询　发明人是专利的实际完成人。已知发明人的姓名，可以检索其完成的发明情况，如在发明（设计）人搜索框内输入"肖长发"，点击右下角的"查询"按钮，弹出查

图 2-42 国家知识产权局专利检索页面截屏

询结果页面（图 2-43），共有 128 项结果。每一项查询结果的底部都有"［发明专利申请］"和"事务数据"两个蓝色弹出框，已授权的专利申请还有一个"［发明专利］"框，在最左侧。点击［发明公布］"一种熔融挤出法制备中空纤维膜的方法"左下方的"［发明专利］"框，打开了该项专利申请的 PDF 版页面，进一步点击左侧的"⬇下载"按钮，可以全文下载已经获得授权的 PDF 版专利说明书，供在线阅读、下载或打印。

图 2-43 发明（设计）人"肖长发"的查询结果截屏

在左侧的"排序方式"选择区，有"按申请日升序排列""按申请人降序排列""按公布（公告）日升序排列"和"按公布（公告）日降序排列"等四种方式，可以选择使用。

同样，由于存在"同名同姓"的情况，为了使查询结果更准确，有时需要同时以"申请（专利权）人"或"摘要"为查询条目。

需要注意的是，无论哪个国家的发明人或专利权人在中国申请专利，都需要使用中文名称。查询国外发明人或专利权人在中国的专利申请情况时，首先需要知道其中文名（称）。

（2）申请（专利权）人查询　申请（专利权）人是专利权的实际拥有人，既可以是一个机构或企业，也可以是一个自然人。如，在申请（专利权）人搜索框内输入"天津工业大学"，点击右下角的"查询"按钮，弹出查询结果页面，共有 3121 项结果。一个机构或企业申请专利或获得专利权的数量从一个侧面反映了该单位的创新和知识产权保护程度。

（3）摘要/简要说明查询　欲了解某一领域或方向上的专利申请和授权情况进行的查询非常普遍。查询之前需要首先确定一个"关键词"，然后输入到查询框内，点击"查询"。

如，以"中空纤维膜"为关键词，输入到"摘要/简要说明"查询框内，点击"查询"后的结果如图 2-44 所示，共有 1783 项结果。

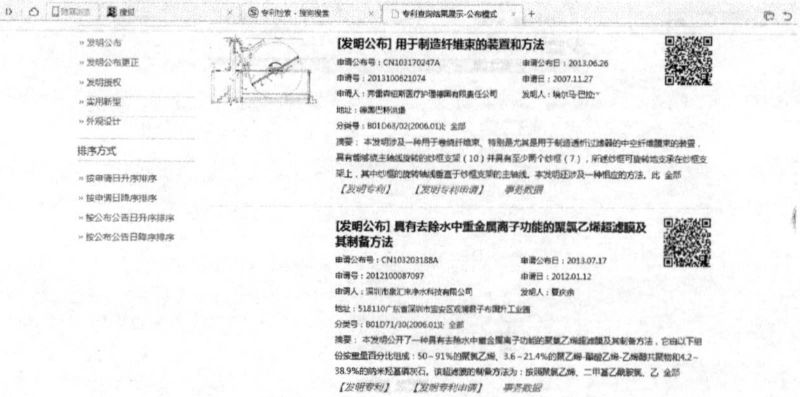

图 2-44　以"中空纤维膜"为"摘要/简要说明"查询的结果截屏

（4）名称查询　已知专利申请的名称，可以查询和下载专利说明书及其他信息。如仍以"中空纤维膜"为检索词，输入到"名称"查询框内，点击"查询"后的结果如图 2-45 所示，共有 894 项查询结果，较以"中空纤维膜"为"摘要/简要说明"查询的结果减少约 50%，这是因为以"中空纤维膜"为"名称"进行查询，专利题目中必须包含"中空纤维膜"，而以"中空纤维膜"为"摘要/简要说明"查询，则只需要摘要中包含"中空纤维膜"。

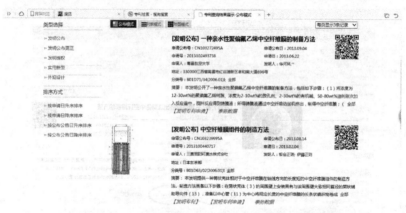

图 2-45　以"中空纤维膜"为"名称"查询的结果截屏

同时以"中空纤维膜"为"名称"，以"微滤膜"为"摘要/简要说明"进行查询，查询到的结果为 12 项。采用这种方法可以减少符合要求的查询结果数目，方便在短时间内阅读。

2.7　国外专利查询

前已述及，世界上很多国家和地区都设有专利管理机构，如 United States Patent and Trademark Office（www.uspto.gov/）、Japan Patent Office（www.jpo.go.jp/）、European Patent Office（www.espacenet.com/）和国际专利 PCT（http://www.wipo.int）等。其中尤其以欧洲专利库提供的查询最为便捷和全面。欧洲专利库中可查询到国际、欧洲、美国、日本、中国等世界各国和地区或机构的专利申请，并可以下载部分专利申请书的 PDF 文件。

在搜索引擎中的搜索框中输入"Europe Patent"进行搜索，可以查询到其网址：https://worldwide.espacenet.com/，点击后打开，如图 2-46 所示。该数据库提供"Smart search"和"Advanced search"两种方式的检索。"Advanced search"的查询条目有"Title""Title or Abstract""Publication Number（公布号）""Application Number（申请号）""Applicant(s)(申请人)"和"Inventor(s)(发明人)"等。"Smart search"一次只能输入一个查询词。

图 2-46　欧洲专利检索网页截屏

(1) 发明人查询　在"Inventor(s)"搜索框内输入拟查询的"发明人"的英文姓名或汉语拼音，点击"Search"即可进行查询，如以"Xiao Changfa"为"Inventor"进行查询，显示有 164 个符合条件的结果（图 2-47）。数据库本身不能区分"Changfa Xiao"与"Xiao Changfa"之间的区别，甚至把姓名中含有"Xiao"或"Changfa"的发明人的结果也列入查询结果中，需要进行甄别。

图 2-47　以"Xiao Changfa"为"Inventor"查询的结果截屏

点击发明的名称，弹出一个包含发明名称、发明人、申请人、申请号、申请日期、公布号、公布日期和专利申请书摘要等的页面（图 2-48），可以供阅读。

点击左侧选择栏中的"Original document"，并输入一串数字验证码后，可以下载专利申请书的 PDF 文件，供阅读、储存或打印。

(2) 申请人查询　与中国专利库一样，欧洲专利库也支持以申请人作为查询条目进行查询。为了获得某机构（单位）的某发明人的专利申请情况，可以同时以发明人和申请人为检索条目，这与中国专利库的搜索是相同的。

(3) 关键词查询　欧洲专利库支持以"关键词"进行查询，使用方法与中国专利库相似。

(4) 名称查询　欧洲专利库支持以专利名称进行查询，在"Title"检索框内输入拟查询的专利名称，点击"Search"，即可完成查询。

(5) 专利号查询　欧洲专利库支持以"专利公布号"和"专利申请号"进行查询，使用方

图 2-48　点击图 2-47 中查询结果 1 的题目后弹出页面截屏

法与中国专利库相似。

2.8　产品标准查询

国家标准 GB/T 20000.1—2014《标准化工作指南　第 1 部分：标准化和有关活动的通用术语》中对标准的定义是：为在一定范围内获得最佳秩序，对活动或其结果规定共同的和重复使用的规则、导则或特性的文件。该文件经协商一致制定并经一个公认机构的批准。它以科学、技术和实践经验的综合成果为基础，以促进最佳社会效益为目的。

小到一个词语的定义、一个仪表的校准、一个方法的建立；大到一个产品、一项工程都需要有一个或若干个标准进行规范。如何查询和熟练使用标准是材料科学与工程领域人员的必备技能。

标准包括国际标准（ISO）、国家标准（GB、GB/T）、国家军工标准（GJB）、行业标准、地方标准和企业标准等，可根据需要选择使用。

在搜索引擎的搜索框内输入"标准检索"，可弹出提供标准查询服务的若干网页，如国家标准文献共享服务平台（http：//www.cssn.net.cn/pagesnew/search/search_base.jsp）和标准检索网（http：//search.bzjsw.com/）等。国家标准文献服务共享平台中提供简单检索、高级检索、专业检索和分类检索四种服务，其中高级检索条目包括：关键词（标题、适用范围、主题词）、标准号、国际标准分类等（图 2-49），最常使用的是关键词和标准号查询。

图 2-49　国家标准文献共享服务平台网页截屏

现以"碳纳米管"为关键词进行查询，检索到符合条件的标准 43 项（图 2-50）。通过选择点击"订购"，并支付相关费用后可得到标准文本，也可选择"跟踪"或"收藏"。

图 2-50 以"碳纳米管"为关键词查询的结果截屏

由于碳纳米管有单壁碳纳米管、双壁碳纳米管和多壁碳纳米管等,在已有的 43 个查询结果中,以"多壁"为关键词,点击"在结果中查找",结果如图 2-51 所示,查询到符合条件的标准 5 项。

图 2-51 以"多壁"为关键词"在结果中查找"后网页截屏

2.9 文献阅读

2.9.1 概述

科研工作者在日常工作中经常需要检索和阅读文献。因此,为了节约阅读时间和更好地理解文献,需要灵活地运用各种文献阅读方法。

一般而言,标题、摘要、关键词、引言、正文、结论、参考文献等部分组成了一篇完整的学术论文。论文中的各个部分都有其各自的作用,根据阅读的目的不同,不需要每次都阅读整篇论文,应该选择论文中的某一部分进行阅读,从而节省时间和精力。比如想了解论文的大概内容,则只需要阅读标题和摘要;想了解论文的来龙去脉和出发点,则可阅读引言部分;想知道论文作者具体的实验方法,则可直接阅读实验部分;只想知道论文的主要结论,则可直接阅读结论部分。

2.9.2 文献阅读方法

按照文献阅读的深度,文献阅读方法可以分为泛读和精读。

（1）泛读　泛读是读者只想大致地了解文献内容的阅读方法。读者可先阅读标题和关键词，然后再阅读文献中的问题、假设和创新点，还可以略过正文大部分文字而直接分析插图和表格，最后阅读结论。通过了解论文中值得注意的结论和观点，就可掌握该篇文献的潜在价值。

（2）精读　精读是读者想深入理解文献内容的阅读方法。在阅读时，需要逐字逐句地阅读全文，弄清楚每句话的意思。阅读时如果遇到只知其表面大概意思，而不理解句子及句间的深层意思的情况时，就需要注意文中的转折词，将一篇论文分解段落，阅读各段落中的每一个句子，将句子中的关键词标记出来，再抓住句子的结构和主题进行理解。阅读时如果遇到有些实验方法相同但结论不同的文献，可以进行辨正阅读。此外，还要带着问题阅读论文，根据论文的结论提出问题和进行思考。比如：①结论是否有一定的局限性？②类似论文的结论有何相同以及不同之处？③如果要重现实验结果，应该如何实施？④更改实验方案会导致哪些问题？

阅读外文文献时通常会遇到不认识的生词，从而影响对论文大意的理解。遇到生词时，可以把生词先标记出来，精读完之后再查词典，而不要一边阅读论文一边查词典，以免影响阅读论文的逻辑连贯性。对于查词典所熟识的单词可以记录下来，汇总成生词表，通过不断的复习和积累，词汇量也会不断增加；同时，对遇到的新语法现象和句型等，也需要汇总、记录、复习，以增加对外文的整体语感，从而不断提高阅读文献的速度和质量。以下对三步阅读法进行介绍。

三步阅读法是加拿大滑铁卢大学 S. Keshav 提出的一种文献阅读方法。三步阅读法也可以理解为分三个阶段来阅读一篇论文，每一步都有其目标，并且每一步的目标都是基于上一步目标的完成来达到的：第一步要弄清论文的大概思路；第二步要抓住论文的主要内容；第三步则从细节方面深入理解论文。

① 第一步：需 5～10min。通过快速通读整篇论文，可以了解论文的大致内容，并且决定是否需要进行之后的第二步、第三步的阅读。这部分可以按以下几个步骤完成：首先认真阅读标题、摘要和引言；然后阅读大标题和小标题；再阅读结论；最后阅读参考文献，从中找到一些与目前研究联系紧密的论文。在这部分工作完成之后，读者就对论文有了大概了解，如这篇论文的类型、论文内容跟之前读过论文之间的联系、应用的理论或原理、这篇论文与其他论文的不同之处、创新点、论文逻辑关系以及结论的正确与否等。

② 第二步：需 1h 左右。第二步要仔细阅读论文，但无需过多关注细节，比如论证部分可先忽略。阅读时，要做好笔记，把重要的部分记录下来，或者在论文中标记出来，并在附近处做好批注。要特别关注论文中的插图、示意图等，比如插图清楚与否、有无明显错误、数据图是否有误差、统计方法是否有意义等。

此外，通过第二步的阅读，读者就能把握住论文的主要内容，这时就可以总结出论文的主旨和依据。对于一般论文，读者掌握到这种程度就算完成任务了，而对于那些与专业密切相关的论文，还要进行第三步阅读。有时，读者即使完成了第二步阅读，还是无法理解论文的内容；有可能是论文的主旨与读者的专业不相关，不熟悉的名词和缩写词太多；也可能是作者使用了一种全新的实验原理和方法。这时读者就需要把这篇论文先搁置一段时间，待弄清楚论文的写作背景和相关术语后，再来阅读。

③ 第三步：数小时。为了充分了解一篇论文，尤其当读者是审稿人时，还需要进行第三步阅读。第三步阅读的关键是：在脑海中勾勒出整篇论文，做出与作者相同的假设，进行重新创作。通过将这种重新创作的内容与实际论文进行比较，可以轻松地找出论文的创新之处，也可以轻松地找出一些不易察觉的缺陷和假设。这一步需要读者精读论文，完成这一步骤读者便可验证出论文中的假设是否成立，并且同时还会思考，如果自己是本文作者，将会如何去表达自己的想法。这种假设自己是作者的方法，还可以加深对该论文论据及表述技巧上的理解。在完成第三步的过程中，读者应该时刻留意对于未来研究工作的新想法。

第 3 章

期刊论文写作

3.1 概述

3.1.1 期刊论文的结构

一般一篇完整的期刊论文由以下结构单元组成。根据不同期刊要求和约定及部分论文的特殊性，会有稍许变化，比如有的期刊不要求关键词；有的论文涉及较多理论，会单独设置一个理论部分；有的期刊和论文将结果和讨论分别放在两个不同部分；有的期刊没有明确规定需要将结论单独作为一个部分；有的期刊致谢、附录和说明等则根据需要适当增减，也有的将附录和说明作为支撑材料单独成文，只提供电子文档，而影印版并不将其印刷在一起。

标题
作者及其机构
摘要和关键词
前言/引言
材料与方法
结果与讨论
结论
致谢部分
参考文献
附录与说明

3.1.2 期刊论文的写作顺序

期刊论文并非命题作文，需要先确定一个标题，然后接着写后面的主体部分。其实期刊论文的写作并没有固定的顺序，作者们往往是喜欢从最简单的部分开始写。一般来讲，实验部分是比较好写的，只要如实准确地按照实验步骤记录下来就可以。结果部分也比较容易写作，清楚准确地描述所得到的结果即可。而讨论部分往往需要作者对实验数据有深刻的理解，并具有本专业较高的理论水平，才能写得更好。前言部分的写作水平对整篇论文质量有重要影响，需要作者对所研究课题有清晰的宏观把握，深刻理解研究领域的历史发展和最新科研动态，因此该部分的写作也通常贯穿整个论文写作过程。标题和摘要在实际写作过程中往往是最后完成的，虽然它们出现在一篇论文的开始部分。最后写标题和摘要可以保证它们和全文有较好的一致性，不会因先确定好标题和摘要而导致后面写的正文与其不相适应，导致标题偏大或偏窄，摘要不能概括全文的问题。

3.2 标题

论文的标题好比人的眼睛，清澈、明亮而又有神的眼睛传达给人一种自信、果敢和有内涵的印象，因此论文的标题也一样需要准确、简洁和清晰，能够更好地吸引读者，引起他们阅读的兴趣。同时，准确而清楚的标题更容易被检索系统收录和引证，增加论文的传播范围。

3.2.1 标题的基本要求

论文标题必须满足三个基本要求，即准确（accuracy）、简洁（brevity）和清楚（clarity），此即为标题要求的 ABC。

（1）准确　即论文的标题要准确反映论文的内容。论文的标题不能过于抽象、概括，这样会给人感觉文章的内容空泛，与标题不对应；当然标题也不能过于具体而显得烦琐。不能为吸引读者阅读兴趣而故意夸大或扭曲论文内容而冠以与论文内容完全不相符的标题，这种情况尤其在网络上盛行，有的纯粹是为了增加文章的点击率而故意为之。总之，论文标题要紧扣论文内容，与内容要互相匹配，相互对应，这是科技论文标题的基本准则。

（2）简洁　即论文的标题要简单、明了，便于读者阅读和记忆，并留下深刻印象。一般要求英文不超过12个单词（或75个字符），中文不超过20个汉字，并尽量不要超过两行文字。一个标题尽量只包含一个中心意思，如果在包含较多层次的内涵的情况下，最好采用主副标题相结合的方法，主标题突出最重要的中心思想，副标题用来补充说明特定信息，使得标题充实准确。例如"Thin film composite membrane—Recent development and future potential"（Desalination，2015，356：140-148）主标题"Thin film composite membrane"指出论文讨论的对象是薄层复合膜，副标题"Recent development and future potential"指出论文讨论薄层复合膜最近发展和未来趋势。

为了使标题简洁，避免使用 On the…，Thoughts on…，Regarding…，Study…，Relationship between…and…等，例如

On the glass transition of binary blends of polystyrene with different molecular weight
→Glass transition of binary blends of polystyrene with different molecular weight
Study on the apparent phase diagram of nylon1010/nylon6 copolymers
→Apparent phase diagram of nylon1010/nylon6 copolymers
Relationship between physical properties and structure of ion-containing polymers
→Physical properties and structure of ion-containing polymers

标题前的冠词也可以省略，例如：

The microstructure of microcrystalline cellulose
→Microstructure of microcrystalline cellulose
The synthesis of a novel alcohol-soluble polyamide resin
→Synthesis of a novel alcohol-soluble polyamide resin

（3）清楚　即论文标题清晰地反映文章的具体内容和特色，明确表明研究工作的独到之

处，力求简洁有效、重点突出。尽可能将表达核心内容的主题词放在题名开头，以便引起读者的注意。例如"Graphene-based Nanomaterial：The State-of-the-art Material for Cutting Edge Desalination Technology"标题中将 Graphene-based Nanomaterial 放在句首，一目了然，让读者抓住论文的核心即为石墨烯基纳米材料。

标题中慎重使用缩略语，只有在全称太长，并且其缩略语得到科技界公认也不会引起误解和歧义的词才可以在标题中使用；标题中避免使用化学式、上下角标、特殊符号（数字符号、希腊字母等）、公式、不常用的专业术语等。此外，中文论文一般需附加英文标题和摘要，中英文标题应保持一致、意思相近，名词的内涵和外延尽可能保持一致，至少不会引起误解和歧义。

3.2.2　标题的类型

（1）名词词组　例如
Inositol Trisphosphate and Calcium Signaling（三磷酸肌醇和钙信号表达）

（2）主副题名　例如
Fluidic Processing of High-Performance ZIF-8 Membranes on Polymeric Hollow Fibers：Mechanistic Insights and Microstructure Control（高性能 ZIF-8 中空纤维膜的流体加工：机理和微观结构控制）

Membrane-based Processes for Wastewater Nutrient Recovery．Technology，Challenges，and Future Direction（基于膜过程的废水中养分的回收：技术、挑战和未来方向）

（3）系列题名　例如
Density-functional Thermochemistry．Ⅲ．The Role of Exact Exchange（密度函数的热化学：Ⅲ．正解交换的作用）

（4）陈述性题名　例如
The p21 Cdk-interacting Protein（Cip1）is a Potent Inhibitor of G1 Cyclin-dependent Kinases ［p21 Cdk 相互作用蛋白（又称 Cip1）是 G1 细胞周期依赖性蛋白激酶的强抑制剂］

（5）疑问句题名　例如
When is a Bird not a Bird?（鸟什么时候不是鸟）

Pressure-retarded Osmosis for Power Generation from Salinity Gradients：is it Viable?（盐度梯度的压力延缓渗透发电：是否可行）

Antimicrobial Properties of Graphene Oxide Nanosheets：Why Size Matters．（氧化石墨烯纳米片的抗菌性能：为什么尺寸很重要）

Forward Osmosis：Where Are We Now?（正渗透：我们所处的阶段）

材料学论文写作中最常见的是名词词组形式，通常由中心词加前置修饰语或通过介词 of，in，to 等后置定语进行修饰，或通过 using，under 等引出采用的实验手段、实验条件等。这样就构成标题的基本模式，如图 3-1 所示。

中心词主要有制备（Preparation）、结构（Structure）、方法（Method）和性质（Property）等方面的词构成。其中制备方面常见的词如：Synthesis，Polymerization，Fabrication，Reaction，Modification 等；结构方面常见的词如：Separation，Design，Model，Composition 等；方法方面常见的词如：Characterization，Identification，Analysis，Comparison，Evalua-

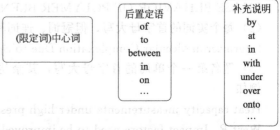

图 3-1　标题的基本模式

tion, Assessment 等；性质方面常见的词如：Magnetic Properties, Irradiation Degradation, Activity, Oxidation, Thermostability, Compatibility 等。

按照这个基本模式组成的材料学论文常见标题举例如下：

① Synthesis, Properties and Catalytic Activity of Rare Earth Complexes with Noncyclic Polyether-phenylalanine Schiff Base

② Enthalpy Distribution and Densities of States in Linear Polymers

③ An NMR Study of Mobility in a Crystalline Side-Chain Com-blike Polymer

④ Analysis of Solvent Diffusion in High-Density Polyethylene Using NMR Imaging Techniques

⑤ Rheological Properties and Foam Processability for Blends of Linear and Crosslinked Polyethylenes

⑥ Progress in Membrane for Gas Separation

⑦ Structure and Morphology Development in Syndiotactic Polypropylene during Isothermal Crystallization and Subsequent Melting

在使用过程中要注意介词的搭配，符合习惯用法。

① 介词 on 的用法

An Advanced Treatise on Physical Chemistry

Treatise on Photoelasticity

International Symposium on Plastics Testing and Standardization

Proceedings of the International Conferences on Thermal Analysis

② 介词 to 的用法

An Introduction to Classical and Statistical Thermodynamics

Introduction to Statistical Mechanics

Thermal Analysis：Fundamentals and Applications to Polymer Science

③ 介词 in 的用法

Experimental Techniques in Low Temperature

Physics Viscoelastic Properties in Polymers

Developments in Polymer Degradation

Advances in Polymer Science

Progress in Separation and Purification

3.2.3 标题的用词

标题的大小写写法有 3 种形式。

（1）全大写，例如

PHASE BEHAVIOR OF POLYMER BLENDS

（2）每个实词的首字母大写，但冠词、连词和通常由 4 个以下字母组成的介词小写，例如

Intermacromolecular Complexation Due to Specific Interaction

（3）题名第一个单词的首字母大写，其余均小写，常用于 CONTENTS，REFERENCE 等，例如

Heat capacity measurements under high pressure

West R. Impact factors need to be improved

British Medical Journal，1996，313：411

3.2.4 眉题的写法

用于论文的页眉，是论文题名的缩写，一般不超过 40 个字符，应包含论文中最核心的内容。

题目：WAF1：p53 肿瘤抑制作用的一个可能介导因子（WAF1：A Potential Mediator of p53 Tumor Suppression）

眉题：WAF1 as a Mediator of p53 Function

题目：Fabrication of Cu-BTC Metal Organic Frameworks on PVDF Hollow Fiber Membrane for Gas Separation via Multiple Reactions

眉题：Cu-BTC MOFs on PVDF Membrane via Multiple Reactions

［Fibers and Polymers 2015，16（10）2130-2134］

附录：由 San Francisco Edit 公司（www.sfedit.net）提供的写好标题的 15 条建议，在写标题时具有较高的参考价值。

① Write the title early in the writing process and critique it the same as any other section of the manuscript.

② A title should be the fewest possible words that accurately describe the content of the paper (the recommended length is 10-12 words).

③ The golden rule is：Express only one idea or subject in your title.

④ Put an important word first in the title.

⑤ Use key words which highlight the main content of your manuscript and can be understood, indexed, and retrieved by a database search.

⑥ Be concise. Omit all waste words such as "A study of…"，"Investigations of…"，"Observations on …".

⑦ Eliminate redundant words such as verbs and articles so the title functions as a label rather than a sentence.

⑧ Use simple word orders and common word combinations.

⑨ Be as descriptive as possible and use specific rather than general terms：for instance, include the specific drug name rather than just the class of drug.

⑩ Write scientific names in full, for instance Escherichia coli rather than $E.coli$.

⑪ Avoid using abbreviations and acronyms；they could have different meanings：for instance "Ca" for calcium could be mistaken for "CA", which means cancer.

⑫ Refer to chemicals by their common or generic name instead of their formulas.

⑬ Avoid the use of Roman numerals in the title as they can be interpreted differently：for instance, part Ⅲ could be mistaken for factor Ⅲ.

⑭ Do not use words such as "significant", which are considered too strong, state your conclusion boldly, and trivialize your manuscript by reducing it to a one-liner.

⑮ Make certain that your title and abstract match the final version of your article.

3.3 作者及其机构

3.3.1 作者的分类及署名原则

（1）第一作者　实验的主要完成人或论文初稿的主要撰写者应该是第一作者。当有两个及以上人员对论文的贡献几乎均等时，应标为共同第一作者，如图 3-2 所示。

ARTICLES

A highly crystalline layered silicate with three-dimensionally microporous layers

HAE-KWON JEONG[*,1], SANKAR NAIR[*,1], THOMAS VOGT[2], L. CHARLES DICKINSON[3] AND MICHAEL TSAPATSIS[†,1]

[1]Department of Chemical Engineering, 159 Goessmann Laboratory, University of Massachusetts, Amherst, Massachusetts 01003-9303, USA
[2]Physics Department, Brookhaven National Laboratory, Upton, New York 11973-5000, USA
[3]Department of Polymer Science and Engineering, Silvio Conte National Center for Polymer Research, Amherst, Massachusetts 01003-4530, USA
[*]These authors contributed equally to this work
[†]e-mail: tsapatsi@ecs.umass.edu

Published online: 22 December 2002; doi:10.1038/nmat795

图 3-2 共同第一作者的标注

（2）通信作者（correspondence author） 通常为项目的主持人、实验的设计者、论文的责任负责者、论文的通信联系者。合作项目的共同主持人和第一作者的共同导师可同时作为通信作者（双通信作者），如图 3-3 所示。

SEPARATION MEMBRANES

Interfacial microfluidic processing of metal-organic framework hollow fiber membranes

Andrew J. Brown,[1] Nicholas A. Brunelli,[2,3] Kiwon Eum,[2] Fereshteh Rashidi,[2] J. R. Johnson,[2] William J. Koros,[2] Christopher W. Jones,[1,2]* Sankar Nair[2]*

[1]School of Chemistry and Biochemistry, Georgia Institute of Technology, Atlanta, GA 30332, USA. [2]School of Chemical & Biomolecular Engineering, Georgia Institute of Technology, Atlanta, GA 30332, USA. [3]Department of Chemical and Biomolecular Engineering, The Ohio State University, Columbus, OH 43210, USA.
*Corresponding author. E-mail: sankar.nair@chbe.gatech.edu (S.N.); christopher.jones@chbe.gatech.edu (C.W.J.)

图 3-3 双通信作者的标注

（3）其他作者 其他参与实验者或论文修改者根据贡献大小作为第二作者、第三作者等。对论文修改提出建议和对语言进行润色的人员一般不列为作者，只需在致谢部分提出感谢。论文作者的数目没有限制，对论文有实质贡献的人员都应该列为作者，有的重大国际合作项目产生的论文，作者可以来自全球不同国家和地区，数目达到几百、几千人。2015 年 "Physical Review Letters" 发布了一篇论文，对希格斯玻色子的质量做出了目前为止最为精确的估算。这篇论文全名为 "Combined Measurement of the Higgs Boson Mass in pp Collisions at $\sqrt{s}=7$

and 8 TeV with the ATLAS and CMS Experiments”，联合作者总计有 5154 名。这篇论文的篇幅为 33 页，其中只有 9 页内容与真正的科学研究有关，剩余 24 页完全用来刊载作者以及研究机构的名称，如图 3-4 所示。

Selected for a Viewpoint in *Physics*

PRL **114**, 191803 (2015) PHYSICAL REVIEW LETTERS week ending 15 MAY 2015

Combined Measurement of the Higgs Boson Mass in *pp* Collisions at $\sqrt{s} = 7$ and 8 TeV with the ATLAS and CMS Experiments

G. Aad *et al.**

(ATLAS Collaboration)†

(CMS Collaboration)‡

(Received 25 March 2015; published 14 May 2015)

A measurement of the Higgs boson mass is presented based on the combined data samples of the ATLAS and CMS experiments at the CERN LHC in the $H \to \gamma\gamma$ and $H \to ZZ \to 4\ell$ decay channels. The results are obtained from a simultaneous fit to the reconstructed invariant mass peaks in the two channels and for the two experiments. The measured masses from the individual channels and the two experiments are found to be consistent among themselves. The combined measured mass of the Higgs boson is $m_H = 125.09 \pm 0.21\,(\mathrm{stat}) \pm 0.11\,(\mathrm{syst})$ GeV.

DOI: 10.1103/PhysRevLett.114.191803 PACS numbers: 14.80.Bn, 13.85.Qk

图 3-4 多个作者的标注

(4) 机构作者 机构研究者或集体研究所产生的论文，有时只有署名机构或集体。屠呦呦研究青蒿素的论文在当时的社会环境下署名即只有集体名字：青蒿素结构研究协作组，如图 3-5 所示（青蒿素结构研究协作组，一种新型的倍半萜内酯——青蒿素，科学通报，1977 年 03 期）。

《科学通报》 1977年03期 加入收藏 投稿

一种新型的倍半萜内酯——青蒿素

青蒿素结构研究协作组

【摘要】： 我们从菊科植物*Artemisia annua* L. 中，分离出的一种结晶。定名为青蒿素，是无色针状结晶，熔点156-157℃，$[\alpha]_D$ (17)=+66.3° (*C*=1.64，氯仿)，高分辨质谱(*m/e* 282.1472 M^+)及元素分析(C 63.72%，7.86%)……

【关键词】： **倍半萜内酯；青蒿素；针状结晶；元素分析；Artemisia；过氧基；高分辨质谱；四重峰；红外光谱；青蒿素**

图 3-5 机构作者的标注

论文署名的目的是为了表明文责自负、记录作者的劳动成果和便于读者与作者联系及文献检索，因此需要坚持实事求是的态度，按照对论文的贡献有无和大小来对论文进行署名。避免“搭车”署名、不能遗漏应该署名的作者、不可擅自将知名人士署为作者之一以提高论文声誉和影响。另外，论文送审之前一定要通知全部作者并得到全部作者对署名的亲自认可。

3.3.2 作者名字的书写

中国作者姓名的拼音表达方式按照国家标准（GB/T 16159—2012）规定的原则书写：汉语人名按姓和名分写，姓和名的开头字母大写，如：Wang Jianguo（王建国），Dongfang Shuo（东方朔），Zhuge Kongming（诸葛孔明），等。由中华人民共和国新闻出版署印发、1992 年 2 月试行的“中国学术期刊（光盘版）检索与评价数据规范”中规定中国作者姓名的汉字拼音采用如下写法：姓前名后，中间为空格，姓氏的全部字母均大写，复姓应连写。名字的首字母大写，双名中间加连字符；名字不缩写。如：ZHANG Ying（张颖），WANG Xi-lian（王锡联），ZHUGE Hua（诸葛华）。国外期刊一般会尊重作者对自己姓名的表达方式，但大多倾向于大写字母只限于姓和名的首字母。应尽量采用相对固定的英文姓名的表达形式，以减少在文献检索和论文引用中被他人误解的可能性。

韩国作者名字与中国作者名字类似，中间一个字为辈分，一般韩国人习惯名字间加短杠"-"，如 Woo-jin Jang，Sam-soon Kim。而英语国家作者署名的形式为：名字（first name），中间名（middle name）首字母，姓（family name）。

3.3.3 作者地址的标署

尽可能地给出详细的通信地址。如果论文出版时作者调到一个新的单位，新地址应以"Present address"（现地址）的形式在脚注中给出；如果第一作者不是通信作者，作者应按期刊的相关规定表达，并提前告诉编辑。期刊多以星号（＊）、脚注或致谢的形式标注通信作者或联系人。

（1）全部作者同一个单位和部门　全部作者在同一个单位或部门，统一标注所有作者的单位和地址即可，如图 3-6 所示。

Broadband and Tunable High-Performance Microwave Absorption of an Ultralight and Highly Compressible Graphene Foam

Yi Zhang, Yi Huang,* Tengfei Zhang, Huicong Chang, Peishuang Xiao, Honghui Chen, Zhiyu Huang, and Yongsheng Chen

图 3-6　作者同一个单位的地址统一标注

（2）共同作者不是同一个单位或部门　随着国际合作和国内外产学研合作的不断加深，越来越多的科研成果，如科技论文归属共同作者的多个单位和部门，其单位和部门也要分别加以标注，如图 3-7 所示。

Monte Carlo simulation of pore blocking phenomena in cross-flow microfiltration

Yingbo Chen[a,*], Xiaoyu Hu[b], Hern Kim[c]

[a] School of Materials Science and Engineering, Tianjin Polytechnic University, Tianjin 300387, China
[b] State Key Laboratory of Hollow Fiber Membrane Materials and Process, Tianjin Polytechnic University, Tianjin 300160, China
[c] Department of Environmental Engineering and Energy, Myongji University, Yongin, Kyonggi-do 449-728, Republic of Korea

图 3-7　不同单位多个作者的地址要分别标注

（3）同一个作者任职多个单位或部门　随着人才流动和多种就职方式的灵活性，有些研究者同时就职于不同单位或部门，并且这些单位或部门对其研究成果，如科技论文均有贡献，则对该作者的这些单位和部门均需标注，如图 3-8 所示。

Free-Standing Porous Carbon Nanofiber/Ultrathin Graphite Hybrid for Flexible Solid-State Supercapacitors

Kaiqiang Qin[†,‡], Jianli Kang[*,‡,§], Jiajun Li[†], Chunsheng Shi[†], Yuxiang Li[ǁ], Zhijun Qiao[§], and Naiqin Zhao[*,†,⊥]

[†] School of Materials Science and Engineering and Tianjin Key Laboratory of Composites and Functional Materials, Tianjin University, Tianjin 300072, China
[‡] School of Materials Science and Engineering, Tianjin Polytechnic University, Tianjin 300387, China
[§] State Key Laboratory of Hollow Fiber Membrane Materials and Processes, Tianjin Polytechnic University, Tianjin 300387, China
[ǁ] School of Mechanical Engineering, Tianjin Polytechnic University, Tianjin 300387, China
[⊥] Collaborative Innovation Center of Chemical Science and Engineering, Tianjin 300072, China

ACS Nano, **2015**, 9 (1), pp 481–487
DOI: 10.1021/nn505658u
Publication Date (Web): January 7, 2015
Copyright © 2015 American Chemical Society

*Address correspondence to kangjianli@tjpu.edu.cn, nqzhao@tju.edu.cn

图 3-8　同一作者任职多个单位或部门的地址标注

3.4　摘要和关键词

科技论文的摘要是简单传递论文重要信息的独立陈述性文本，主要展示论文研究的目的、研究方法、主要结果和结论，通常以过去式、简短而非重复的格式书写。

3.4.1　论文摘要的主要作用

（1）读者决定是否阅读全文　读者通过摘要去考虑一篇论文是否能引起他们的阅读兴趣或与自己目前工作的课题是否相关。如果摘要部分技术性太强或太简单，读者将能判定全文也是技术性太强或太简单，从而不会阅读全文以节省时间。

（2）辅助记忆重要发现　即使阅读了全文，读者也可依据摘要提示他们哪些数据支持结论。读者在写研究报告和引用时，他们可以通过摘要了解全文的重要内容，因为摘要包括了完整的书目信息。

（3）使全文更易于理解　同其他预读策略类似，读者在阅读全文之前阅读摘要，会帮助他们大概地了解接下来读到的内容，通过摘要了解全文的布局也能帮助读者阅读更轻松和有效率。

（4）引用论文　虽然计算机使索引更容易，摘要帮助图书馆和研究人员更容易地查找有效信息。现在有这么多的电子化索引，摘要和关键字仍然是更重要的，这是因为读者可以查看数以百计的摘要，迅速找到那些最适合他们的研究。此外，通过摘要交叉参照可以为刚开始进入研究的人员开辟新的他们还未知的研究领域。

3.4.2　摘要的基本要素

材料学文献和论文侧重材料的制备和加工过程，以及材料的结构和功能关系等方面，在摘要上主要包含四部分基本要素：即研究目的、研究方法、取得的结果和研究结论，具体如图 3-9 所示。

3.4.3　摘要的分类

科技论文的摘要分为以下几种类型：报道性，

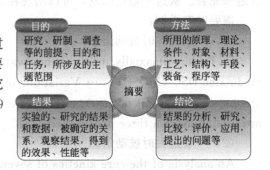

图 3-9　摘要的基本组成要素

指示性，报道-指示性和结构式。

报道性摘要是指明一次文献的主题范围及内容梗概的简明摘要，相当于简介。报道性摘要一般用来反映科技论文的目的、方法及主要结果与结论，在有限的字数内向读者提供尽可能多的定性或定量的信息，充分反映该研究的创新之处。

指示性摘要是指明一次文献的论题及取得的成果的性质和水平的摘要，其目的是使读者对该研究的主要内容（即作者做了什么工作）有一个轮廓性的了解。一般创新内容较少。

报道-指示性摘要是以报道性摘要的形式表述论文中价值最高的那部分内容，其余部分则以指示性摘要形式表达。

结构式摘要是报道性摘要的结构化表达，在摘要中明确指明以下内容：①目的（objective）：研究的问题、目的或设想等；②设计（design）：研究的基本设计，样本的选择；③单位（setting）：开展研究的单位；④对象（patients，participants）：研究对象的信息；⑤处置（interventions）：处置方法；⑥主要结果测定（main outcome measures）：实验过程；⑦结果（results）：研究的主要发现；⑧结论（conclusions）：主要结论及其潜在应用。结构式摘要在医学类期刊中较为常见，不同期刊要求也不尽相同，如下列出了不同期刊对摘要内容上的要求。

结构式摘要的类型

"New England Journal of Medicine"：Background, Methods, Results, Conclusions

"The Lancet"：Background, Methods, Findings, Interpretation

"JAMA"：Context, Objective, Design, Setting, Patients, Interventions, Main Outcome Measures, Results, Conclusion

3.4.4 摘要的时态

科技论文的摘要以一般现在时为主，也使用一般过去时和现在完成时，但在科技界并没有统一的说法，每个期刊的要求也不尽相同。比如一种说法认为用一般现在时描述通过科学实验取得的研究结果、结论，揭示自然界的客观规律；一般过去时描述在一定范围内所观察到的自然现象的规律性认识，这种认识也许有一定的局限性；而现在完成时描述过程的延续性，虽某事件（或过程）发生在过去，但强调对现实所产生的影响。而 EI 数据库建议：用过去时态叙述作者工作；用现在时态叙述作者结论。而另一种说法认为论文是通过科学实验揭示客观真理，所取得的结果无论是过去还是现在或将来都是如此，故常用现在时表达。

如文中指出发生的日期和时间是写文章之前，必须用过去时，例：This was first known in 1930. 许多论文，虽然是作者过去做的工作和得到的结论，然而这些工作和结论并不是达到"完结了"的阶段，而是还会有人，也可能是作者本人，继续研究下去，从而产生进一步的改进和完善。从这一角度出发，可以用现在完成时来描述已做过的工作，以表达这种延续性。

摘要时态举例：

（1）一般现在时被动语态

PET films uniaxially drawn in hot water are studied by means of conventional DSC and modulated DSC (MDSC). ··· Variations of T_g with the water content and with the drawing are discussed in terms of the structure in these materials. The increments of ΔC_p at T_g are also interpreted using a three phases model

（2）一般过去时被动语态

An analysis of the cure kinetics of several different formulations composed of bifunctional epoxy resins and aromatic diamines was performed. ··· All kinetic parameters of the curing reaction were calculated and reported. Dynamic and isothermal DSC yielded different results. An explanation was offered in terms of different curing mechanism which prevail under different curing conditions. A mechanism scheme was proposed to account for various possible reactions during cure.

(3) 现在完成时被动语态

The partial molar enthalpies of mixing of $NaHSO_4$ and $KHSO_4$ have been measured at 528K by dropping samples of pure compounds into molten mixtures of $NaHSO_4$ and $KHSO_4$ in Calvet calorimeter. From these values the molar enthalpy of mixing has been deduced.

The phase diagram of this system has been confirmed by conductometric and thermal analysis methods. By an optimization method the excess entropy of the liquid mixtures was also calculated.

3.4.5 摘要的语态

(1) 被动语态　　目前，英文摘要仍以被动语态居多，这种语态可以在主语部分集中较多的信息，起到信息前置，语义鲜明突出的效果。

(2) 主动语态　　主动语态也偶有出现，并有增长的趋势，认为"主动语态表达的语句文字清晰、简捷明快、表现力强，动作的执行者和动作的承受者一目了然，往往能给人一种干净利落、泾渭分明的感觉。"如下句子所示。

We report rheological data on anionic polyelectrolyte solutions of variable chain length and concentration，……

We have studied the dehydration under atmospheric pressure for $NiNa_4(P_3O_9)_2 \cdot 6H_2O$ between 25 and 700℃ by thermal analyses (TG，DTA)，infrared spectrometry and X-ray diffraction. ……

……We find that one component (polyimide) controls the permeability values and activation energies for helium permeation in the blends. ……

综合起来，作者告诉读者论述怎样的主题，可用现在时；用过去时及其被动语态叙述实验方法与过程；表示实验前人已完成的动作（过去的过去），用过去完成时。例如

The crystallized samples had been polished before they were etched in a 0.5% HF solution at a temperature of 25℃ for 2s.

对实验结果可用现在时（表示客观真理）或现在完成时（已取得的阶段性成果）。

3.4.6 摘要中常用的表达方法

(1) 引言和背景

① 回顾研究背景，常用词汇有 review, summarize, present, outline, describe 等。

② 说明写作目的，常用词汇有 purpose, attempt, aim 等。

③ 介绍论文的重点内容或研究范围，常用词汇有 study, present, include, focus, emphasize, emphasis, attention 等。

(2) 方法和手段

① 介绍研究或实验过程，常用词汇有 test, study, investigate, examine, experiment, discuss, consider, analyze, analysis 等。

② 说明研究或实验方法，常用词汇有 measure, estimate, calculate 等。

③ 介绍应用、用途，常用词汇有 use, apply, application 等。

(3) 结果部分

① 展示研究结果，常用词汇有 show, result, present 等。
② 介绍结论，常用词汇有 summary, introduce, conclude 等。
③ 用 That 从句表示实验结果。例如

The results indicate (show, demonstrate, reveal) that …
It was shown (found, discovered, concluded) that…
It can be seen that …
It has been demonstrated that …

(4) 讨论部分

① 陈述论文的论点和作者的观点，常用词汇有 suggest, report, present, expect, describe 等。
② 说明论证，常用词汇有 support, provide, indicate, identify, find, demonstrate, confirm, clarify 等。
③ 推荐和建议，常用词汇有 suggest, suggestion, recommend, recommendation, propose, necessity, necessary, expect 等。

3.5 引言

一个好的引言相当于文章成功了一半，引言的作用是引领读者从一个一般主题到一个特定研究领域。一般而言，引言包括三个主要部分：①设定一个领域，提出研究主题的重要性，并对该主题做一个概括性的描述或总结最近的研究进展和状况；②确认研究领域中的具体问题，可以是反驳一个已有的观点和假说、揭示研究的差距、指出研究中的问题或延续一个研究传统等；③提出解决具体问题的方法，描述研究工作的目的、重要特征和结果，并对全文结构做一个简单概括。

简而言之，引言应引导读者了解目前在该领域中的最新情况，并应允许读者在不提及以前关于该主题的出版物的情况下理解论文的其余部分。尽管引言是论文中的第一个主要部分，许多研究人员还是倾向在论文写作中较后期开始写或者说最后完成该部分的写作。

3.5.1 研究背景和意义

研究的背景中需要告诉读者为什么要提起所要研究的话题、本研究拟提起的问题是什么，有两种方式提出研究的背景，一是开门见山，直奔主题；二是从一个一般性的话题逐渐引出主题。

研究的目的要在引言中明白无误地告诉读者：我要做什么。请使用"本文的目的是……"这样的语句直接表明研究的目的，绝对不能含糊不清，让读者从行文中去猜测研究的目的。

研究的意义是指出本研究在整个研究体系中的位置。引言中突出创新性，可从分析过去研究的局限性并阐明自己研究的创新点，阐述局限性时，需要客观公正评价别人的工作。在阐述自己的创新点时，要紧紧围绕过去研究的缺陷性来描述，完整而清晰地描述自己的解决思路。部分中文文章的特点是创新性多且大，而英文文章的特点恰恰相反，深入系统地解决一到两个问题就算相当不错。通过对以往研究的回顾，引导出自己的方法，并对其合理性进行说明。注意找出以往研究中不完善的地方、无法解决自己研究中所提出的问题等。

对以往文献研究的回顾经常出现的问题包括：简单地将以往的研究罗列，缺乏分析比较；缺乏对自己研究方法合理性的说明；文中找不到佐证；对他人研究的评价语言过于激烈或不客观地评价，给人以"吹毛求疵"的印象。

文献总结回顾一方面要把该领域内过去和现在的状况全面概括地总结出来，特别是最新的进

展和过去经典文献的引用；另一方面，文献引用和数据提供一定要准确，切记避免片面摘录部分结果而不反映文献的总体结果；此外，引用文献时不要原文抄录，要用自己的话进行总结描述。

3.5.2 引言写作的语言技巧

（1）如何指出当前研究的不足以及有目的地引导出自己的研究的重要性。通常在叙述了前人成果之后，用 However 来引导不足，例如

However, little information…
little attention…
little work…
little data
little research
or few studies
few investigations…
few researchers…
few attempts…
or no
none of these studies
has (have) been less
done on…
focused on
attempted to
conducted
investigated
studied
(with respect to)
Previous research (studies, records) has (have)
failed to consider
ignored
misinterpreted
neglected to
overestimated, underestimated
misleaded

thus, these previous results are inconclusive, misleading, unsatisfactory, questionable, controversial…

这种引导一般提出一种新方法，或者一个新方向。

如果研究的方法以及方向和前人一样，可以通过下面的方式强调自己工作的作用：However, data is still scarce/rare/less accurate

We need to/aim to/have to

provide more documents/data/records/studies…

Further studies are still necessary/essential…

为了强调自己研究的重要性，一般还要在 However 之前介绍自己研究问题的反方面，另一方面，等等。例如

① 时间问题：如果你研究的问题时间上比较新，你就可以大量提及对时间较老的问题的研究及重要性，然后说（However）对时间尺度比较新的问题研究不足。

② 物性及研究手段问题：如果你要应用一种新手段或者研究方向，你可以提出当前比较流行的方法以及物质性质，然后说对你所研究的方向和方法研究甚少。

③ 研究区域问题：首先总结相邻区域或者其他区域的研究，然后强调这一区域研究不足。

④ 不确定性：虽然前人对这一问题研究很多，但是目前有两种或者更多种的观点，这种不确定性（uncertainties）或模糊性（ambiguities），值得进一步澄清。

⑤ 提出自己的假设来验证：如果自己的研究完全是新的，没有前人的工作进行对比，在这种情况下，你可以自信地说，根据提出的过程，存在这种可能的结果，本文就是要证实这种结果。

We aim to test the feasibility (reliability) of the…

It is hoped that the question will be resolved with our proposed method (approach).

（2）提出自己的观点

We aim to…

This paper reports on…

provides results…

extends the method…

focus on…

The purpose of this paper is to…

Furthermore/ Moreover/ In addition, we will also discuss...

提出观点有如下几种方法。

① 如果观点不是这篇文章最新提出的，通常要用 We confirm that…

② 对于自己很自信的观点，可用 We believe that…

③ 在更通常的情况下，由数据推断出一定的结论，可用 Results indicate, infer, suggest, imply that…

④ 在极其特别的情况才可以用 We put forward (discover, observe…)… "for the first time" 来强调自己的创新。

⑤ 如果自己对所提出的观点不完全肯定，可用

We tentatively put forward (interpret this to…)

Or The results may be due to (caused by) attributed to, resulted from…

Or This is probably a consequence of

It seems that…can account for (interpret) this…

Or It is possible that it stems from…

（3）圈定研究范围　引言（Introduction）告诉读者（包括 reviewer）你的文章主要研究内容。在引言的结尾要明确提出本文研究的范围。

① 时间尺度问题：如果你的问题涉及比较长的时序，你可以明确地提出本文只关心这一时间范围的问题（We preliminarily focus on the older /younger…），或者有两种时间尺度的问题（long-term and short term），你可以说两者都重要，但是本文只涉及其中一种。

② 研究区域的问题：和时间问题一样，明确提出你只关心这一区域。

（4）连接词与逻辑

① 句子上下要有连贯，不能让句子之间独立。

常见的连接词语有：however, also, in addition, consequently, afterwards, moreover, furthermore, further, although, unlike, in contrast,

similarly,

unfortunately, alternatively, parallel results,
in order to, despite, for example,
compared with other results, thus, therefore⋯
例如，如果叙述有时间顺序的事件或者文献，
最早的文献可用 AA advocated it for the first time.
接下来，可用 Then BB further demonstrated that⋯
再接下来，可用 Afterwards, CC⋯
如果还有，可用 More recent studies by DD⋯
如果叙述两种观点，要把它们截然分开
AA put forward that⋯
In contrast, BB believe
or Unlike AA, BB suggest
or On the contrary（表明前面的观点错误，如果只是表明两种对立的观点，用 in contrast）, BB⋯
如果两种观点相近，可用
AA suggest
Similarly, alternatively, BB⋯
or Also, BB
or BB also does ⋯
表示因果或者前后关系，可用 Consequently/ therefore/as a result
表明递进关系，可用 Furthermore/ further/moreover /in addition
② 段落的整体逻辑。我们经常要叙述一个问题的几个方面。这种情况下，一定要注意逻辑结构。
首先第一段要明确告诉读者你要讨论几个部分
⋯Therefore, there are three aspects of this problem have to be addressed.
The first question involves⋯
The second problem relates to
The third aspect deals with⋯
或者，可以直接用 First, Second, Third⋯Finally⋯
当然，Furthermore, in addition 等可以用来补充说明。

3.6 材料与方法

　　实验部分的主要目的是说明实验过程是怎么实施的，即用客观、准确、简练的语言描述实验过程。所谓客观就是如实地记录全部的实验过程，让其他研究人员在想重复该实验时能够根据论文的描述，顺利地得到相类似的结果（很难得到完全一模一样的结果）。但是也不能太啰唆，在描述清楚和准确的前提下尽量简练。如果是全新的方法，需要全面描述各个实验环节，细节要充足到使其他研究人员能够重复该研究工作；如果是已有方法的改进和延伸，需引用参考文献，注明该方法的来源并简单描述实验过程。

3.6.1 材料与方法的内容

　　描述论文实验过程，重要的在于完整和科学。该部分可按实验对象与材料、实验过程和实

验设备与分析方法等来组织行文。

（1）实验对象　一般是人、动物或一些组织等，它们的基本信息要描述明确；此外要注意国外刊物大多对牵扯到人或动物的实验都有一些特定要求，有些是不允许在人或动物身上进行实验操作，这需要认真阅读投稿刊物中关于实验的详细规定；如果违反这一规定，可能会不接受评审或发表。

（2）实验材料　不同学科有不同要求。总体上来说要注意说明材料选择的必要性，也就是对为什么要选择这种材料，最好有一定的说明。所用的实验材料必须写明厂家、供应商，必要时也需提供地址；使用的化学试剂需说明纯度或实验室提纯的方法和过程，如果未经过提纯直接使用也需说明。实验所用试剂中的微量杂质往往会对实验结果产生意想不到的严重影响，因此说明所用材料和试剂的生产厂家和纯度等信息对于分析实验结果和重复实验均有重要的意义。

（3）实验过程　就是清楚描述实验的整个操作流程，一般要附以实验流程图进行说明。描述时要有鲜明的层次感，对每个步骤之间的顺序和关联要描述清楚，不要造成实验过程混乱不堪的印象，因为评审人最终判断你的实验是否合理，是从这个过程描述得来的。

（4）实验设备　要对仪器型号、生产厂家、实验过程中的用途等做详细说明；实验设备之间的连接要科学正确，不要给人混乱或操作错误的感觉。设备使用时一些必要的步骤不可或缺，尤其是可能对实验结果造成特定影响的操作更要详细说明。一定要详细说明你的操作步骤或校正过程，便于评审人分析你的结果。

3.6.2　材料与方法部分常见的错误

（1）如果是对现有实验方法的改进和延伸，务必要加参考文献，说明实验方法的来源，并且参考的文献应该是该方法的最初提出者或重要的改进者。但是也不能简单地只给出一个文献来源，而不做任何描述，这会给读者增加阅读难度，读者为了弄清楚该方法的具体过程而不得不去检索原始文献；适宜的做法是给出参考文献并做适当描述，并对改进和延伸部分做更详细的描述。使读者轻易明白作者使用的方法与原文献方法的渊源和不同。

（2）实验方法名称不统一。所谓名不正则言不顺，同一个实验方法在摘要、引言和实验部分要始终保持一致的名称，不能在摘要里实验方法用名称 A，到了引言里，就变成了名称 B，到了实验方法里，又变成了名称 C，到了结论部分，又回到了 A。虽然这 A、B、C 其实说的是同一种方法。

（3）实验部分内容和结果与讨论部分不能一一对应。在实验部分描述了一个实验过程，而在结果部分压根没有提到该实验过程产生的结果；或者反过来，在结果部分突然出现在实验部分未做任何描述的实验结果。这种后果很多情况下是在论文修改过程中产生的，比如在结果与讨论部分将无效和无意义的实验数据删除，而忘记删除实验部分的方法描述；或在后期补充数据时，在结果与讨论部分增加了新的结果，而忘记在实验部分增加相应实验方法，尤其是在增加新的仪器表征数据结果时，容易遗忘添加相应表征方法的描述。

（4）统计方法和数据获得方式说明不充分。数据的来源和统计方法需要详细说明，比如平均值需要说明是算术平均值还是中位数，是多少个数据的平均，偏差是多少。如果说明所得数值是平均值，就应该给出误差范围，绘制成数据图时，既要有平均值，也要有误差棒。

3.6.3　材料与方法部分书写时态和语态

一般来说材料学科技论文的写作，在实验材料和实验方法部分多用过去时和被动语态。过去时用于表达过去发生的动作，在实验部分描述的是实验的过程，该动作已完成，故用过去时来描述实验过程；但是当描述事实和状态时，也可以使用现在时。

The HKUST-1@PAM composites were prepared initially by adding the macroporous PAM beads to a conventional solvothermal synthesis of the MOF, using concentrations of the metal salt ($Cu(NO_3)_2$) and BTC ligand of 0.75M and 1.6M, respectively. (This material is labelled as HKUST-1@PAM-1.0.). After the MOF synthesis was complete, the white polymer beads took on the characteristic blue colour of the HKUST-1 framework, suggesting MOF deposition on the amide-functionalised surfaces of the PAM beads. The mm-sized composite beads are extremely easy to handle, and are facile to separate from precipitated MOF material that also forms during the reaction using tweezers. (J Mater Chem, 2010, 20: 5720-5726)

在这段实验描述中,作者用过去时(were prepared…, was complete…, took on…)描写了实验的具体制备方法和过程;而用现在时(is labelled…, are extremely easy to handle, and are facile to separate…)描写了材料的命名和复合粒珠的性能。

Preparation of hollow fiber supported UiO-66 membranes

The UiO-66 membranes were fabricated on the outer surface of porous alumina hollow fibers (O.D.: 2.1 mm, length: 60 mm) by an in-situ solvothermal synthesis method (Figure S7). The optimized recipe is: $ZrCl_4$ (>99.5%, Sigma Aldrich), 1,4-benzenedicarboxylic acid (BDC, 98%, Sigma Aldrich), and DI water (Analytic lab, ACEX, Imperial College) were dissolved in 60mL N,N-Dimethylformamide (DMF, 99.8%, VWR) under stirring to give a molar composition: $Zr^{4+}/BDC/H_2O/DMF=1:1:1:500$. This clear solution was transferred into a Teflon-lined stainless steel autoclave (friendly supplied by DICP) in which an alumina hollow fiber was placed vertically with both ends sealed. Afterwards the autoclave was placed in a convective oven (UF30, Memmert) and heated at 120℃ for 3 days. After cooling, the membrane was washed with ethanol (99.85%, VWR) and dried at 25℃ overnight under vacuum (Fistreem Vacuum Oven). To guarantee a high reproducibility it should be noted that anhydrous chemicals and solvent should be kept fresh and handled with care to avoid deliquescence or moisture sorption. This is because the amount of water in the mother solution for membrane synthesis is critical to the nucleation and intergrowth of UiO-66 crystals. [J Am Chem Soc, 2015, 137 (22): 6999-7002]

因为实验过程的动作发起者通常为作者,不用在实验过程描述中特意强调研究者所进行的动作,而更关注动作本身,因此实验部分更常用被动语态;此外,被动语态将动作的执行对象放在句首,起到了很好的强调作用,有时也可避免主语很长,而动词出现在最后的头重脚轻的问题。

主动语态:Thirteen generators with capacities ranging from 100 to 300 kW supplied power.

被动语态:Power was supplied by thirteen generators with capacities ranging from 100 to 300 kW.

主动语态比被动语态更简明、有力,所以如果动作是由仪器或其他物体发出的,可以尽量使用主动语态。

Control gauges monitored air pressure inside the champers.

3.6.4 实验部分写作实例

(1) Materials

PVDF (Solef© PVDF 6013/1001 Mw ca. 2.2×10^5 g/mol) was received from SOLVAY KOREA Co. The 1-methyl-2-pyrrolidinone (NMP), copper (Ⅰ) chloride (CuCl), 4,4'-dimethyl-2,2'-dipyridyl (DMDP), 3-trimethoxysilylpropyl methacrylate (TMSPMA), ether, and ammonia water (28%) were purchased from Aldrich Chemical Co.

用过去时被动语态描述材料的购置和来源。对于 PVDF 的商标、型号、分子量和生产厂家等详细信息都已交代清楚；其他材料说明购置渠道和处置方式。

(2) Synthesis of grafted polymers

PVDF-g-PTMSPMA grafted polymers were synthesized by ATRP using PVDF as the macroinitiator. From the secondary fluorine atoms, TMSPMA was initiated by CuCl and DM-DP in an NMP solution. The PVDF-g-PTMSPMA grafted polymers with short and long PTMSPMA side chains were synthesized at the initial weight ratios of PVDF to TMSPMA at 5 and 0.5, respectively. Reaction kinetics of the polymerization were studied by drawing out samples for predetermined times (0.5, 1, 2, 10, 20h) at the initial PVDF to TMSPMA weight ratio of 0.5. A typical procedure is given as follows. Five grams of PVDF were dissolved in 45ml of NMP in a round bottom flask and mixed with a magnetic stirring bar at 60℃. After dissolving PVDF completely, the solution was cooled to room temperature. Then CuCl (0.083g), DM-DP (0.155g), and TMSPMA (10mL) were added, and the flask was sealed with a rubber septum. To remove the dissolved oxygen, argon gas was bubbled through a needle penetrating the rubber septum to the mixed solution for 30min with stirring. The flask was then transferred.

用过去时被动语态描写了实验的过程，指出了具体的实验参数和过程，描述清晰，便于读者或其他研究者参照执行，并给出具体的实施例和操作过程。

(3) Characterization of grafted polymers

A Varian 400MHz NMR spectrometer was used to obtain ^{1}H NMR (400 MHz) spectra with deuterated DMSO as the solvent at room temperature. Differential scanning calorimetry (DSC) was conducted using a DSC Q10 differential scanning calorimeter under nitrogen atmosphere. All samples were heated from 25℃ to 250℃ at a heating rate of 10℃/min. A Varian 2000 FTIR was used to obtain the spectra of PVDF and PVDF-g-PTMSPMA. All spectra were acquired by signal averaging 32 scans at a resolution of 8cm^{-1} in ATR mode. Thermal degradation of PVDF and PVDF-g-PTMSPMA were measured using TGA (TG/DSC 92) by heating the samples from 60℃ to 800℃ at a heating rate of 10℃/min under nitrogen atmosphere.

对于样品测试和表征，要给出具体的测试设备和型号等信息，样品如何预处理、测试过程中有什么特殊条件等需在实验描述中说明清楚。实例中给出了核磁 NMR 的设备是 Varian 公司的 400MHz 的核磁共振谱仪，以氘代 DMSO 为溶剂，室温下测试；DSC 测试使用的是 Q10 型号的扫描量热仪，在氮气气氛下测试，升温速率为 10℃/min，从 25℃到 250℃测试的等。

3.6.5 论文实验步骤修改实例

原稿：

取 5g PVA 加入到 90℃的 995g 蒸馏水溶液中，持续搅拌 4h 后停止搅拌并冷却至室温，即得质量分数为 0.5%的均匀 PVA 镀膜液。取一定质量的强碱溶解到 1000mL 的蒸馏水中，慢慢搅拌，充分溶解配制成 1mol/L 的碱液，取 6g 质量分数为 50%的交联剂加入到 94g 的溶剂中，再加入 5g 的酸性催化剂，即得到交联剂溶液。先将中空纤维膜浸入到 60℃的碱液中 30min，再在蒸馏水中清洗，直至蒸馏水溶液呈中性；在室温条件下，将处理后的中空纤维膜浸入到 PVA 溶液中，取出晾干，再将其浸入到 30℃的交联剂溶液中交联 10min，在这个过程中一共浸泡 3 次 PVA 溶液，时间分别为 10min、10min、1min，且每次晾干后均用交联剂溶液交联 10min；再将涂覆交联 3 次的中空纤维复合膜放入到 100℃烘箱中热定型 10min。

修改稿：

(1) 将中空纤维膜浸入到60℃的1mol/L NaOH碱液中30min，然后用蒸馏水清洗，直至溶液呈中性。

(2) 将处理后的中空纤维膜浸入到质量分数为0.5%的PVA镀膜液中，取出晾干，然后将其浸入到30℃的戊二醛质量分数为3%，浓硫酸质量分数为6%的交联剂溶液中交联10min。以上过程共浸泡3次PVA镀膜液，分别为10min、10min、1min，且每次晾干后均用交联剂溶液交联10min。

(3) 然后将涂覆交联3次的中空纤维复合膜放入到100℃烘箱中热定型10min。

评论：

(1) 原稿中结构层次混乱，实验过程中穿插了溶液的配制方法，显得原有的实验顺序混乱，修改稿用（1）（2）（3）分开，显得层次分明、逻辑结构清晰，科技论文中没有必要详细描述例如溶液如何配制等常规的操作流程（除非有特殊的情况和需要特别强调的地方），只需说明需要多少浓度为多大的溶液即可；

(2) 原稿中虽然字数很多，但并没有交代清楚实验细节，如交联剂溶液到底是什么成分并不清楚，而修改稿中明确指出"戊二醛质量分数为3%，浓硫酸质量分数为6%的交联剂溶液"；

(3) 原稿中多次使用"再"，而实际实验过程并没有重复，实际上应为"然后"，表明实验的时间顺序。

3.7 结果与讨论

实验结果是对研究中所发现的重要现象的归纳，论文的讨论由此引发，对问题的判断推理由此导出，全文的一切结论由此得到。作者要指明结果在哪些图表公式中给出，对结果进行说明、解释，并与模型或他人结果进行比较。作者应以文字叙述的方式直接告诉读者这些数据出现何种趋势、有何意义，不能仅在图表中列出一大堆数据而让读者自己解读这些资料。

讨论的重点包括论文内容的可靠性、外延性、创新性和可用性。作者要回答引言中所提的问题，评估研究结果所蕴含的意义，用结果去论证所提问题的答案，讨论部分写得好可充分体现论文的价值。结果常与讨论合并在一节。

讨论部分是论文中的精华部分，是把实验结果提高到理论认识的部分，也是唯一可以由作者自由发挥的部分。论文的作者应在讨论中着重阐述整篇论文中有创造性的内容和独到的见解，并根据本文结果，归纳其内在联系，并将全部资料加以综合分析，然后构成几个观念或提出自己的论点。写得好的讨论可以使整篇论文富有吸引力，给读者以深刻的启发和引导。讨论部分写得好坏，除与作者本身的知识水平、思维方法、逻辑推理能力有关外，还包含一定的方法和技巧。

3.7.1 讨论部分的常见内容

讨论部分的内容主要是对本实验的方法和结果进行解释、阐述、评价和推论。其具体内容通常包括以下几个方面。

(1) 研究工作的依据与意义　即选择本研究课题的背景材料，国内外对于类似问题的研究进展，本研究的重点是要解决什么问题。

(2) 研究方法的机理、特点与优劣　应说明研究方法的科学性，研究材料与对象的客观真实性以及研究数量的充分性等。应交代研究方法的机理，指出其明显特点，评价其较过去方法的优越之处。此外，对本实验方法的不足之处，尤其是某些实验条件未能控制之处以及明显的缺点也应——说明。

（3）研究结果的新发现、新效果及与过去文献的比较　应着重指出本研究结果的新发现、新效果，并应对研究结果进行分析和解释。作者可以根据本研究的理论或国内外的新学说、新见解以及自己的实验依据进行阐述。也可以从本研究结果的理论意义和实践意义两方面讨论，即在理论上有何价值，有何指导作用，有无应用价值，经济效益与社会效益如何等。也可以将本研究的结果与过去的文献进行比较，或用别人的资料补充和说明自己的结论和观点，从而进一步证实本研究结果的先进性和可靠性。

（4）从本研究结果得出的新观点、新结论、新理论　这部分通常是对本研究工作的升华，是论文先进性与创造性的重要体现。仅仅就事论事地介绍研究方法与结果，常常是不够的。还应该在此基础上，提出自己的新见解，探求其本质和规律并上升到理论的水平。

（5）今后将进一步研究的课题与设想　讨论部分也可在肯定已取得成绩的基础上提出目前研究的不足、今后努力的方向及有待进一步解决的问题。

当然，这些问题并非每篇文章都要面面俱到，而是要根据具体情况，讨论其中的一部分或几部分。

3.7.2　讨论部分应注意的问题

讨论应突出本文的宗旨和精髓，阐明本文的目的、方法、结果与观点中有独创性、独到性的内容，着重新的发现，同时也要阐明其局限性，从中得出相应、客观的结论。注意不可平铺直叙，无的放矢。

讨论还应避免过多引用文献，单纯罗列他人报道，而缺乏自己的观点和论证，或不自觉地用自己的结果去验证别人的结论。例如：本研究结果与某某的结果一致；与某报道相似；或本研究的发生率为10%，某报道为11%，某报道为11.2%……，单纯罗列，缺少分析。

讨论中，应紧密结合、充分阐述本文的资料、方法与结果，提出的论点一定要以自己的资料与结果为基础，也就是说要结合自己的结果去提出论点，不可离开本文资料与数据泛泛而谈，更不能脱离本文资料去做"文献综述"，或者脱离实际、漫无边际地去做大量的文献介绍。凡本文未做过的工作不要加以讨论，离开文章所得结果去写讨论等于"纸上谈兵"。根据文章所得的结果，可以在讨论中创立假说，也可结合现代本学科的进展，从所得出的实际结果出发，自由论述，但注意切勿离题，也不要把前面的结果部分枯燥无味地照样重复一遍。

从本文研究结果引出新的推论时，应严格遵循逻辑规律，不可违反规律，任意推论，以假设来证明假设，以未知来证明未知。对尚未定论之处及相反的理论，应进行分析。陈述假说要有把握，特别要注意不能把未经实践证实的假说当作已经证明的理论。此外，绝不可报喜不报忧，隐瞒问题，循环推理或用本文资料不足以得出的推论当作结论。

对本文的方法、结果等应与过去的文献做具体比较，指出本研究的结果、结论与国际国内先进水平比较，居于什么地位，分析其异同、优劣，并适当评价。对研究中的不足之处和经验教训，也应适当加以讨论。要避免不做具体对比分析，就宣称本文结果"属于国内和国际先进水平，填补了国内空白"等。不实事求是的评价，会给读者以错觉。

3.7.3　讨论部分写作过程

讨论部分是在结合自己研究结果的基础上，对整个论文的结论的提炼和升华。因其是整个论文的精华，往往起到画龙点睛的作用。那么讨论部分该如何来写作呢，一般论文的讨论包含以下写作步骤。

（1）开始讨论，讨论的开始一般以叙述结果开始，或指出研究的初始目的。

（2）阐述研究的重大发现和结果。

(3) 指明研究的创新之处。

(4) 指出类似或不同的结果，这个可以是自己实验的类似或不同结果的比较，比如改变一些实验条件从而得出了类似或不同的结果，从而讨论该实验条件对实验结果的影响和重要意义等；也可以是与文献中的类似或不同结果的比较，说明其他人的结果也支持你的结论，或阐明为什么本研究的结果与其他人研究结果不同，造成结果上冲突的原因是什么。

(5) 阐明为什么得到该实验结果。

(6) 总结讨论部分。

(7) 指出研究的局限性。

(8) 研究结果的可能应用领域。

(9) 下一步研究的方向。

(10) 结论陈述。

3.7.4 结果与讨论部分的图表及规范

图表是科技论文中展现数据、结果与讨论原理和论点的重要形式。一张图表往往可以代替几百上千字的语言描述，并且图表显得更直观和简洁，便于理解和回忆。

(1) **图表制作的原则**　图表也是一种语言表达形式，其"语法"的正确使用包括字号、字体、字距、空白、线条、色彩和框架等。为提高图表的可读性和视觉效果，图表的使用和制作应遵循必要、准确、简洁、清楚的原则，力求用最少的篇幅来直接而快速地讲述故事。有以下几种原则。

① **根据数据或观点表达的需要选择最合适的表达形式（插图或表格）**　对于表格或插图的选择，应视数据表达的需要而定。表格的优点是可以方便地列举大量精确数据或资料，图形则可以直观、有效地表达复杂数据。因此，如果强调展示给读者精确的数值，就采用表格形式；如果要强调展示数据的分布特征或变化趋势，则宜采用插图方法。一定要避免以插图和表格的形式重复表述同样的数据（除非重复的理由十分必要）。

② **图表的设计要基于成果的表达，准确地突出作者的贡献**　图表是论文中的空白处，即：图表本身或周边的空白容易吸引读者的注意和阅读。因此，图表的内容和视觉效果一定要重点突出，尽可能地将论文的代表性贡献用关键性图表清楚地表达出来，不要包含太多不属于本文工作的信息，以免作者的贡献被淹没在无关的细节大海里。

③ **图表的形式应尽量简洁，所承载的问题不要过多**　明确图表所要阐述的问题，在图题、图注或图内直接回答这些问题，或者在正文中通过提供更多的背景而间接地回答这些问题，复杂的图表尽量安排到论文的尾部，以便读者在有一些相关知识的基础上理解，相互间有比较或参照意义的插图可整合为同一个图中的多个分图，以减少文字表述的复杂性，如果期刊对插图的数量有规定，应严格执行。

④ **图表的表述要考虑到读者的理解水平，应具有"自明性"**　每个插图或表格都应该具有自明性或相对独立，图表中的各项资料应清楚完整，以便读者在不读正文情况下也能够理解图表中所表达的内容。图表中各组元（术语名称、曲线、数据或首字母缩写词等）的安排要力求使表述的数据或论点一目了然，避免堆积过多的令人分心的细节，从而造成图表理解上的困难。

(2) **图表题名的撰写**　为提高图表的"自明性"，图表题名应尽量准确而清楚地表述数据或资料的含义，应避免过于宽泛的表达、不完整的表达或简单地复述图表中的文字，避免不加解释地使用不常见的缩写或含义不明的公式符号。

① 一般而言，插图的题名置于图形下方，表格的题名置于表格的上方，并按图表在

文中出现的顺序依次编号，如图1，图2，……，或表1-1，表1-2，……，表2-1，表2-2，等等。

② 以 "……的……" 偏正词组形式，这是常见而简单的形式，例如

Fig. 1 DSC curves of Zn^{2+}-coating film cured at 80℃ for different time.

Fig. 2 Spectral scans near Ce 446.021nm.

Fig. 3 …curves of catalysts with different composition.

Table 1 2θ values and relative intensities of the XRD patterns of the reaction between … and ….

③ 尽量完整说明数据的来源和样本的状态等，例如：

Fig. 1 Hydrogen production rates using different concentrations of Ni-B/silica nanocomposite catalysts with 150mM $NaBH_4$ at 25℃.

图的题名中详细说明了反应条件为150mmol $NaBH_4$ 和25℃。

④ 尽可能简要地解释数据的采集背景或含义，如果图表由多个分图和子表组成，共同的题名内容应在主表题或主图题中统一表述，以免在分图或子表的题名中多次重复。例如：

Fig. 1 Scanning electron microscopy of (a) amine-modified silica nanospheres, (b) naked Ni-B catalyst, Ni-B-silica nanocomposite catalyst with (c) $W_{nickel}/W_{silica}=0.3$ and (d) $W_{nickel}/W_{silica}=0.6$.

⑤ y 与 x 的关系（比较、影响）的表达　有如下表达方式，如 Relations between…and…, Correlation between…and…, Influence of…on…, Variety of…on…, Comparison between…and…, Comparison of…and…等，例如：

Fig. 1 Dynamic viscosity (η) and modulus (G) for SBS as a function of time at 166℃.

Fig. 2 Relationship between the IR band intensity at $960cm^{-1}$ of TS-1 samples and their crystallization time.

Fig. 3 Comparison of reaction temperature (T_r) and adiabatic temperature (T_a).

Fig. 4 Variation of interfacial tension with temperature for silicone oil system (Variety of…on…).

Fig. 5 Response of the system to only input signal (A) and only input noise (B).

Table 3 Effect of treatment conditions on conversion of $Al(OH)_3$ containing trihydroxide into $NH_4Al(OH)_2CO_3$.

Table 4 Comparison between experimental and calculated results of catalytic activity of the optimized catalyst.

（3）插图的制作　科技论文中的插图主要有示意图、数据谱图和照片图等三类。

① 示意图主要包括组织图、流程图、机理图、电路图等，示意图可以通过各种做图软件（如Photoshop、画图、PowerPoint、Viso等）来制作，不同软件做图技术不尽相同，但制图时应遵循的原则是一致的，所选用的字母和符号在大小和形式上都应清楚、易读。设定字母和符号大小时应考虑到印刷过程中的缩小和放大，制图前应查核一下拟投稿期刊的版面设置，尽量使图的大小接近作者所希望印刷出版后的尺寸。

如图3-10中，应标明所用做图元素代表的意义，其中的字母和符号等应清晰、整齐，在适当缩放后仍旧能够辨识。

如图3-11中，左右作为对比，相同元素应尽量保持一致，在图中明确标示(a), (b)以便读者明确图题名中对应的字母指的是哪个图。

流程图中一般用方框表示过程和状态，用菱形表示判断，线条和箭头表示流向，图中数字

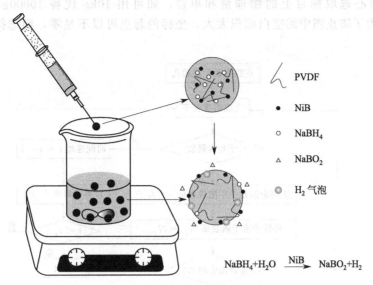

图 3-10　插图示例（示意图）（一）

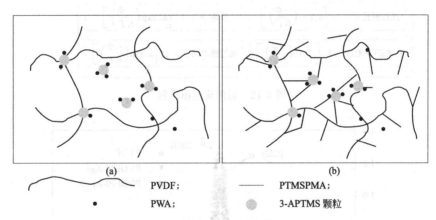

图 3-11　插图示例（示意图）（二）

和字母均需清楚和明确，如图 3-12 所示。

② 数据谱图是实验过程中获取的数据通过坐标图表示的一种数据图，数据可以人工收集，也可通过机器采集，采集到的数据通过做图软件（Excel、Origin、SigmaPlot 等）在坐标轴中展现出来。数据谱图除了实验过程中收集到的数据外，在样品做测试表征时也会有大量数据，以图形形式展现，如红外光谱图、核磁共振谱图、热性能谱图、电学性能谱图、力学性能谱图等。

横纵坐标轴上已标明标值且标值已表明增值的方向时，坐标轴顶端不加箭头；若坐标轴上未给出标值，只描述定性的变化时，坐标轴顶端应画出增值方向的箭头，如图 3-13 所示。

标目是表述坐标轴物理意义的重要项目，它由物理量符号（或物理量名称）与其相对应的单位符号组成，量的符号用斜体字母，其单位符号用正体字母。二者之间用斜线隔开，如 L/cm、U/mV 等，也有期刊要求将单位置于物理量之后，用小括号括起来，如波数（cm^{-1}）。标值线是标注标值的位置，用一短线垂直画在坐标轴的内侧，其间距根据需要选择，且其纵横坐标轴的标值线间距应比例合适，以防绘出的曲线变形。标值是坐标轴定量表述的尺度。标值标注在坐标轴外侧相应的标值线处。标值不应过密，标值的数字尽量取 0.1～1000 之间的数值,因此需要精心选取标目上的物理量和单位,如可用 10kg 代替 10000g,用 5μm 代替 0.005mm 等。为了防止图中的空白面积太大,坐标的起点可以不是零,而选择接近曲线起点的数字。

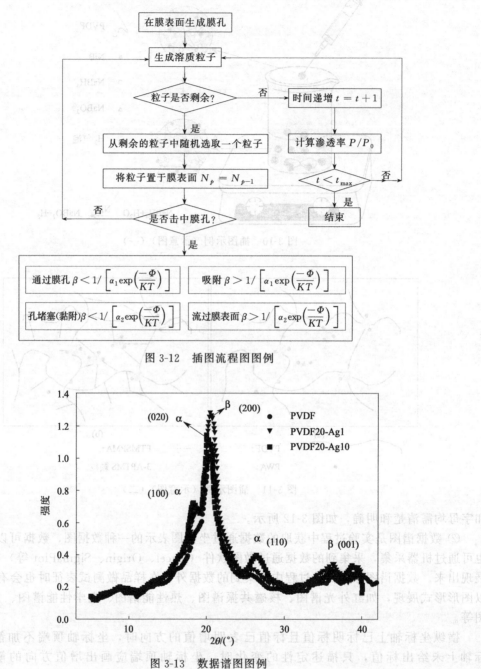

图 3-12 插图流程图图例

图 3-13 数据谱图图例

绘制数据谱图时,线条应准确无误,粗细均匀、光滑,疏密适当。坐标轴线应比曲线细,图中如需引线,则应比主线细;若图中有 2 条或 2 条以上的曲线时,则应编上序号,并在图的注释中逐一说明。如果几条曲线的纵坐标标值接近时,可以总体将曲线加减某个值,从而使曲线分开,便于辨识,不过此时纵坐标标值不是绝对数值,可将标值去除,如图 3-14 所示。

当同一插图上有 2 条及其以上不同关系曲线时,其纵坐标应分别绘于图的左右两侧,右侧标目的编排方法与左侧一致,必要时用箭头指出曲线归属的纵坐标,如图 3-15 所示。

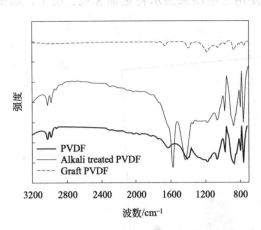

图 3-14 多条曲线数据谱图　　　　图 3-15 具有 2 个纵坐标的数据图

坐标轴太长时，若其中一段无关紧要，则可加删节线，以便缩短坐标轴线的长度，但断开处的标值务必写清楚。如图 3-16 所示。

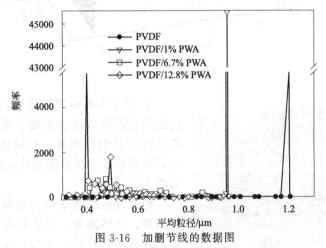

图 3-16 加删节线的数据图

有时为了突出曲线中的某一段区域变化的趋势时，可在图面的一角插入一幅经放大的曲线图，如图 3-17 所示。

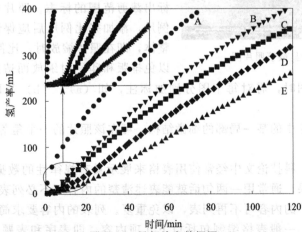

图 3-17 局部放大数据图

A—0mmol；B—37.5mmol；C—70mmol；D—150mmol；E—300mmol

有些数据是依两个变量而发生变化的,这时使用三维图来展示将更加客观、明了,如图 3-18 所示。

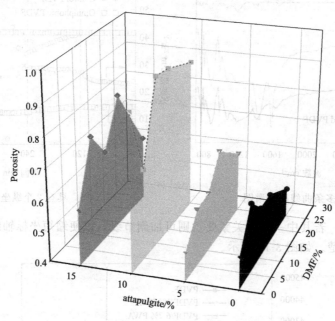

图 3-18　三维数据图

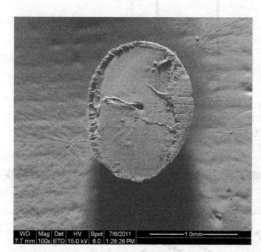

图 3-19　电子显微镜照片图

③ 照片图是指用摄像机拍照下来的真实物体的照片或用特殊设备拍摄下来的反映物体内部真实结构的 X 射线照片、扫描电镜照片、隧道显微镜照片和原子力显微镜照片、荧光显微镜照片等,如图 3-19 所示。

拍照时照片背景应力求简单。印出的照片层次清楚、立体感强,应去掉与论文主题无关的内容。在设计照片的尺寸时,应考虑相应期刊栏目和版面的宽度,避免提供缩小 50% 以上的原照片。如果需要裁剪以突出重要细节,应将照片的边缘标出裁剪范围的标志。照片中应在边缘上添加比例尺,添加完比例尺后应保证照片和比例尺为一整体,即在照片缩放时,比例尺以相同比例缩放,以免排版和印刷时缩放而造成比例尺失真,多张图片组合成一个照片图时,需对每个图分别加标注,如(a)、(b)等以示区分,如图 3-20 所示。

有时需要突出照片中的某一局部的细微结构,可在该照片的一个角落插入高倍放大后的照片,如图 3-21 所示。

(4) 表格的制作　科技论文中经常使用表格来展示具有规律性的数据,用以对比和强调,反映实验的过程和结果。通常用一两句话就能表述清楚的内容可不必列表,在行文中表述过的内容或已用插图说明了的内容可不再列表,以免重复。列表的内容要求简洁、明确、具有自明性,表格制作要科学,一般表格编制包括以下几项内容,即表序和表题、栏目、表身、表注等,如表 3-1 所示。

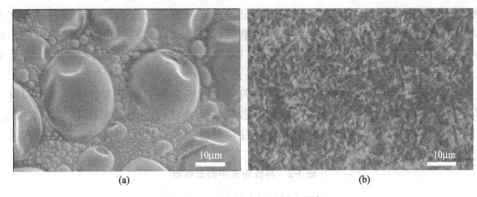

图 3-20 照片图中的图例和图标

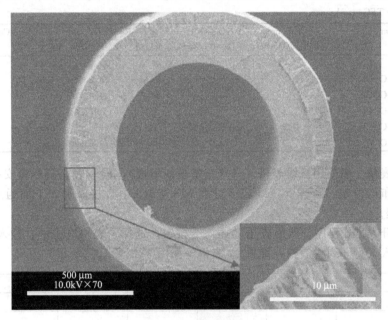

图 3-21 局部放大图

表 3-1 科技论文表格示例

Table 1 Elemental analysis of the catalysts

Sample	Si(wt)/%	O(wt)/%	Ni(wt)/%	W_{Ni}/W_{SiO_2}
Silica	48.3	51.7	—	
Naked Ni-B catalyst	—	25.3	74.7	—
Ni-B-silica catalyst 1	25.5	41.5	33.0	0.5/1
Ni-B-silica catalyst 2	9.0	41.2	49.8	1/1

表序即表格的序号,按其在文中出现的先后顺序依次编排,如表 1、表 2 等,若全文分为若干章节并有较多的表格,也可将表格顺序依次编为表 1-1、表 1-2、…,表 2-1、表 2-2、…。表题即表格的标题,需简明贴切地概括说明表格的内容,表序和表题置于表格的上方,根据需要可以居中或靠左对齐。

栏目分为横向栏目和纵向栏目,横向栏目一般为要说明的对象,如样品名等,纵向栏目为说明研究对象数量特征的指标名称。栏目的内容由量名词或符号及相应单位符号组成,量名词或符号与单位符号之间用斜杠分开,如温度/℃,断裂强度/GPa;也有的将单位用小括号括起来,如水通量 [L/(m²·h)]。如果全部栏目的单位相同,也可将单位符号统一放在表格右上侧,以免重复;如果栏目有多层,可用辅助线隔开,表示上下级的所属关系。

表身是表格的核心部分,是栏目对象的特征量的具体值,一般为数字,表身的数字不带单位,应归并到栏目中,表身中同一栏目多行的数值都处于共同的栏目下以个位数对齐,或以小数点对齐,且有效位数应相同。表身按照 GB/T 7713.1—2006 的规定填写,空白表示未测或无此项,"—"表示未发现,"0"表示测试结果为零。

表注为对表身中某些内容的说明,如缩写符号、特殊实验和测试条件等。如果只有一项表注,必须在表身中所注对象处加"*"标记,若有多个表注时,则需对所有对象按由左至右,由上至下的出现顺序用不同符号和代码标记,注释符号或代码连同注释内容在表的底线下面由左至右注出。

表 3-2　科技论文中的三线表

Table 2

Contact angle and root mean surface roughness (RMS), root average arithmetic roughness (R_a), and root peak-to-valley (R_{pv}) values of the TFC membranes.

Membrane	Ethanol (V/V)/%	GO-COCl (W/V)/%	Roughness/nm			Contact angle θ/(°)
			RMS	R_a	R_{pv}	
PA	0	0	45.6	37.1	284	45.3
PA/0GO-COCl	2	0	54.6	38.8	423	89.6
PA/2GO-COCl	2	0.002	54.7	44.4	316	89.1
PA/4GO-COCl	2	0.004	125	100	737	89.2
PA/6GO-COCl	2	0.006	111	91	589	90.1
PA/8GO-COCl	2	0.008	98.2	79.6	582	81.4

科技论文表格一般使用三线表格(只有三条横线组成),同一表格要尽量安排在同一版面上,并使内容布局清楚、合理。三线表格可在 MS Word 中直接添加,下面通过例子说明表 3-2 的制作过程。

首先,打开 Word 程序,然后点击"插入"按钮,选择"表格"中的"插入表格"。根据表格内容,插入 7 行 8 列的表格,即 8×7 表格,如图 3-22 所示。

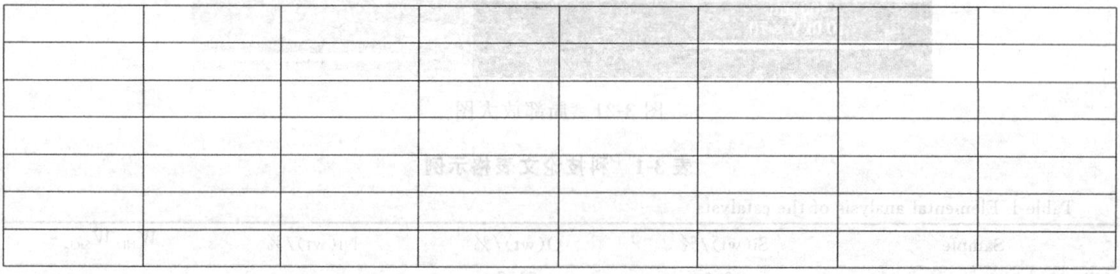

图 3-22　插入表格

选中表格,然后单击鼠标右键,选择"表格属性",选择"边框和底纹",选择"自定义",然后选择"上边框"和"下边框",得到的表格如图 3-23 所示只有上下两条线。

图 3-23　设置表格属性

选中表格第一行,然后单击鼠标右键,选择"表格属性",选择"边框和底纹",选择"自定义",然后选择"上边框"和"下边框",确定后就得到如图3-24所示三线表格。

图 3-24　三线表格轮廓

写上表序和表题,将栏头项目填在表格第一行,由于粗糙度 Roughness 有三个值,故将第 4、5、6 列分成两行,选中第一行,第 4、5、6 列,右击鼠标,选择合并单元格,然后再选中,点击鼠标选择拆分单元格,拆分为 2 行 3 列即可,然后将拆分后的第一行合并,填上 Roughness/nm,第二行三列分别填上 RMS,R_a 和 R_{pv},表栏目就做好了,如图 3-25 所示。

Table 2　Contact angle and root mean surface roughness (RMS), root average arithmetic roughness (R_a), and root peak-to-valley (R_{pv}) values of the TFC membranes.

Membrane	Ethanol (V/V)/%	GO-COCl (W/V)/%	Roughness/nm			Contact angle $\theta/(°)$
			RMS	R_a	R_{pv}	

图 3-25　表格栏头填写

最后将表身中的第一列栏目对象和其他列中的数字填上,根据需要调整各列的占据位置大小,使表格美观大方,表格就制作好了,如图 3-26 所示。

Table 2　Contact angle and root mean surface roughness (RMS), root average arithmetic roughness (R_a), and root peak-to-valley (R_{pv}) values of the TFC membranes.

Membrane	Ethanol (V/V)/%	GO-COCl (W/V)/%	Roughness/nm			Contact angle $\theta/(°)$
			RMS	R_a	R_{pv}	
PA	0	0	45.6	37.1	284	45.3
PA/0GO-COCl	2	0	54.6	38.8	423	89.6
PA/2GO-COCl	2	0.002	54.7	44.4	316	89.1
PA/4GO-COCl	2	0.004	125	100	737	89.2
PA/6GO-COCl	2	0.006	111	91	589	90.1
PA/8GO-COCl	2	0.008	98.2	79.6	582	81.4

图 3-26　制作好的三线表格

3.8　结论

结论是文章的最后总结部分,需对之前讨论的结果做一个逻辑上的结尾,将所讨论的结果放在一起,对引言部分和主要的论点做一个概述,使得整个论文完整。需要注意的是在结论部分不要包括任何新的信息。

3.8.1　结论的主要内容

对主体部分的论点做一个总结,并对之前陈述的问题和观点做出回复,该回复是基于主体部分展示的论据做出的。结论会提到论文讨论部分的意义所在，进一步工作的建议，目前工作的局限性。

3.8.2 结论的写作结构

结论主要是对论文主体部分讨论的内容做一个总结性论述，通常为了与前面讨论部分做一个分段，可以用 In conclusion，Summary 等引导出结论部分。首先结论部分要给出论点的一个简单的概述，并明确相应问题的主要原因/起因/因素，然后要强化在引言部分中给出的论文陈述或回答设定的问题。当然也可以在结论中涉及以下几方面：①明确研究的深层意义；②建议下一步或进一步工作内容；③指出研究的局限性。一般来说，论文的结论部分必须包含论点的陈述和研究意义的揭示，至于下一步工作内容的建议和研究的局限性，可根据情况适当描述，如果感觉研究工作比较完整和完美，也可不必写这部分。

3.8.3 结论的语言惯例

（1）句子结构和实例

It is recommended that the company should …

It is proposed that …

It is suggested that …

It would be advisable/ useful for the Managing Director to …

It is important/ necessary/ essential to

Managers must ensure that …

The company needs to increase its target for x product within …

（2）使用被动语态（Use of passive voice）

E. g. The company must provide employees with clear and detailed guidelines about company expectations.

Employees must be provided with clear and detailed guidelines about company expectations.

3.8.4 结果、讨论与结论的区别

研究结果是指研究发现或实验数据，通常使用图、照片、表格等形式表述，是对重要研究结果的定性或定量的客观描述，也可适当对研究结果进行评述，如说明、解释、与他人结果的比较等。而讨论侧重探讨所得到的结果与研究目的或假说的关系，是否符合原来的期望，与他人研究结果的比较与分析，且需要对研究结果进行合理的解释，讨论其原因或形成机理等，如果结果与原来的期望不符合，也要进行必要的分析。讨论部分也可对重要研究结果进行推论，阐明其重要意义和发展展望。结论是指主要的认识和论点，概述研究成果可能的应用前景及局限性，并建议需要进一步研究的方向和内容。如表 3-3 所示。

表 3-3 结果、讨论与结论中应分别侧重的内容

结果	讨论	结论
介绍研究发现或实验数据，通常使用图、照片、表格等形式表述	探讨所得到的结果与研究目的或假说的关系，是否符合原来的期望，与他人研究结果的比较与分析	主要的认识和论点
对重要研究结果的定性或定量的客观描述	对研究结果进行合理的解释，如果结果与原来的期望不符合，也要进行必要分析	概述研究成果可能的应用前景及局限性

续表

结果	讨论	结论
对研究结果进行评述，如说明、解释、与他人结果的比较等	重要研究结果进行推论，阐明其重要意义和发展展望	建议需要进一步研究的方向和内容

3.9 致谢部分

致谢部分需向帮助过本研究的所有人致谢，具体包括提供帮助但是达不到作者的人（ICMJE 标准）、提供材料或试剂的科研同事、技术支持人员、论文撰写中提供帮助或提供重要意见者、资助机构。需要指出的是，研究论文中的致谢部分一般不对家人和亲朋等表示感谢或致敬。而书籍和毕业论文等的致谢可以对家人和亲朋适当表示感激和谢意。也不建议在致谢部分对男女朋友秀恩爱，当然这是一个很好的求爱和表白的方式，不排除有个别人会在这上面表达。如某中医药大学一位学生在“nature”的子刊“scientific reports”上发表某篇论文时，在致谢部分向女友求婚，并得到女友的答应。无独有偶，西班牙生物学家的 David Tamayo 在他一篇论文的致谢中这样写道：“Finally Tamayo D. wants to thank，in particular，the invaluable support received by Muguruza C. over the years. Will you marry me?”如图 3-27 所示。

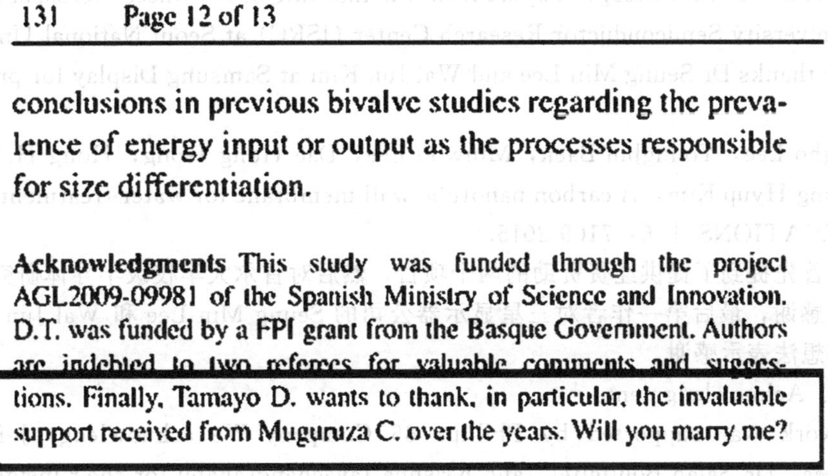
131 Page 12 of 13

conclusions in previous bivalve studies regarding the prevalence of energy input or output as the processes responsible for size differentiation.

Acknowledgments This study was funded through the project AGL2009-09981 of the Spanish Ministry of Science and Innovation. D.T. was funded by a FPI grant from the Basque Government. Authors are indebted to two referees for valuable comments and suggestions. Finally, Tamayo D. wants to thank, in particular, the invaluable support received from Muguruza C. over the years. Will you marry me?

图 3-27 致谢部分求婚实例

在写致谢部分时需说明致谢每个人的理由，这就像赞美别人时一样，一定要对赞美的对象进行细化，这样被赞美的人才能记忆深刻，并感受到你的赞美是真诚的。如“你好漂亮啊，我喜欢你眼睛的颜色”就比单纯地说“你好美啊，我喜欢你”让人感觉更真诚和实在。因此，在致谢时也需要具体到为什么感谢某人或某机构，如“本研究受到某某基金的资助。在本文完成之际，特此铭记该基金的慷慨援助。”“另外，在调查和整理数据期间，某某先生给予了宝贵的建议，此外还得到了某某单位的某某女士/先生的大力帮助。在此，对以上各位表示衷心的感谢。”

以下是一些致谢部分的实例，从中可以体会致谢部分的细致和准确很重要。

致谢 1：Acknowledgments

This work was mainly supported by Korea Carbon Capture and Sequestration Research and Development Center（KCRC）（grant no. 2012-0008907）funded by the Korea government（Ministry of Science，Information Communication Technology and Future Planning）. We thank the National Synchrotron Light Source at Brookhaven National Laboratory for providing the X9 beam line (grant no. DE-AC02-98CH10886) and B. D. Mc Closkey for thoughtful reading and commentary on our paper. H. B. P. also acknowledges support by the research fund of Hanyang University

(grant no. 200900000001052).

Hyo Won Kim, Hee Wook Yoon, Seon-Mi Yoon, Byung Min Yoo, Byung Kook Ahn, Young Hoon Cho, Hye Jin Shin, Hoichang Yang, Ungyu Paik, Soongeun Kwon, Jae-Young Choi, Ho Bum Park, SCIENCE VOL 342 4 OCTOBER 2013 91-95

Graphene Oxide Membranes Selective Gas Transport Through Few-Layered Graphene and Graphene Oxide Membranes

首先感谢了韩国政府对项目立项资助，接着感谢Brookhaven国家实验室提供同步加速X9光源和Closkey对论文的仔细阅读和给出的建议，最后作者之一HBP感谢汉阳大学提供的项目资金资助。

致谢2：Acknowledgements

This research was supported by the National Research Foundation of Korea (Grants2009-0083512 and 2014R1A2A1A05007760), Defense Acquisition Program Administration and Agency for Defense Development under Contract UD100048JD, and the Brain Korea 21 Plus Project in 2014. We acknowledge support from the Institute of Advanced Aerospace Technology and Inter-university Semiconductor Research Center (ISRC) at Seoul National University. The first author thanks Dr Seung Min Lee and Wal Jun Kim at Samsung Display for proposing useful ideas.

Byeongho Lee, Youngbin Baek, Minwoo Lee, Dae Hong Jeong, Hong H. Lee, Jeyong Yoon & Yong Hyup Kim, A carbon nanotube wall membrane for water treatment, NATURE COMMUNICATIONS | 6：7109 2015.

作者们首先提到了提供经费资助的两个项目，然后对首尔大学校级半导体研究中心提供的帮助表示了感谢，最后第一作者对三星显示器公司的Seung Min Lee和Wal Jun Kim博士提出的有用的想法表示感谢。

致谢3：Acknowledgments

This work was supported by Phillips 66 Company. We acknowledge Jeffrey Camp, Dr. Jason Gee, Dr. Salah Boulfelfel, and Krishna Jayachandrababu for their insightful conversations.

Ross J. Verploegh, Sankar Nair, and David S. Sholl, Temperature and Loading-Dependent Diffusion of Light Hydrocarbons in ZIF-8 as Predicted Through Fully Flexible Molecular Simulations J. Am. Chem. Soc. 2015，137，15760-15771.

作者们首先提到了Phillips 66公司对该研究工作提供经费资助，然后对Jeffrey Camp, Dr. Jason Gee, Dr. Salah Boulfelfel, Krishna Jayachandrababu四人提供的富有洞察力的谈论进行感谢。

附 基金资助名称中英文对照

科技部

（1）国家高技术研究发展计划（863计划）：National High-tech R&D Program of China (863 Program)

（2）国家重点基础研究发展规划（973计划）：National Program on Key Basic Research Project (973 Program)

（3）国家985重点建设项目：Key Construction Program of the National "985" Project

(4) "九五"攻关项目：National Key Technologies R & D Program of China during the 9th Five-Year Plan Period

(5) 国家基础研究计划：National Basic Research Priorities Program of China

(6) 国家科技攻关计划：National Key Technologies R & D Program of China

(7) 国家攀登计划——B课题资助：Supported by National Climb—B Plan

(8) 国家重大科学工程二期工程基金资助：National Important Project on Science-Phase Ⅱ of NSRL

教育部

(1) 教育部科学基金资助：Science Foundation of Ministry of Education of China

(2) 教育部科学技术研究重点（重大）项目资助：Key (Key grant) Project of Chinese Ministry of Education

(3) 教育部博士点基金资助项目：Ph. D. Programs Foundation of Ministry of Education of China

(4) 高等学校博士学科点专项科研基金：Research Fund for the Doctoral Program of Higher Education of China（缩写：RFDP）

(5) 教育部博士点专项基金资助：Doctoral Fund of Ministry of Education of China

(6) 中国博士后科学基金：Supported by China Postdoctoral Science Foundation

(7) 教育部回国人员科研启动基金资助：Scientific Research Foundation for Returned Scholars, Ministry of Education of China

(8) 教育部留学回国人员科研启动金：Scientific Research Foundation for the Returned Overseas Chinese Scholars, State Education Ministry (SRF for ROCS, SEM)

(9) 跨世纪优秀人才计划 国家教委《跨世纪优秀人才计划》基金：Trans-Century Training Programme Foundation for the Talents by the State Education Commission

(10) 教育部优秀青年教师基金资助：Science Foundation for The Excellent Youth Scholars of Ministry of Education of China

(11) 高等学校骨干教师资助计划：Foundation for University Key Teacher by the Ministry of Education of China

中国科学院

(1) 中国科学院基金资助：Science Foundation of the Chinese Academy of Sciences

(2) 中国科学院重点资助项目：Key Program of the Chinese Academy of Sciences

(3) 中国科学院知识创新项目：Knowledge Innovation Program of the Chinese Academy of Sciences

(4) 中国科学院"九五"重大项目：Major Programs of the Chinese Academy of Sciences during the 9th Five-Year Plan Period

(5) 中国科学院百人计划经费资助：One Hundred Person Project of the Chinese Academy of Sciences

(6) 中国科学院院长基金特别资助：Special Foundation of President of the Chinese Academy of Sciences

(7) 中国科学院西部之光基金：West Light Foundation of The Chinese Academy of Sciences

(8) 中国科学院国际合作局重点项目资助：Supported by Bureau of International Cooperation, Chinese Academy of Sciences

(9) 中国科学院上海分院择优资助项目：Advanced Programs of Shanghai Branch, the

Chinese Academy of Sciences；

自然基金委

（1）国家自然科学基金（面上项目；重点项目；重大项目）：National Natural Science Foundation of China（General Program；Key Program；Major Program）

（2）国家杰出青年科学基金：National Science Fund for Distinguished Young Scholars

（3）国家自然科学基金国际合作与交流项目：Supported by Projects of International Cooperation and Exchanges NSFC

（4）海外及香港、澳门青年学者合作研究基金：Joint Research Fund for Overseas Chinese，Hong Kong and Macao Young Scholars

其他

（1）日本科学技术厅科学家交流项目：Japan STA Scientist Exchange Program

（2）海峡两岸自然科学基金共同资助：Science Foundation of Two sides of Strait

（3）"九五"国家医学科技攻关基金资助项目：National Medical Science and Technique Foundation during the 9th Five-Year Plan Period

（4）核工业科学基金资助：Science Foundation of Chinese Nuclear Industry

（5）北京正负电子对撞机国家实验室重点课题资助：BEPC National Laboratory

（6）兰州重离子加速器国家实验室原子核理论中心基金资助：Supported by Center of Theoretical Nuclear Physics，National Laboratory of Heavy Ion Accelerator of Lanzhou

（7）北京市自然科学基金资助：Beijing Municipal Natural Science Foundation

（8）河南省教育厅基金资助：Foundation of He'nan Educational Committee

（9）河南省杰出青年基金（9911）资助：Excellent Youth Foundation of He'nan Scientific Committee

（10）黑龙江省自然科学基金资助：Natural Science Foundation of Heilongjiang Province of China

（11）湖北省教育厅重点项目资助：Educational Commission of Hubei Province of China

（12）江苏省科委应用基础基金资助项目：Applied Basic Research Programs of Science and Technology Commission Foundation of Jiangsu Province

（13）山西省归国人员基金资助：Shanxi Province Foundation for Returness

（14）山西省青年科学基金资助：Shanxi Province Science Foundation for Youths

（15）上海市科技启明星计划资助：Shanghai Science and Technology Development Funds

（16）东南大学基金资助：Foundation of Southeast of University

（17）华北电力大学青年科研基金资助：Youth Foundation of North China Electric Power University

（18）华中师范大学自然科学基金资助：Natural Science Foundation of Central China Normal University

（19）西南交通大学基础学科研究基金资助：Foundation Sciences Southwest Jiaotong University

3.10 参考文献

中文论文的参考文献著录格式按照 2015 年 5 月 15 日发布的中华人民共和国国家标准 GB/T 7714—2015《信息与文献 参考文献著录规则》施行。英文论文的参考文献著录格式主要有两种：APA 类型和 MLA 类型，其中 APA 为 American Psychological Association 的缩写，即美国心理学协会；MLA 为 Modern Language Association（liberal arts）的缩写，即现代语言协会。

为什么使用 APA 和 MLA 参考文献格式呢？一是为了避免被编辑拒稿（To avoid being rejected by editors）；二是避免不同期刊之间的格式不一致（To avoid inconsistencies among journal articles）。

关于 APA 格式《美国心理学协会发表手册》第五版有详细介绍，网址为 www.apastyle.org。APA 格式主要包括两部分，一是参考文献页（参考文献列表），二是文内引用（括号引用）。参考文献页是论文中引用的每一条文献的一个列表，为读者定位和检索论文中引用的任意一条文献提供必要的信息。在论文中引用的每一条可检索的文献源必须在参考文献列表中列出，反之，参考文献列表中的每一条文献信息也应该在文内引用中出现，做到一一对应。

A Sample Reference Page 参考文献列表举例

Shell Shock 12

References

> Fussell, P. (1975). *The Great War and modern memory*. New York: Oxford UP.
>
> Marcus, J. (1989). The asylums of Antaeus: Women, war, and madness—is there a feminist fetishism? In H. A. Veeser (Ed.), *The New Historicism* (pp. 132-151). New York: Routledge.
>
> Mott, F. W. (1916). The effects of high explosives upon the central nervous system. *The Lancet, 55*(2), 331-38.
>
> Showalter, E. (1997*). Hystories: Hysterical epidemics and modern media*. New York: Columbia UP.

参考文献页中引用的大多数的文献应该包括如下基本信息：作者名、文献标题、出版信息。不同的文献种类来源其格式和信息会有所不同，以下是几种常见文献源的信息举例：

（1）图书

Shay, J. (1994). *Achilles in Vietnam：Combat trauma and the undoing of character*. New York：Touchstone.

（2）杂志中的文章

Klein, J. (1998, October 5). Dizzy days. *The New Yorker*, 40-45.

（3）网页

Poland, D. (1998, October 26). The hot button. *Roughcut*. Retrieved October 28, 1998 from http：//www.roughcut.com

（4）报纸中的文章

Tommasini, A. (1998, October 27). Master teachers whose artistry glows in private. *New York Times*, p. B2.

（5）未知作者的文献

Cigarette sales fall 30% as California tax rises. (1999, September 14). *New York Times*, p. A17.

3.10.1 APA 文献格式规范

(1) 单个作者 以作者姓开头，紧跟着名字首字母缩写，出版时间用圆括号括起来，然后是标题，仅首字母大写用斜体，接着是出版地和出版社。

即可用以下格式表示：作者姓＋名的缩写＋（年份）＋标题＋出版信息

例如：Bowlby, J. (1973). *Attachment and loss*. New York：Basic Books.

(2) 多个作者 当作者人数为 2～6 人时，需列出全部作者；当作者人数超过 6 人时，列出前 6 个作者，并用 et al 替代剩余的作者。例如：

Festinger, L., Riecken, H., & Schachter, S. (1956). *When prophecy fails*. Minneapolis：University of Minnesota Press.

Wolchik, S. A., West, S. G., Sandler, I. N., Tein, J., Coatsworth, D., Lengua, L., et al. (2000). *An experimental evaluation of theory-based mother and mother-child programs for children of divorce*. Journal of Consulting and Clinical Psychology, 68, 843-856.

(3) 机构作者 当作者不是自然人，而是机构或院所等时，直接写出机构名称全称作为作者，后面接着是出版日期，用圆括号括起来。例如：

Institute of Financial Education. (1982). *Managing personal funds*. Chicago：Midwestern Publishing.

University of Minnesota. (1985). *Social psychology*. Minneapolis：University of Minnesota Press.

(4) 编辑的作品集 以主编的姓氏开头，跟着是主编名字首字母缩写，在主编的姓名后加用圆括号括起来的 Ed.（单个主编）或 Eds.（多个主编）表示该文献为编辑作品集。例如：

Higgins, J. (Ed.). (1988). *Psychology*. New York：Norton.

Grice, H. P., & Gregory, R. L. (Eds.). (1968). *Early language development*. New York：McGraw-Hill.

(5) 翻译的作品 以原著的作者开头，在文献的标题后面为译者名字并用圆括号括起来，且名字为首字母缩写加姓氏，并在其后加 Trans. 表示该文献的翻译者。原著的发表时间需要特别说明，一般用圆括号括起来的 "Original work published" 加出版时间表示。例如：

Freud, S. (1970). *An outline of psychoanalysis*. (J. Strachey, Trans.). New York：Norton. (Original work published 1940).

在这个例子中，Freud S. 是原著作者，1940 年是原著出版时间，J. Strachey 是翻译者，1970 年是译著出版时间。

(6) 同一作者被引用的文献超过一篇时的处理方法

① 当相同的作者的文献被引用超过一篇时，发表日期更早的文献放在前面，例如：

Brown, R. (1958). *Words and things*. New York：Free Press, Macmillan.

Brown, R. (1965). *Social psychology*. New York：Free Press, Macmillan.

② 如果发表时间也相同，那么按标题首字母顺序排列（标题中的冠词 "A" or "The" 除外），例如：

Neisser, U. (1967). *Cognitive psychology*. New York：Wiley.

Neisser, U. (1967). *Personality and assessment*. New York：Wiley.

(7) 作者无法识别 当作者无法识别时，以标题开始，并用斜体表示，然后按照第一个实词首字母顺序排序，例如：

Experimental psychology. (1938). New York：Holt.

（8）引用未发表的论文　例如：

Smith, A. B. (1984). Graduate student burnouts: Some possible causes. Dissertation Abstracts International, 32, 9024B-9025B. (UMI No. 76-41, 272)

（9）引用计算机软件　程序员的名字开头，姓在前面，名字缩写后加点，然后圆括号中为日期，接着是用斜体表示的程序的标题，并在其后用方括号标注"Computer program"来表示文献源为计算机程序，然后列出程序编写的地点和机构名，最后其他一些程序必要的识别信息可以放在圆括号中标识，如下面例子中的报告序列号，例如：

Arend, Dominic N. (1993). *Choices* [Computer program]. Champaign, IL: U. S. Army Corps or Engineers Research Laboratory. (CERL Report No. CH7-22510)

3.10.2　文内引用（括号引用）

（1）什么时候需要文内引用？

① 当需要引用（quoting）任何作者不知道的内容时，quoting 是指逐字重复任何文献源，要用引号或做其他引用标识（如斜体等）。

② 当从其他文献总结（summarizing）事实和想法时，summarizing 是指从其他文献中的大段文字中总结出大意并浓缩精华和主要思想，并自己组织语言描述出来。

③ 当对文献进行释义（paraphrasing）时，paraphrasing 是指用自己的语言表达、转述其他文献的思想和想法。

文内引用注意的几点：

① 保持参考文献简洁；

② 仅给出必要的文献信息以对应在参考文献页所列文献；

③ 不要重复不必要的信息。

（2）文内引用的基本格式　（作者姓氏，发表年份）（Author's Last Name, Year of Publication）例如：

One recent study finds a genetic link to alcoholism (Jones, 1997).

如果作者的姓氏出现在引用的文中，那么只需要注明发表时间即可。例如：

Jones finds a genetic link to alcoholism (1997).

（3）多个作者的文献　当文献的作者只有两个时，两者的名字均需标注清楚，在括号中时，用 & 符号连接两个名字，如果在文中提到作者们的名字时，直接用 "and" 表示。例如：

在括号中（Cortez & Jones, 1997）；在文中 Cortez and Jones (1997)

当作者数目在三个、四个或者五个时，第一次引用出现时需列出全部作者的姓氏，之后再引用时可只写第一个作者的姓氏加上缩写 "et al."。

例如，第一次引用（Cortez, Jones, Gold, & Hammond, 1998）；之后的引用（Cortez et al., 1998）。

当作者数目等于和多于六个时，只写第一个作者的姓氏加上缩写 "et al." 例如：

(Cortez et al., 1999)

（4）引用同一作者多个文献　如果引用同一作者的多个文献，请包含足够的信息以便读者能够区分它们。例如，如果使用了两个由同一作者（不同年份）的研究，只需要包括他们的出版日期，例如：

(Jones, Crick, & Waxson, 1989); (Jones, Crick, & Waxson, 1998).

此处引用了 Jones, Crick, Waxson 三人分别发表于 1989 年和 1998 年的两篇文献。

（5）多个文献一起引用　（Multiple Authors Cited Together）

这种类型的引用的格式类似于引用同一作者的多个文献（见上文），但用分号来区分不同的文献的作者，例如：

(Jones, 1998; Heckels, 1996; Stolotsky, 1992)

此处引用了 Jones, Heckels, Stolotsky 三人分别发表于 1998 年、1996 年和 1992 年的三篇文献。

(6) 作者未知时　使用一个简短的标题（最短的形式，能允许读者识别该文献）。例如，如果引用一项叫做"The Effects of Aspirin on Heart Attack Victims"（阿司匹林对心脏病发作的受害者的影响）的研究，你可以使用以下格式：

("The Effects," 1995)

如果作者是匿名时，可以使用以下格式：

(Anonymous, 1999)

第4章

SCI论文写作中常见语法和用词问题

4.1 常见用词问题

4.1.1 选词要准确

英语单词中有许多近义词，词义和用法区别甚微，使用时应当准确选择，尽量使用单词的首要含义，避免使用单词不常见、不正式的含义。另外，还要注意的是尽量避免使用双重否定。

(1) affect，effect，impact

affect：动词，相当于 influence，modify，change；

effect：做动词时相当于 bring about；做名词时相当于 consequence，outcome，result；

impact：名词，相当于 a significant effect。

(2) assure，ensure，insure

assure：to tell someone that something will definitely happen or is definitely true so that they are less worried（向……保证，使确信）；

ensure：to make certain that something will happen properly（确保，保证）；

insure：to buy insurance so that you will receive money if something bad happens to you, your family, your possessions etc（给……保险；投保）。

(3) comprise，compose

comprise：to consist of particular parts, groups etc（包括，由……构成）；

compose：to be formed from a number of substances, parts, or people（由某物组成，构成）。

(4) absorption，adsorption

absorption：表示吸收（inside）；

adsorption：表示吸附（surface）。

(5) adapt，adept，adopt

adapt：是动词，适应；

adept：是形容词，熟练的；

adopt：是动词，采用。

（6）agree to，agree with 前者表示同意，后者表示一致。

（7）alternate，alternative 前者表示交替的、轮流的，后者表示另外的、选择的。

（8）average，mean，median average 和 mean 都表示平均的意思，mean 是个数学用语，median 是一个系列中的中间那个值。

（9）beside，besides 前者表示在……旁边，后者表示除了……。

（10）conserved，conservative 前者表示保存的，保持的；后者表示保守的，守旧的。

（11）continual，continuous 前者是经常发生的，后者是连续和不间断的。

（12）design，designate 前者是设计，构想；后者是指定，指出。

（13）induce，provoke 前者表示引发；后者是挑拨，科技写作中很少使用。

（14）percent，percentage，percentile percent 跟在数字后面，以代替%，percentage 是百分率，不能与数字一起使用，percentile 是一个统计学，用于表示在 100 个分组中事物出现的概率。

（15）preceding，proceeding 前者表示前面的，后者表示进程、事项。

（16）protect，preserve 前者表示保护，后者表示保持不变。

避免使用和建议使用的词如表 4-1 所示。

表 4-1 避免使用和建议使用的词

避免使用	建议使用	避免使用	建议使用
ascertain	determine，establish	irregardless	regardless，irrespective
cartoon	schematic，diagram	a majority of	most
portion	part	a number of	many，several
constrain	control，restrict，define，limit	a small number of	a few
ongoing	continuing，current	accounted for the fact that	because
signature	characteristic	all of	all
essentially	generally，commonly	along the lines of	like
ubiquitous	widely，distributed	an innumerable number of	Innumerable，countless，many
generate	produce	an order of magnitude	10 times
utilize	use	are found to be	are

4.1.2 常见词义用法解析举例

【例 4-1】

原文：According to the existing literature about the marketing area, the message frame receives a more extensive attention in the research of advertising and promotion.

修改：According to the existing literature about the marketing area, the message frame receives more extensive attention in the research of advertising and promotion.

（从现有营销领域的文献来看，信息框架在广告与促销的研究中得到了更为广泛的关注。）

分析：attention 不可数名词。类似的有：literature, advice, knowledge, information, equipment 等。

【例 4-2】

原文：Set the number of banks N as 16, data source of the 16 banks' initial equity ownership, deposit taking and external loan comes from quarterly balance sheets of China's 16 listed banks in WIND database.

修改：Set the number of banks N as 16, data of the 16 banks' initial equity ownership, deposit taking and external loan comes from quarterly balance sheets of China's 16 listed banks in WIND database.

（银行的数量 N 设为 16，这 16 家银行初始的股权、吸收存款和外部贷款数据来源于 WIND 数据库中我国 16 家上市银行的季度资产负债表。）

分析：data source 和 come from 语义重复，保留一个即可。

【例 4-3】

原文：How do information flows and information blocks affect cognition?

修改：How do information flow and information blockage affect cognition?

（信息的流动和阻滞是如何影响认知的?）

分析：block 做名词时的意思为"块、街区、大厦"，而 blockage 的意思才为"阻塞、封锁、妨碍"。

【例 4-4】

原文：Table 4 gives estimation results of Econometric Model 1.

修改：Table 4 demonstrates estimation results of Econometric Model 1.

（表 4 给出了计量模型 1 的估算结果。）

分析：give 的使用显得过于直译，可以换为 show，demonstrate，illustrate 等动词。

【例 4-5】

原文：Non-target DNA shows small inference to the amplification of target gene.

修改：Non-target DNA shows small interference to the amplification of target gene.

（非目的 DNA 对靶基因扩增的干扰性较小。）

分析：inference 意为推理、推断，与干扰一词 interference 混淆。

【例 4-6】

原文：As we can see, the existence of fog & haze makes the AOD value increased generally, which will cause the decreasing of PAR in the final.

修改：All these showed that AOD value increased generally due to the fog and haze, resulting in the final decreasing of PAR.

（可以看到，雾霾的存在使得 AOD 值普遍增大，最终将导致 PAR 的降低。）

分析：按照常识，使"AOD"增大的是"雾霾"，而不是"存在"，所以此处的"存在"可删除，直接用"雾霾"做主语。

4.2 主要语法

4.2.1 句子成分

4.2.1.1 主语

句子说明的人或事物。

The sun rises in the east.（名词） He likes dancing.（代词）

Twenty years is a short time in history.（数词） Seeing is believing.（动名词）

To see is to believe.（不定式） What he needs is a book.（主语从句）

It is very clear that the elephant is round and tall like a tree.（It 形式主语，主语从句是真正主语）

4.2.1.2 谓语

说明主语的动作、状态和特征。
We study English. He is asleep.

4.2.1.3 宾语

（1）动作的承受者——动宾
I like China.（名词）He hates you.（代词）
How many do you need? We need two.（数词）
I enjoy working with you.（动名词）
I hope to see you again.（不定式）Did you write down what he said?（宾语从句）
（2）介词后的名词、代词和动名词——介宾
Are you afraid of the snake? Under the snow, there are many rocks.
（3）双宾语——间宾（指人）和直宾（指物）
He gave me a book yesterday. Give the poor man some money.

4.2.1.4 定语

修饰或限制名词或代词的词、词组或句子。
Miss Yang is a chemistry teacher.（名词）He is our friend.（代词）
We belong to the third world.（数词）He was advised to teach the lazy boy a lesson.（形容词）
The man over there is my old friend.（副词）The woman with a baby in her arms is my sister.（介词）
The boys playing football are in Class 2.（现在分词）
The trees planted last year are growing well now.（过去分词）
I have an idea to do it well.（不定式）
You should do everything that I do.（定语从句）

4.2.1.5 状语

用来修饰动词、形容词、副词或句子。表示时间、地点、原因、目的、结果、程度、条件、方式、让步和伴随。
（以下例句按上述顺序排列）
I will go there tomorrow. The meeting will be held in the meeting room.
The meat went bad because of the hot weather. He studies hard to learn English well.
He didn't study hard so that he failed in the exam. I like some of you very much.
If you study hard, you will pass the exam. He goes to school by bike.
Though he is young, he can do it well. The teacher came in, with a book in his hand.

4.2.1.6 宾补

对宾语的补充，全称为宾语补足语。
We elected him monitor.（名词）We all think it a pity that she didn't come here.（名词）
We will make them happy.（形容词）We found nobody in.（副词）
Please make yourself at home.（介词短语）Don't let him do that.（省 to 不定式）

His father advised him to teach the lazy boy a lesson.（带 to 不定式）
Don't keep the lights burning.（现在分词）I'll have my bike repaired.（过去分词）

4.2.1.7 主补

对主语的补充。
He was elected monitor. She was found singing in the next room.
He was advised to teach the lazy boy a lesson.

4.2.1.8 表语

表语系动词之后的成分，表示主语的性质、状态和特征。
He is a teacher.（名词）Seventy-four! You don't look it.（代词）
Five and five is ten.（数词）He is asleep.（形容词）
His father is in.（副词）The picture is on the wall.（介词短语）
My watch is gone / missing / lost.（形容词化的分词）
To wear a flower is to say I'm poor, I can't buy a ring.（不定式）
The question is whether they will come.（表语从句）
常见的连系动词有：be，sound（听起来），look（看起来），feel（摸起来），smell（闻起来），taste（尝、吃起来），remain（保持、仍是），feel（感觉）等。
It sounds a good idea. The sound sounds strange.
Her voice sounds sweet. Tom looks thin.
The food smells delicious. The food tastes good.
The door remains open. Now I feel tired.

4.2.2 句型

（1）主语＋谓语　本结构是由"主语＋不及物动词（词组）"构成，常用来表示主语的动作。例如：
She came. /My head aches. /The sun rises.
该句型的主语可有修饰语——定语，如，The red sun rises.
谓语可有修饰语——状语，如，The red sun rises in the east.
（2）主语＋谓语＋宾语　此结构是由"主语＋及物动词（词组）＋宾语"构成。宾语可以是名词、代词、数词，动名词、动词不定式或词组、the＋形容词、分词以及从句等。例如：
She likes English.
The young should take good care of the old.
（3）主语＋连系动词＋表语　本结构主要用以说明主语的特征，类属，状态，身份等。连系动词有：
① 表示特征和存在状态的 be，seem，feel，appear，look，smell，taste，sound 等；
② 表示状态延续的 remain，stay，keep，continue，stand 等；
③ 表示状态变化的 become，get，turn，go，run，fall，come，grow 等。
She is happy. /He fell off his bike and got hurt. /His advice proved (to be) right.
（4）主语＋谓语＋间接宾语＋直接宾语　常跟双宾语的及物动词有：
（需借助 to 的）bring，give，lend，hand，offer，pass，pay，promise，return，send，show，teach，tell，write 等；

（需借助 for 的） buy, call, cook, choose, draw, find, get, make, order, sing, save, spare 等。

He sent me an English-Chinese Dictionary. = He sent an English-Chinese Dictionary to me.

She gave John a book. = She bought a book for John.

（5）主语＋谓语（及物动词）＋宾语＋宾语补足语　此结构中的宾语与宾语补足语之间存在内在逻辑上的主谓关系，若无宾语补足语，则句意不完整。可以用作宾补的有名词、形容词、介词短语、动词不定式、分词等。

She makes her mother angry.

The teacher asked me to read the passage.

（6）There be 句型　此句型是由 there＋be＋主语＋状语构成，用以表达某地存在有，它其实是倒装的一种情况，主语位于谓语动词 be 之后，there 仅为引导词，并无实际意义。be 与其后的主语在人称和数上一致，有时态和情态变化。例如：

现在有　　　there is / are…
过去有　　　there was / were…
将来有　　　there will be…/ there is / are going to be…
现在已经有　there has / have been…
可能有　　　there might be…
肯定有　　　there must be …/ there must have been…
过去一直有　there used to be …
似乎有　　　there seems / seem / seemed to be…
碰巧有　　　there happen / happens / happened to be…

此句型有时可用 live, stand, come, go, lie, remain, exist, arrive 等词代替 be 动词。例如：

There is going to be a meeting tomorrow.

There lived an old man at the foot of the mountain.

There came a shout for "help".

There must have been a village here.

There lies a book on the desk.

4.3　重要语法问题

4.3.1　主语和谓语的单复数要一致

英语中名词和动词都有它的单数和复数形式，二者形式要一致。主语名词单复数形式和谓语动词的单复数形式要一致。集合名词当整体来讲时是单数，每个成员作为个体时用复数。例如：

The number of mice in the experiment *was* increased.

A number of mice *have* died.

All the samples *were* analyzed.

All of the safety procedure *was* strictly followed.

代词 none 既可以是单数也可以是复数，当 none 后面的单词是单数时，用单数动词；当 none 后面的词是复数时，用复数动词。例如：

None of drug was added.
None of beakers were used.

描写数量、质量、体积、时间等的词用单数，但如果是分次添加或较少时用复数。例如：

5g was added.
5g were added stepwise.

易混淆的不可数名词：equipment，horsepower，information，manpower 等。

貌似复数实为单数的名词：heaves，measles，mumps，rickets，works 等。

4.3.2 主语和主语的行动在逻辑上要一致

由于中文和英文的表达方式不同，把中文直接翻译成相应的英文会不妥。比如说"price is cheap"，中文中可以说价格便宜，但是英文只能说价格高低，物品可以说 cheap or expensive。用中文的表达方式来写英文，会出现主语和主语的行动在逻辑上不一致。在写一个句子时要注意行动的真正主语名词是什么。例如：

The highest antibiotic production was obtained at 48h.

主语不是 production 而是 production yield。应该改为 The highest antibiotic production yield was obtained at 48h.

The scavenging activity for hydroxyl radicals was based on fenton reaction.

主语不是 activity 而是 assay of activity。应该改为 The assay of scavenging activity for hydroxyl radicals was based on fenton reaction.

4.3.3 代名词和其代理的先行词要一致

代名词和其代理的先行词要在人称、单复数和性别上一致。一些常见的代词是：he，his（阳性单数）；she，her（阴性单数）；it，its（单数），they，their（复数），these，those（复数）；that，this（单数）。例如：

Many related *compounds* were synthesized and *their* antivirus activities were studied.

4.3.4 句子的时态

科技论文中基本上只用现在时和过去时两种时态，有的作者偶尔用完成时。完成时一般只用于多次并一直在研究的情况，其他的时态使用很少。当描述已经发表的文献成果时用现在时，因为已发表的成果被承认是事实。描述未发表的实验和结果时用过去时，因为还没有得到承认，并且是写论文以前做的事情。摘要中描写自己的实验和结果时用过去时，前言中总结文献和问题用现在时，方法和结果中讲自己的实验和结果用过去时。

4.3.5 常见语法问题举例

【例 4-7】

原文：The increase of potassium application rate can improved the allocation of dry matter in roots, increasing the yield and dry matter production.

修改：The increase of potassium application rate can improve the dry matter distribution rate in roots, thus increasing the root tuber yield and dry matter production.

（增施钾肥能够提高干物质在块根中的分配率，增加干物质生产量和块根产量。）

分析：情态动词后加动词原形。

【例 4-8】

原文：This article chooses the CGSS data of 2005 and 2010 in total of 20,321 observations for the statistical analysis.

修改：In the article, a total of 20,321 samples are chosen from CGSS 2005 and CGSS 2010 for the statistical analysis.

（本文选择了 2005 年和 2010 年两年的 CGSS 数据，共计 20321 个样本进行统计分析。）

分析：article 没有生命，自然也就不能主动 choose。在保证论文客观性的前提条件下，本句最好的处理方式就是将主动语态变为被动语态——把 samples 作为主语，从 CGSS 数据中被挑选了出来。

【例 4-9】

原文：The chemical composition of the oxide layer adjacent to the matrix and the phase structure also affect the structure of oxidation layer and the growth rate.

修改：The chemical composition and phase structure of the matrix near the oxide layer also affect the structure and growth rate of oxide layer.

（氧化层邻近基体的化学成分和物相结构同样会影响氧化层的结构和生长速率。）

分析：并列成分搞错，导致主语不一样，产生逻辑错误。"化学成分"和"物相结构"应该是并列的，而不是"氧化层邻近基体的化学成分"与"物相结构"并列。

【例 4-10】

原文：All positive relative displacement peaks in the table are larger than 8 mm, indicating that the pounding of the structures happens at the peak moment.

修改：All positive relative displacement peaks larger than 8 mm in the table indicate the occurrence of pounding at the peak moment.

（表中所有大于 8mm 的正相对位移峰值均表示达到这一峰值的时刻结构发生了碰撞。）

分析：译文将"所有大于 8mm"这一修饰语的位置放错，导致整句话的意思错误。此处应该修饰的是"峰值"，且作为定语成分，而不是表语。

【例 4-11】

原文：For patients with deficiency in the essence, replenish with medicines of taste.

修改：Patients with deficiency in the essence should be replenished with medicines of taste.

（精不足者，补之以味）

分析：本句译文中缺少主语，导致句子不完整。句子缺少主语是译文，尤其是在试验方法的描述部分，常见的错误之一。

【例 4-12】

原文：The 88 sites of in-situ stress measurement data show that the maximum horizontal principal stress is greater than the vertical principal stress measuring point has 84, accounts for 95.5% of the total station, horizontal stress hold absolute advantage and belongs to typical tectonic stress field type.

修改：The in-situ stress measurement data of 88 sites show that there are 84 measuring points with maximum horizontal principal stress greater than the vertical principal stress, accounting for 95.5% of the total sites, and horizontal stresses hold absolute advantage, which indicate that this site belongs to typical tectonic stress field type.

（88 个测点的地应力测量数据显示，最大水平主应力大于垂直主应力的测点有 84 个，占总测点的 95.5%，水平应力占绝对优势，属于典型的构造应力场类型。）

分析：一句话中有出现多个动词连用，且分句间无连词，造成语法错误。可运用从句及伴随短语等结构进行修改。

【例 4-13】

原文：However, because there is the relative motion between satellite platform and target ground object of imaging, causing the light aberration phenomenon in the Earth observation of satellite.

修改：However, the relative motion between satellite platform and target ground object of imaging causes the light aberration phenomenon in the Earth observation of satellite.

（由于卫星平台与成像目标地物之间存在相对运行，产生了卫星对地观测的光行差现象。）

分析：前句 because 一词为表示因果关系的连词，后句 ing 形式表示结果而并非一个完整的分句，造成英语语法错误，根据语义做正确修改。

第 5 章

论文的投稿与发表

5.1 投稿前的准备

5.1.1 期刊的选择

投稿期刊选择至关重要，关系到论文是否被同意发表和发表之后的影响力如何。选择合适的期刊往往是烦恼人的事情，不过可以通过以下几种途径选择合适的期刊进行投稿。

① 根据期刊列表（下载最新的 SCI 论文影响因子表），输入相关领域的关键词，可以查出不同期刊结果和对应的 IF 值；从而选择合适论文研究内容和水平的期刊（材料领域常见期刊及其链接请见本书附录）。

② 根据平时所阅读的相关文献，进行不同期刊的选择和筛选；作者本人关注和经常阅读的期刊往往是其所写论文的合适投稿期刊。

③ 根据一些期刊选择工具或网站进行选择。很多网站可根据填写的题目、摘要和关键词等信息，推荐相关的合适期刊。例如，有以下几种期刊选择工具：

理文编辑 JOURNAL SELECTOR（http://eclub.biomart.cn/journal-selector/node/156）

医学类期刊选择（https://www.journalselector.com/）

Springer 出版社期刊（http://journalsuggester.springer.com/）

在较大范围内确定投稿期刊之后，分别进入各期刊的主页面，点击"Submit your Article"，仔细查看期刊的投稿指南（Guide for Authors），包括该期刊的目标与范围（Aim and Scope），论文类型（Paper Type）等，确定最终的投稿期刊。

5.1.2 论文格式调整

确定投稿期刊后，在论文结构和表达基本没有问题的情况下，查看所选期刊的论文结构（Article Structure）、参考文献格式、单位和符号使用要求等进行逐一修改，以满足所投期刊要求。

5.1.3 投稿材料的准备

在选定目标期刊并按要求修改好了格式以后，需要准备投稿所需的材料，一般包括投稿函

(Covering letter)、图片式摘要（Graphical abstract）、论文亮点（Highlights）、推荐审稿人（Potential reviewers）、文稿和图表（Manuscript, Table and Figures）等文件。

(1) 投稿函（Covering letter） 介绍文章的重要意义和创新性，是该文章能否进入实际审稿阶段的有力保障，特别重要。期刊编辑每天需要处理大量稿件，为了减轻工作量，编辑会根据投稿信对论文的创新性和重要性进行判断，不能满足期刊要求的就会因此被拒稿而不能进入审稿阶段。此外，在投稿函里需要申明稿件为原创作品，所有作者均知悉并同意此投稿，稿件或稿件的部分内容没有同时以其他任何形式投稿到任何其他期刊。

投稿函实例

Dear Editor,

Please consider this submission which titled as xxx（稿件题目）for publication in xxx（待投期刊）. All authors have seen this manuscript and proved this submission. This manuscript is an original work that has not been submitted or published anywhere else. The further information about the manuscript is as follows.

Xxx（介绍论文稿件的重要发现和原始创新）

Thank you very much for consideration!

With best regards

Professor

xxx

Tianjin Polytechnic University

E-mail，Tel

(2) 图片式摘要（Graphical abstract） 用一张能代表全文的图片展示给读者，并给出合适的说明，以吸引读者的兴趣或快速吸引读者眼球，对论文的传播能起到促进作用，但不是所有期刊都需要，一般 ACS 和 Wiley 出版社的期刊要求有图片式摘要［或者称为 TOC（Tables of Content）］，而 Elsevier 的期刊为可选项。该图片可以是论文中某个有代表性的图片或几个图片合并而成，也可以专门绘制一张图片。如图 5-1 和图 5-2 所示。

图 5-1 大分子（macromolecules）期刊的图片式摘要

(3) 论文亮点（Highlights） 用简短的语句描述论文的主要发现和创新点，一般要求 3~5 个亮点，每个亮点不超过 85 个字符（包括空格）。一般 Elsevier 的期刊要求提供论文亮点。通过阅读亮点描述能让读者尽快抓住论文的核心发现和创新之处，从而决定是否继续阅读论文其他部分。如图 5-3 所示。

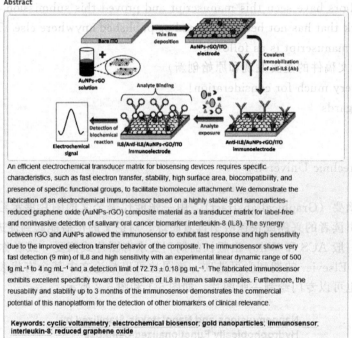

图 5-2 应用材料与界面（Appl. Mater. Interfaces）期刊图片式摘要

（4）推荐审稿人（Potential reviewers） 为了减轻编辑工作负担，很多期刊鼓励作者推荐审稿人，当然作者推荐的审稿人编辑可能采纳，也可能不会采纳而重新寻找合适的审稿人。因此，推荐合适的审稿人并让编辑采纳会提高论文的录用率。很多论文造假者也利用了这一点，虚构了不存在的审稿人和审稿人单位及联系方式等，而实际上留的通信 E-mail 为造假者自己申请的 E-mail，一旦编辑采纳了其推荐的虚构审稿人，造假者实际上就是自己审自己写的稿件，最初这种造假方式被发现是因为造假者审稿速度太快，有的甚至编辑发审稿邀请信后一两个小时就收到了审稿意见，引起了编辑对审稿人身份的怀疑，继而调查发现为造假。那么该如何推荐合适的审稿人呢？以下几个途径可作为参考：①课题组推荐在国内外熟悉的同行专家；②在平时阅读文献、实验中遇到问题的时候可以试着和国内外的专家写 E-mail，慢慢熟悉后可以推荐其为审稿人；③在论文中重点介绍某个教授/参考某个教授许多文章，可以将其推荐为审稿人。推荐审稿人也需避免以下几点，以防审稿人对论文的审查不客观：

① 不能推荐与作者或共同作者同单位的研究人员为审稿人；

② 不要推荐与作者有共同利益的人为审稿人，如共同承担基金项目或企业项目者、合作研究者、前同事等；

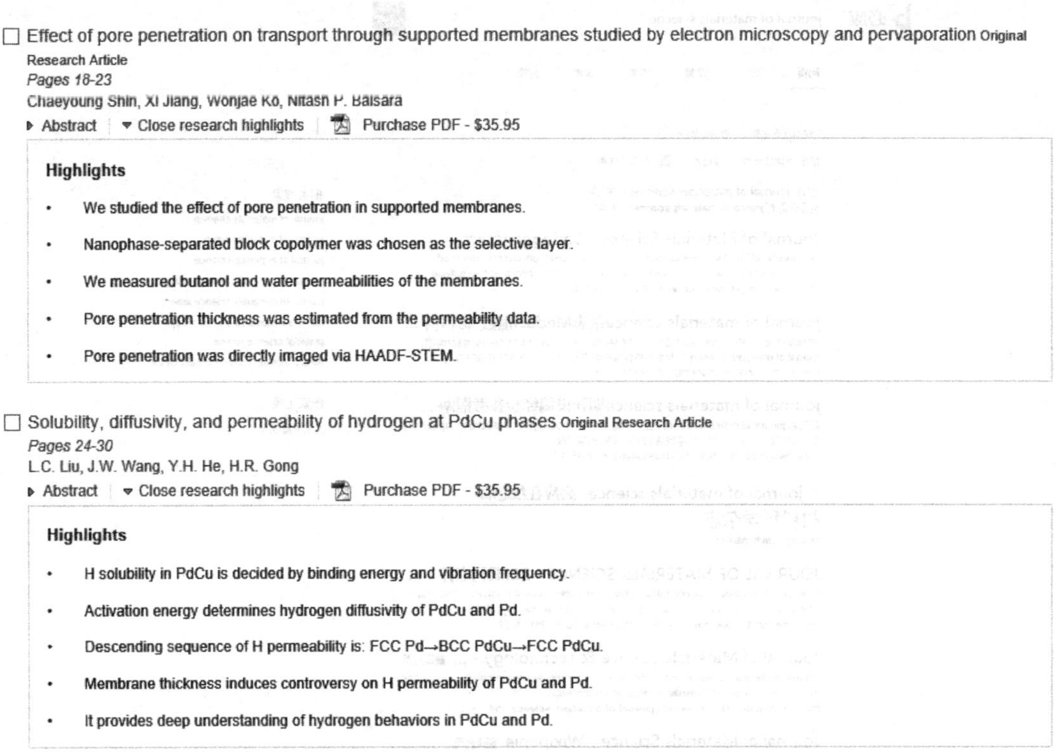

☐ Effect of pore penetration on transport through supported membranes studied by electron microscopy and pervaporation Original Research Article
Pages 18-23
Chaeyoung Shin, Xi Jiang, Wonjae Ko, Nitash P. Balsara
▸ Abstract   ▾ Close research highlights   📄 Purchase PDF - $35.95

Highlights
- We studied the effect of pore penetration in supported membranes.
- Nanophase-separated block copolymer was chosen as the selective layer.
- We measured butanol and water permeabilities of the membranes.
- Pore penetration thickness was estimated from the permeability data.
- Pore penetration was directly imaged via HAADF-STEM.

☐ Solubility, diffusivity, and permeability of hydrogen at PdCu phases Original Research Article
Pages 24-30
L.C. Liu, J.W. Wang, Y.H. He, H.R. Gong
▸ Abstract   ▾ Close research highlights   📄 Purchase PDF - $35.95

Highlights
- H solubility in PdCu is decided by binding energy and vibration frequency.
- Activation energy determines hydrogen diffusivity of PdCu and Pd.
- Descending sequence of H permeability is: FCC Pd→BCC PdCu→FCC PdCu.
- Membrane thickness induces controversy on H permeability of PdCu and Pd.
- It provides deep understanding of hydrogen behaviors in PdCu and Pd.

图 5-3　膜科学期刊（Journal of Membranes Science）中的论文亮点

③ 不要推荐作者导师或学生；

④ 推荐审稿人时也可指定不让竞争对手作为审稿人。

（5）文稿和图表（Manuscript，Tables and Figures）等　修改后的正式稿，一般为 2 倍行距、左端添加连续行号、全文两端对齐（有的杂志需要左对齐）、底端添加页码；对于图表的要求，不同的期刊要求也不尽相同，有的要求将图表插入文稿中适当位置即可，有的要求在文后单独列出图表，并要求每个图表单独一页；还有的期刊要求将图表单独放在一个 word 文档中或单独将图片以图片格式提供［TIF，EMF，JPG 等格式，分辨率要足够清晰（＞200dpi）］。

5.2　论文投稿

论文投稿前工作准备就绪后，就可以进行论文投稿。投稿之前需在所投期刊网站上注册账号，注册完账号后登入账号，按提示依次完成投稿过程即可，下面以材料科学杂志（Journal of Materials Science）为例，演示投稿的全过程。

5.2.1　注册账号

（1）首先在搜索引擎上查找到期刊官网，如图 5-4 搜索第一项即为材料科学期刊的官网，搜索时应仔细辨别，找到正确的官网地址，不要与类似的网址混淆，还要区别大量的广告链接，如搜索倒数第二项为 Journal of Materials Science & Technology 为另外一个期刊的链接。

（2）点击链接进入官网以后看见如图 5-5 所示的期刊首页，其中有期刊的介绍（Description），从中可以知道该期刊接收哪些研究领域的文章，可以初步判定待投文稿是否与该期刊接收的论文所属领域一致。

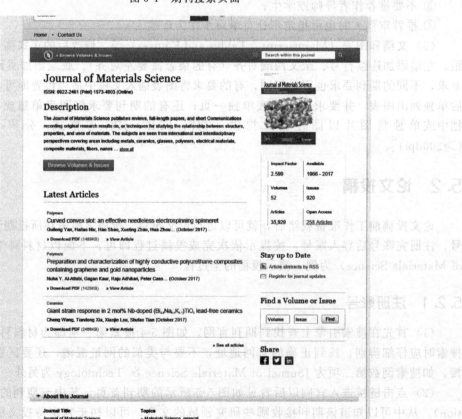

图 5-4　期刊搜索页面

图 5-5　期刊主页

（3）在主页的底下有关于期刊的介绍（About this Journal），其中有一个稿件投稿（Manuscript Submission）链接，如图5-6所示，点击该链接即可进入注册/登入页面。注意不同的出版社和数据库，稿件投稿链接位置不同，需仔细查找，以进入注册/登入页面。

图 5-6　稿件投稿链接

（4）如图5-7所示，为登入和注册页面。如果有账号，就可以直接输入账号和密码登入系统进行投稿，如果没有账号，可点击现在注册（Register Now），进入账号注册页面。

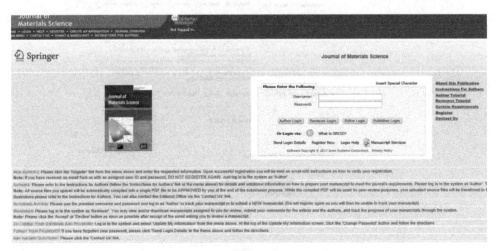

图 5-7　登入/注册页面

（5）填写姓名、邮箱　账号注册首先要填写姓名和E-mail地址，如图5-8所示，填写好后点击继续（Continue）按钮。

（6）在接下来的页面中图5-9，输入个人详细信息，即可完成注册，红色标※部分为必须提供的信息。

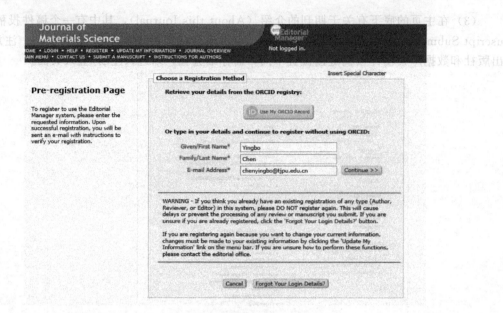

图 5-8 注册基本信息

图 5-9 注册个人详细信息

(7）填写完成后，点击提交，即可完成注册。注册的账号和密码将发送至提供的 E-mail 邮箱中，登入邮箱即可得到登入信息，首次登入后可修改密码，以便记忆和后续登入。有些期刊提供登入账号名，有些期刊直接以 E-mail 地址为登入账号名。

5.2.2 登入投稿

（1）以注册账号登入系统即可进行投稿（图 5-10）。

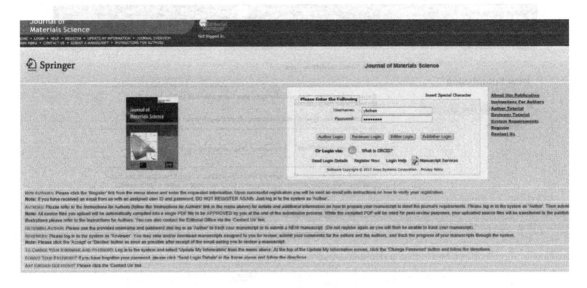

图 5-10　登入页面

（2）登入系统以后页面如图 5-11 所示，分成三部分：最上面为新投稿（New Submissions）；中间为稿件修改（Revisions）；底下为完成的稿件（Completed）。点击上面部分新投稿项目中的投稿新稿件（Submit New Manuscript）的蓝色链接，即可进入新稿件的投稿。

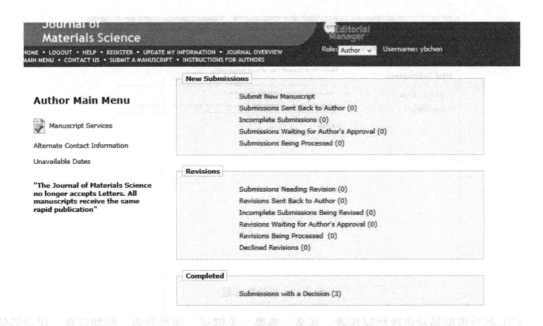

图 5-11　投稿系统首页

(3) 稿件投稿时，首先需要选择稿件的类型（图5-12），稿件类型一般有如下几种：常规文章（Regular Article），指一般的研究文章，通过实验说明和阐述研究中的问题，得到具有理论和实际意义的结论；综述（Review），指对研究领域的综合性论述和总结，对一段时间内研究发展的国内外现状和发展前景的预期；特刊（Special Issue），指编辑特意征集的相关研究的特别增刊或针对某个会议征集的特刊。大多数研究论文直接选择常规文章即可，其他特殊文稿类型按要求选择相应类型即可。

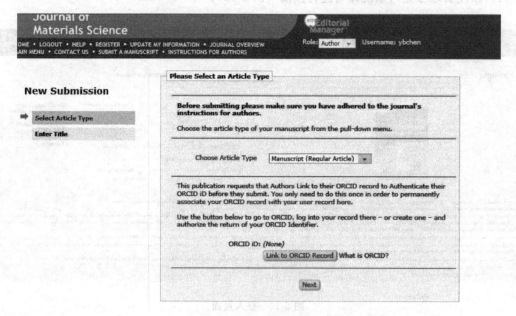

图 5-12　稿件类型选择

(4) 选择类型后点击下一步，即开始正式填写稿件的相关信息。首先要填写的是标题，按照期刊投稿指南编写好标题，填入如图5-13所示的方框中即可。

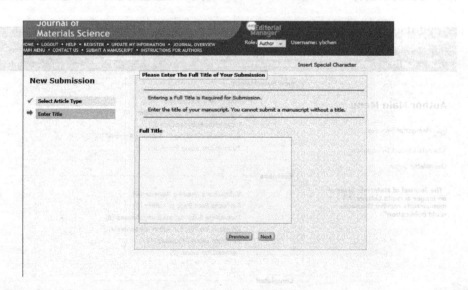

图 5-13　稿件的标题

(5) 然后依据提示依次填写作者、基金、摘要、关键词、选择分类、附加信息、评论等信息，如图5-14所示。

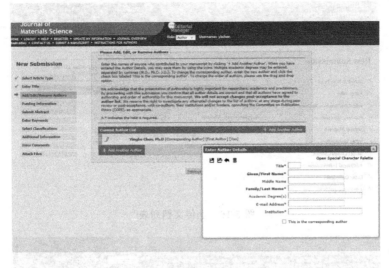

图 5-14 文稿信息填写

（6）填写完之后就可以上传文件了，需要上传的文件依据每个期刊的要求各不相同，按照投稿指南和文件上传下拉菜单选择需要文档即可，文稿本身是每个期刊都要求上传的，其他如投稿信、图表、支撑材料等按需上传，其中必须上传的文档均标有星号，如图 5-15 所示。

图 5-15 稿件文档等附件上传

（7）全部文档上传后，有一页显示全部上传文档供检查（图 5-16），确认无误后，可点击生成 PDF 文档供审核。

（8）然后下载 PDF 文档检查，检查无误后即可确认审核，同意投稿（图 5-17），即完成了稿件的投稿（图 5-18）。

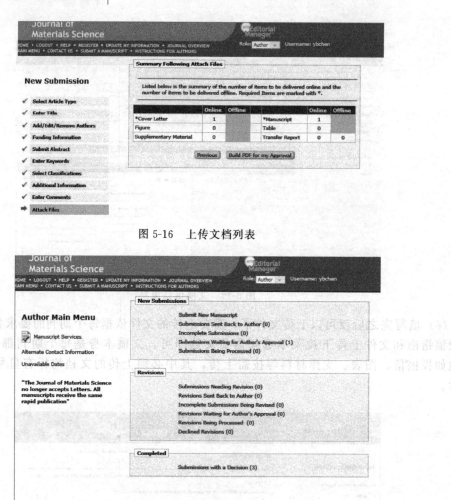

图 5-16　上传文档列表

图 5-17　待批准投稿

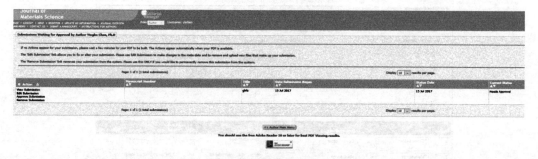

图 5-18　完成稿件投稿

5.3　论文发表

5.3.1　稿件状态及应对措施

（1）编辑接收稿件　稿件投递结束后，一开始会显示"Submitted to the Journal"，这个状态是自然形成的无需处理，这种状态一般会在一周之内结束。投稿后的几天内稿件会发送到期刊主编（稿件状态为"With Editor"），之后主编会将稿件分配到相应的编辑手中（稿件状态更换为"Editor Assigned"），编辑一般会对稿件进行处理（稿件内容的完整性、创新性、语言表达等）；"Editor Assigned"期间会出现如下情况：

① 编辑认为该稿件不错，那么编辑会邀请相应的审稿人（可能是你推荐的）；

② 编辑认为该稿件写作不符合英语习惯（这种情况非常常见），将稿件返给作者进行修改，这时需找英语母语者对文章进行仔细修改，或找论文修改润色机构对论文稿件进行语言上的修改，修改满意后重新提交稿件（到相应账号内重新上传文件即可）；

③ 认为该稿件不符合杂志要求或者更适合于其他杂志，这时稿件会被婉拒或推荐转投其他期刊。

（2）审稿人审查　如果一切顺利，稿件状态会变更为"Reviewers Invited"，表示编辑正在邀请审稿人，这种状态可能会在几天内结束，也可能维持很久。当审稿人到位以后，稿件状态会变为"Under Review"，审稿人正在审阅你的稿件，这可能需要一个月以上的时间，需耐心等待。如果等待时间过长，可以写信给编辑询问一下，当然用词需慎重。

稿件状态查询邮件 1：

Dear Dr. ××××：

I'm contacting you to inquire about the status of my submitted manuscript（Assigned ID：投稿文稿编号）which titled as ×××（稿件标题）. I have found that the status of "Under Review" for my manuscript have been lasting for nearly three months. I am quite anxious for the status regarding our paper. And how long does the review progress last, usually? When can we receive your decision letter? I would be greatly appreciated if you could afford a little time to answer the question. Thanks a lot!

Best regards

××××

稿件状态查询邮件 2：

Dear editor in-chief：

Thank you very much for your time on processing our manuscript（Assigned ID：投稿文稿编号），entitled xxx（稿件标题）. I am sorry to trouble you here, and I want to know the status of it, since it had lasted for about three months after the submission.

Best wishes.

Sincerely yours

×××

稿件审稿结束后，状态会变为"Required Review Completed"，这时候稿件的审查意见汇集到编辑手中，正常情况下一般 7~10 天会有结果。当然如果审稿人意见不统一，编辑会考虑将你的文章发给另外一个专家审阅，这就可能需要更长的审稿时间。

（3）主编决定　编辑收到审稿人审查意见后，将根据审查意见对稿件做出处理意见，如果稿件的审稿意见有明显的偏向性，稿件的状态会变更为"Decision in Process"，编辑之后很快给出最终审稿意见：接收（accept）、修改（revise）或拒稿（reject）。一般全部审稿人都给出很高评价，并推荐直接接收，编辑才会给接收的意见，更多的情况是修改和拒稿。如果编辑给了拒稿意见，意味着该稿件的投稿流程结束，编辑会把审稿人的意见转发给作者，作者可根据审稿意见放弃投稿，当然更好地是根据审稿意见对稿件进行修改和提高，然后再次进行投稿或转投其他期刊。

如果稿件总体不错，结合审稿人的意见，编辑会给出修改意见（Minor Revision/ Major Revision），一般情况下 Minor Revision 意味着稿件没有实验内容上的缺欠，对语言和格式及其他小错误进行修改即可；如果是 Major Revision 表明论文在实验数据的完整性、结果讨论的正确性和完整性等方面可能存在一些问题，需对论文稿件进行较大幅度修改。

对 Major Revision 的回应：

① 收到稿件 Major Revision 通知以后，需要仔细研究审稿人的意见，按照实际情况对文章进行相应的修改，补充必要的实验数据，如果条件实在达不到也可以引用别人的研究结果或者指出实际困难，表明以后研究中会尤其注意相关问题。

② 回答问题时要首先对审稿人的意见进行感谢，然后按照意见对文章进行修改。

③ 在单独 Response Sheet 上逐一回答审稿人的问题，文中的任何改动都要进行说明，且在文中对修改部分用其他颜色进行区分。

④ 修改稿经过相关作者审阅确认没有问题后，可以进入投稿区，将修改稿返回给编辑。

审稿意见回复函：

Dear ×××, editor,

Thank you very much for your letter and the comments from the referees about our paper submitted to ××× (MS Number ×××). We have checked the manuscript and revised it according to the comments. We submit here the revised manuscript as well as a list of changes. If you have any question about this paper, please don't hesitate to let me know.

Sincerely yours,

×××

Response to Reviewer 1：

Thanks for your comments on our paper. We have revised our paper according to your comments：

1. Comment 1 of the reviewer

Response：×××

2. ×××

审稿意见及回复实例：

Response to comments from editors and reviewers

Ref：MEMSCI_ 2016 _ 1794

Title：Polyamide Thin Film Composite Nanofiltration Membrane Modified with Acyl Chlorided Graphene Oxide

Journal：Journal of Membrane Science

-Reviewer 1：**Major Revision**

The manuscript entitled "Polyamide Thin Film Composite Nanofiltration Membrane Modified with Acyl Chlorided Graphene Oxide" has been reviewed. As a resubmitted manuscript, the authors have revised the manuscript according to the comments raised by the referees of their previous submission. However, the authors still has not properly addressed the reasons for both high water flux and high salt rejection through introduction the GO sheets. The major comments are as follows：

1. In the manuscript, the authors stated that "This structure with loose PA chains connecting lamellar GO sheets providing the nanocomposite membrane both high water flux and high salt rejection." Please give reasonable evidence to support it. Please give reasonable reasons for the enhancement of both flux and salt rejection.

Response：Compared with PA membrane, under the same parameters of preparation, GO-COCl modified membranes (with 0.002%-0.004% GO-COCl) have higher flux and salt rejection (Fig. 14 and Table 4). These results have close relationship with the structure of the membrane. From the SEM images (Fig. 8), GO sheets located at the PA layer with an average lamellar distance of 17nm. This distance is much higher than the pure GO membranes (about 1nm), suggesting other matters exist between GO sheets to separate the lamellar layers. According to the raw materials (PIP, TMC, and GO-COCl), there is nothing but polyamide formation during the reaction. In the initial stage of interfacial polymerization, highly crosslinked PA formed due to high concentration of monomers at the interface. At the same time, the GO sheets hindered the compaction of PA chains, resulting loose aggregation of PA chains between the GO sheets. This loose PA structure decreased the permeance resistance of the membrane (Fig. S2, the resistance of the membrane decreased from 31.3 to 30.7Ω, although the thickness of the membrane increased from 0.92 to 2.25μm (Fig. 8)), resulting higher flux of the GO modified membrane.

The formation of thin film PA layer hindered the diffusion of monomers, TMC can not transfer from the skin layer and PIP diffuses trough the water phase to organic phase and reacts with TMC at the outer surface. This healing process guarantee a less defect separation layer. Compared with pure PA membrane, lamellar GO layer in the GO modified PA membrane further decelerate this process (PIP diffuse more slowly), helping to form more perfect separation layer. This is one of the reasons for higher salt rejection of GO modified membrane. On the other hand, the increase of surface charge also contributed to the higher salt rejection.

2. Fig. 9: the authors illustrated that there is a gap between GO sheets of about 17 nm. So, do polyamide molecules exist in this channel and reject salt? If salt can permeate freely through this channel, how to retain a high salt rejection of the obtained membrane? If polyamide presents in the gap and provides rejection to salt, the permeation path of the modified membrane will be much longer than that of the membrane PA, which will result in declined flux.

Response: As stated in response (1), PA molecules exist in the GO channel (between GO sheets). However, salt can permeate freely through this channel due to the loose packing of PA chains in this area. We need to differentiate the PA molecules in the GO channel and PA molecules at the membrane surface. Between the GO sheets, PA chains connect with GO through COCl groups and the concentration of PA is low. And at the surface, PA molecules aggregate to form dense PA separation layer. This layer provided the composite membrane high salt rejection. As shown in the EDS line scanning of the cross-section of the composite membrane, nitrogen element has high concentration at the membrane surface, and decrease sharply under the surface (where GO layers containing loose PA chains). On the other hand, GO modified membranes have higher surface zeta potential (Fig. 12) and lower electrical double layer (Fig. S2), which benefit to improve the salt rejection of the composite membranes.

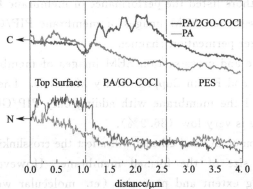

3. Actually, the performance of the PA membrane for comparison is poor. From table 4 one can also find that the performance of the GO-modified membrane of the present work is worse than those of pure PA membranes reported. I think the performance of the commercial PIP/TMC TFC membranes are all better that the modified membrane of the present work. So, can the addition of GO really improve the performance of the PA membrane?

Response: Compared with previous reports, the flux of GO modified membrane (3.77 LMH·bar^{-1}) in this study is lower than those of pure PA membranes (4-10 LMH·bar^{-1}). however, salt rejection of GO modified membrane (97.1% for Na_2SO_4) in this study is much higher than those of pure PA membranes (86.4%-96.5%). But compared with our own results, both flux and rejection increased with adding 0.002% GO. Two reasons resulted in low flux of the composite nanofiltration membranes in this study, (1) without adding acid receptor, and (2) higher concentration of the aqueous phase (3% PIP). For development of commercial composite nanofiltration membrane, more detailed works need to be done on choosing of optimum parameters of monomer concentrations, types and concentration of acid receptors, and even reaction time and temperatures.

4. The authors stated that "there is no trade-off between flux and rejection with low concentration of GO-COCl (0.002% and 0.004%) in the organic phase". To my point of view, the trade-off effect is only for the same material and their membranes fabricated under different conditions, the comparison of different materials cannot illustrate no trade-off between flux and rejection.

Response: Strictly, trade-off effect should be the same materials and their membranes fabricated under different conditions. However, considering the addition of GO-COCl is very low concentration (0.002%), we assume the component has not changed. Although this, we would like to change the statement of "there is no trade-off between flux and rejection ···" to more accurate statement of "Both increase in flux and rejection".

In literature, some researchers also refer to different materials when they discussed trade-off effects. Freeman used "tradeoff relations" to discuss the permeability/selectivity dilemma of different polymers. (Benny D. Freeman, Basis of Permeability/Selectivity Tradeoff Relations in Polymeric Gas Separation Membranes, Macromolecules, 1999, 32 (2), pp 375-380). Tongwen Xu also used "trade-off" to explain the effect of GO embedded membranes on acid recovery. (Jin Ran, Min Hu, Dongbo Yu, Yubin He, Muhammad Aamir Shehzad, Liang Wu, Tongwen Xu, Graphene oxide embedded "three-phase" membrane to beat "trade-off" in acid recovery, Journal of Membrane Science, 2016, 520, 630-638)

5. In Table 4, the authors listed the performance of membrane PIP/GO-COCl, so please give the surface and cross-section SEM images of membrane PIP/GO-COCl, which will be useful to illustrate the water permeation channel.

Response: The surface and cross-section SEM images of membrane PIP/GO-COCl have been added in Fig. S3 (B and E) in Supplementary Materials. There is only aggregation of GO sheet on the surface of the membrane with adding only PIP/GO-COCl. Thus, the salt rejection of this membrane is very low (86.9%).

6. Actually, the addition of GO and ethanol will affect the crosslinking extent of the polyamide layer and thus the pore size of the formed membrane. However, the authors did not investigate the crosslinking extent and pore size (et. molecular weight cut-off). The final

membrane will exhibit an increased salt rejection when the positive effect of increased surface negative charge on salt rejection surpasses the negative effect of increased pore size on salt rejection.

Response: due to the incorporation of GO in the PA layer, it hard to use O/N ratio (Table 2, O/N ratio>2) to calculate crosslinking degree of the composite membrane. PEG molecular weight cut-off (MWCO) of PA and PA/GO-COCl membranes has been tested, and the results listed in Fig. S1 in Supplementary Materials. The MWCO of PA and PA/GO-COCl membrane are 178 Da and 312 Da, and the average pore radius are 0.35 nm and 0.46 nm, respectively, suggesting the addition of GO-COCl can increase the average pore radius of PA membrane. Even though the pore size increased to 0.46 nm, inorganic ions (SO_4^{2-}) can not pass through the membranes. Therefore, the GO modified membranes have higher salt rejection due to the more perfect separation layer and higher surface zeta potentials. And the larger pore size and less membrane resistance (loose PA chains between GO sheets) contributed to the higher flux of the GO modified membranes.

修改稿投递成功后稿件状态会变为"Revision Submitted to the Journal",这时候编辑会根据审稿人意见的大小,对修改稿进行处理,一般情况下会将修改稿发给某个意见较大的审稿人进行重新审阅。重新审阅后的情况如下:

① 如果一切顺利,文章很快就会被接收,稿件状态变为"Accepted";

② 如果审稿人还觉得有点小问题(一般都是语法上的),编辑会将稿件重新返回来,稿件状态更改为"Minor Revision",进行相应修改后一般都可以接收;

③ 修改后稿件仍然有可能被拒,但可能性比较小。

总之,论文稿件从写作到投稿整个过程,需花费较长时间,根据不同期刊,短则几周,长则几个月,甚至一两年,其间稿件分别经过作者写作和修改、编辑和主编的审理和判断、审稿人的审查和提出意见。总体稿件投稿流程如图 5-19 所示。

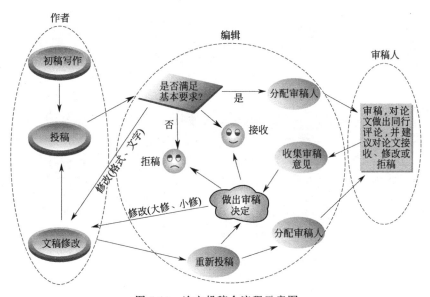

图 5-19 论文投稿全流程示意图

5.3.2 稿件接收与发表

稿件接收后一般期刊需要填写稿件版权转让协议(有些期刊在投稿时即签订出版协议),填好后直接返给编辑即可。编辑会将文章转给期刊出版社,出版方会定期给通信作者发文章的追踪邮件。

出版商会在 2~3 周内对你的稿件进行排版和相应的语法修改。准备就绪以后，出版方会将排版好的稿件发给通信作者进行文章校对"Article Proof"（注意：只能对文章的语法等进行修改，不能对文章的数据和图表进行修改）。传统的校对一般对纸版文档进行标注和修改，有规定的校对符号，现在一般进行网上校对，对电子文档做相应的删除、添加、修改、移动等操作，具体的电子文档校对方法可参考 Elsevier 关于网上校对的说明和帮助文档。网址为 http://uats3.elsevierproofcentral.com/proofcentral/proof/help/ATE。

校稿完成返给出版商以后，文章就会进入到"Article in Press"阶段，这时候文章可以在网上在线进行查阅，当然文章正式出版需要看期刊的安排，一般要几个月以后。

第 6 章

毕业论文的写作

6.1 毕业论文的意义和性质

6.1.1 什么是毕业论文

毕业论文是高等院校毕业生针对某一科研课题，运用自己所学的专业知识和技能，在老师的指导帮助下，进行实验并对实验结果进行分析从而完成的具有一定学术价值的学术论文，是学生毕业前不可或缺的环节，是对学习结果和知识运用能力的综合性检阅。毕业论文从文体上看，归属于议论文中学术论文的种类。毕业论文虽属学术论文中的一种，但和学术论文相比，又有自己的特点：

(1) 指导性　毕业论文是大学生第一次相对独立完成的科学研究成果，离不开教师的帮助和指导。对于如何进行科学研究、如何撰写论文等，教师都要给予具体的方法方面的指导。在学生写作毕业论文的过程中，教师要启发、引导学生独立进行工作，注意发挥学生的主动创造精神，帮助学生最后确定题目，指定参考文献和调查线索，审定论文提纲，解答疑难问题，指导学生修改论文初稿等。当然，学生为了写好毕业论文，必须主动地发挥自己的聪明才智，刻苦钻研，独立完成毕业论文的写作任务。

(2) 习作性　在大学阶段的前期，学生要集中精力学好本学科的基础理论、专业知识和基本技能；在大学的最后一个学期，学生要集中精力写好毕业论文。学好专业知识和写好毕业论文是统一的，专业基础知识的学习为写作毕业论文打下坚实的基础；毕业论文的写作是对所学专业基础知识的运用和深化。大学生撰写毕业论文就是运用已有的专业基础知识，独立进行科学研究活动，分析和解决一个理论问题或实际问题，把知识转化为能力的实际训练。

(3) 层次性　毕业论文与学术论文相比要求比较低。专业人员的学术论文是指专业人员进行科学研究和表述科研成果而撰写的论文，一般反映某专业领域的最新学术成果，具有较高的学术价值，对科学事业的发展起一定的推动作用。大学生的毕业论文由于受各种条件的限制，在文章的质量方面要求相对低一些。这是因为：第一，大学生缺乏写作经验，多数大学生是第一次撰写论文，对撰写论文的知识和技巧知之甚少；第二，多数大学生的科研能力还处在培养形成之中，大学期间主要是学习专业基础理论知识，缺乏运用知识并独立进行科学研究的训练；第三，撰写毕业论文受时间的限制，一般学校都把毕业论文安排在最后一个学期，而实际上停课写毕业论文的时间仅为十周左右，在如此短的时间内要写出高质量的学术论文是比较困难的。当然这并不排除少数大学生通过自己的平时积累和充分准备写出较高质量的学术论文。

6.1.2 撰写毕业论文的目的

大学生撰写毕业论文的目的，主要有以下两个方面。

（1）对学生的知识以及知识的运用能力进行一次全面考核。撰写毕业论文是在校大学生最后一次知识的全面检验，是对学生基本知识、基本理论和基本技能掌握与提高程度的一次总测试，这是撰写毕业论文的第一个目的。大学生在学习期间已经按照教学计划的规定，学完了公共课、基础课、专业课以及选修课等，每门课程也都经过了考试或考核。学习期间的这种考核是单科进行，主要是考核学生对本门学科所学知识的记忆程度和理解程度。但毕业论文则不同，它不是单一地对学生进行某一学科已学知识的考核，而是着重考核学生运用所学知识对某一问题进行探讨和研究的能力。写好一篇毕业论文，既要系统地掌握和运用专业知识，还要有较宽的知识面并有一定的逻辑思维能力和写作功底。这就要求学生既要具备良好的专业知识，又要有深厚的基础课和公共课知识。通过毕业论文的写作，使学生发现自己的长处和短处，以便在今后工作中有针对性地克服缺点，也便于学校和毕业生录用单位全面地了解和考核每个学生的业务水平和工作态度，便于发现人才。同时，还可以使学校全面考察和了解教学质量，总结经验改进工作。

（2）对学生进行科学研究基本功的训练，培养学生综合运用所学知识独立分析问题和解决问题的能力，为以后撰写专业学术论文打下良好基础。撰写毕业论文的第二目的是培养大学生的科学研究能力，使他们初步掌握进行科学研究的基本程序和方法。大学生毕业后，不论从事何种工作，都必须具有一定的研究和写作能力。大学是高层次的教育，其培养的人才应该具有开拓精神，既有较扎实的基础知识和专业知识，又能发挥无限创造力，不断解决实际工作中出现的新问题；既能运用已有知识熟练地从事一般性的专业工作，又能对人类未知领域大胆探索，不断向科学高峰攀登。撰写毕业论文的过程是训练学生独立进行科学研究的过程。通过撰写毕业论文，可以使学生了解科学研究的过程，掌握如何收集、整理和利用材料；如何观察、调查、做样本分析；如何利用图书馆、检索文献资料；如何操作仪器等方法。撰写毕业论文是学习如何进行科学研究的一个极好机会，因为它不仅有教师的指导与传授，可以减少摸索中的一些失误，少走弯路；而且直接参与和亲身体验科学研究工作的全过程及其各环节，是一次系统、全面的实践机会。撰写毕业论文的过程，同时也是专业知识的学习过程，而且是更生动、更切实、更深入的专业知识学习。

6.2 选题与准备工作

选题是指在确定科学研究方向和目标的基础上确定论文主要解决的问题。要想顺利完成毕业设计以及毕业论文的写作，首先要选择一个合适的课题。课题是整个毕业设计工作的核心，在进行毕业设计过程中所有工作都是围绕这个核心进行的。如果课题选择不对，就好比开一辆发动机有故障的车，外表修饰得再华丽、油加得再多都是徒劳，所以选题一定要慎重。

6.2.1 选题原则和要求

难度要适中。由于毕业设计是学生在科研的道路上初来乍到，科研能力还未培养，所以难度太大的课题会给学生带来不必要的困难，甚至消磨搞科研的信心；难度太小的话，又无法培养学生研究探索的科研精神。所以选题难度要适中，既能让学生通过自己努力顺利完成，又能培养学生的探索精神和科研兴趣。

要有一定的综合性。做毕业设计的时候，学生已经完成大量专业课学习，学的知识也较为广泛。所以要想利用毕业设计尽量多地考核和促进学生对知识的掌握，就要求选择的课题要有一定的综合性，既需要学生了解大量基础理论知识，还要求学生掌握专业仪器操作等才能完成。

新颖性。新颖性是指课题所解决的问题是没有人做过的或者课题解决问题的方法是没有人用过的。如果重复别人已经做过的，会影响学生创新和探索精神的培养，就失去毕业设计的意义。

实用性。满足以上要求的同时，还要尽量兼顾课题的实用性。需要紧紧联系生活生产需要，这样在巩固学生学习知识和培养学生探索精神的同时，也能让学生感受到科研的价值，培养对科研的兴趣。

6.2.2 选题的方法

咨询指导老师。学生初次涉入科研工作，对科研领域的状况知之甚少，查阅分析资料的能力也相对不足，所以如果没有领头人，完全依靠学生自己去选择一个合适的课题无异于赶鸭子上架。学生应该首先咨询指导老师，让指导老师给学生一定的指导或者一定的选择范围，然后再让学生自己去查资料分析，在一定的范围内选择自己的课题，这样既能达到事半功倍的效果，还能锻炼学生查阅分析资料的能力。

要学会扬长避短。选择课题首先要知道自己学过哪些专业知识，擅长哪些专业方向，然后要了解老师所擅长的专业方向，选择自己和老师都擅长的方向的相关课题无疑会促进毕业设计的顺利进行。除此之外，还要考虑学校有哪些科研硬件。如果一个课题的研究需要频繁地用到学校没有或者使用不方便的仪器设备，无疑会大大增加毕业设计的难度。

在确定选题后，在对选题所涉及的研究领域的文献进行广泛阅读和理解的基础上，对该研究领域的研究现状（包括主要学术观点、前人研究成果和研究水平、争论焦点、存在的问题及可能的原因等）、新水平、新动态、新技术和新发现、发展前景等内容进行综合分析、归纳整理和评论，并提出自己的见解和研究思路。这就要求学生既要对所查阅资料的主要观点进行综合整理、陈述，还要根据自己的理解和认识，对综合整理后的文献进行全面、深入、系统的论述和相应评价，从而形成自己的论点和论证方法，然后再与老师讨论交流，确定毕业设计实施方案。论文查阅的资料来源有：①电子期刊，包括电子期刊网上的期刊论文、硕士博士的学位论文以及一些电子书籍；②纸质书籍，如图书、期刊、报纸等。

6.3 结构与格式

一般来讲，毕业论文框架需要采用递进的逻辑体系，即论文的各个部分应该是层层递进，有一定逻辑关系，如第一部分是相关概念和含义，第二部分是问题提出，第三部分是分析问题，第四部分是解决问题的办法，第五部分是解决问题需要实现的一些条件和保障措施，第六部分是总结。可以根据具体情况进行删减和添加。

6.3.1 毕业论文的文稿结构与要求

（1）题目　即标题，主要作用是概括整个论文的中心内容，好的论文题目能反映出作者研究的方向、成果、内容、意义，显示出论文的格调色彩。因此，题目要确切、简短、精练，便于分类。

（2）摘要　简要介绍毕业设计（论文）的研究目的、方法、结果和结论，语言力求精练，内容要全面，以便读者能迅速了解全文概貌。中文摘要一般在400字以内，英文摘要内容应与中文摘要相对应，中英文摘要均要有关键词，一般为3～7个。关键词要选择具有代表性的规范词或术语，要能反映出论文的主要内容。

（3）目录　应列出通篇文稿各组成部分的大小标题，并分清层次，逐项标注页码，包括参考文献、附录、索引等附属部分的页次，以便读者查找。目录的各章节应简明扼要，要注明各章节起始页码，题目和页码间用"……"相连。

（4）前言 要在毕业论文及设计说明书主体之前，用简练、概括性语言引出论文所要研究的问题，可以综合评述前人工作，简要说明设计和研究工作的目的、范围，相关领域的前人工作和知识空白，理论基础和分析，研究设想，研究方法和实验设计，预期结果和意义等。应言简意赅，不要与摘要雷同，不要成为摘要的诠释。对一般教科书中已有的知识，在前言中不必赘述。主体是毕业论文及工程设计说明书的主要部分，文字应流畅，语言准确，层次清晰，论点或设计思路清楚，论据或参考数据准确，论证或设计过程完整、严密，有独立观点和见解。

（5）正文 论文的正文是作者对自己研究工作详细的表述。应包括以下内容。

① 理论分析部分。详细说明本课题的理论依据所使用的分析方法和计算方法等基本情况；指出所应用的分析方法、计算方法、实验方法等哪些是已有的，哪些是经过自己改进的，哪些是自己创造的。这一部分应以简练、明了的文字概略表述。

② 课题研究的方法与手段，分别以下面几种方法说明。如用实验方法研究课题，应具体说明实验用的装置、仪器、原材料等，并应对所有装置、仪器、原材料做出检验和标定。对实验过程和操作方法，力求叙述简明扼要，对实验结果的记录、分析，对人所共知或细节性的内容不必过多详述。

对于用理论推导的手段和方法达到研究目的的，这部分内容要精心组织，做到概念准确，判断推理符合客观事物的发展规律，要做到言之有序、言之有理，以论点为中枢，组织成完整而严谨的内容整体。

如用调查研究的方法达到研究目的的，调查目标、对象、范围、时间、地点、过程和方法等内容的叙述要简练，对调查所提的样本、数据、新的发现等应详细说明，作为结论产生的依据。

③ 在结果与讨论部分，应把那些必要而充分的数据、现象、样品、认识等作为分析的依据。在对结果做定性和定量分析时，应说明数据的处理方法以及误差分析，说明现象出现的条件，交代理论推导中认识的由来和发展，以使别人可以此为根据进行核实验证。对结果进行分析后所得到的结论和推论，也应说明其适用的条件和范围。

（6）结论 结论主要反映个人的研究工作，包括对整个研究工作进行归纳和综合而得出的总结；要写所得结果与已有结果的比较；要联系实际结果，指出它的学术意义或应用价值和在实际中推广应用的可能性；要写本课题研究中尚存在的问题，对进一步开展研究的见解与建议等。结论一般要写得概括、篇幅要短、简单、明确，在措辞上要严密，易被人领会。

（7）参考文献 参考或引用了他人的学术成果或学术观点必须在文中明确标明，严禁抄袭、占有他人的成果。参考文献必须是学生本人真正阅读过，以近期发表的文献为主，本专业教科书不能作为参考文献。参考文献要另起一页，一律放在正文后，在文中要有引用标注，必须用上标标注【参考文献序号】。参考文献应与论文工作直接有关，应按文中引用出现的顺序排列。

（8）附录 在论文之后附上不便放进正文的重要数据、表格、公式、图纸、程序、译文等资料，供读者阅读论文时参考。

（9）致谢 对于毕业设计（论文）的指导教师，对毕业设计（论文）提过有益的建议或给予过帮助的老师、同学以及其他人，都应在论文的结尾部分书面致谢。内容应简洁明了、实事求是，避免俗套。

6.3.2 毕业设计说明书的结构

毕业设计的内容包括设计说明书和图纸两部分。毕业设计说明书是对毕业设计进行解释与说明的书面材料，在写法上应注意与论文的区别：

① 前言由设计的目的和意义、设计项目发展情况简介、设计原理及规模介绍三部分组成；
② 正文包括方案的论证和主要参数的计算。

6.4 初稿的撰写与修改

毕业论文（设计）选题确定后，经过资料的查询分析和实验探究等科研活动，就可以着手论文初稿的写作了。初稿的写作一般分为以下几个步骤。

6.4.1 拟定提纲

在学生选题和实验探究阶段，学生所收集的相关资料和实验研究数据都处于凌乱状态，没有精确的框架和写作思路。所以，学生首先要根据自己收集的资料和实验研究结果进行整理思考，理清写作思路，设计论述框架，最后与指导老师交流，取长补短，完善自己的写作思路，然后把思路简要写出来构成提纲。拟定提纲时不要过于粗陋也不要过于琐碎。过于粗陋体现不出提纲的作用，许多应该在提纲中发现的问题发现不了，结果就像没有提纲一样，并且在撰写初稿时也会遇到困难，往往不得不在写作过程中大幅度、频繁调整，延误时间并降低质量。但是过于琐碎的提纲也存在问题，它往往是提纲与初稿的交杂，和初稿难以划分，同时又没有初稿所需要的完整性和严密性，因而往往表现为思路不清晰，这种情况不仅会掩盖问题，还可能约束往后的写作思路。所以，提纲的粗细把握一定要适当，既要完整体现写作思路，又要留下充裕的发挥空间。

6.4.2 整理实验数据，先写正文

论文的正文是指前言和结论以外的部分，主要包括实验部分和结果与讨论部分等。实验数据是构成正文的主干，对论文的写作质量影响极大。所以，撰写初稿时首先要对实验数据进行整理和布局。首先数据要有优越的质量，有说服力，不能牵强附会、貌合神离、张冠李戴；其次数据量要足，支撑论点的数据要丰富充实，不能捉襟见肘、顾此失彼；再次数据顺序要合理，不能虎头蛇尾，还要保证数据之间前呼后应、相得益彰。对实验数据做到质、量双全毕竟是理想状态，在现实的论文写作中，由于各种主客观的因素，我们可能难以做到这种理想的状态，这时候就需要我们做出恰当而巧妙的处理。如果某些数据不充足需要进行补充，但是又确实无法补充的，可以在不影响大局的情况下进行技术上处理，包括淡化问题、回避问题等，不要让次要问题影响有意义、有价值的主题思想。

实验部分包括实验药品、仪器和实验步骤。这些内容把我们做实验时的记录整理好直接转移就可以。不过需要注意我们做记录的时候一定要详细准确，要准确记录药品的名称、规格、厂家以及每次实验的使用量，还要记录仪器的厂家、型号以及使用条件和步骤，实验条件和实验步骤自然更要记录清楚。实验结果和讨论部分包括实验结果以及结果的讨论分析。实验结果可以把记录的实验结果整理后直接转移到论文里，但是实验结果的分析需要与相关资料比较分析，认真思考并与老师讨论交流后才可以确定下来分析结果。如果分析不好，结果再好也是无用的。

6.4.3 撰写前言和结论

撰写前言之所以必须留在最后，是因为前言会讨论到前人的研究成果，会提出研究方法等。这些都必须在论文全部正文撰写完成后，才比较容易动笔。就前人的研究成果来说，之所以要将这些成果加以讨论，主要是要确定此一论题还有没有可撰写的空间，哪些是前人尚未论及的地方。当我们在撰写每一章节时，一定会对相关的研究成果做详细阅读，之后，才下笔撰

写。所以,如能在正文撰写完毕后,再来撰写这一部分的导论,必能有较中肯的评述。至于导论中所述及研究方法,必须留到最后才撰写,道理也很明显。如果没有将正文中的每一问题做深入研究,如何可得知方法的正确。所以,研究方法尽管可以预设,但必须经过研究过程中层层检验,通过一次次修正才能得出正确的结论。

6.4.4 逻辑关系的调整

逻辑关系指得是论文中各个部分,尤其指实验和结果讨论部分中各个子部分之间所存在的逻辑关系,这也是影响论文质量的一个关键因素。首先要调节各子部分之间的顺序使其符合科研课题中先解决什么问题后解决什么问题的顺序,然后再根据解决同一个问题的多个子部分之间存在的逻辑关系,如解决方法的先劣后优等进行调整。总的来说,所有逻辑关系都要服务于论题,环环相扣,以理服人。

6.4.5 论文修改

毕业论文是学生首次综合运用所学知识进行科学研究的成果。由于能力和知识欠缺难免会有不足之处,所以将初稿交予老师审阅指出问题,再由学生重新修改是必不可少的环节。该环节不仅是论文不断优化的一个过程,也是学生的思考渐近深入的过程。修改一般包括以下两个部分。

(1) 材料数据的修改　论文材料数据是构成论文论据的主要部分,其丰富程度和真实度直接影响到论文的质量,一般需要进行材料数据的补充、剪裁和布局调整等方面的修改。在撰写过程中,有时某些章节的材料数据稍有不足,不能有效地支持论点就有必要进行数据的补充。材料数据的剪裁主要是针对一些比较杂乱的材料数据进行重新分类清理,对一些过量的、不合适的材料数据进行排除。材料的布局调整是对初稿中的材料数据进行调整和重新配置,使其能够更好地反映作者的思想和意图。

(2) 文字表达的修改　毕业论文作为一种学术论文,文字表达要具有逻辑性、准确性、流畅性和专业性。好的论文一定具有严密的逻辑,从词语表达的逻辑性可以直接看出作者思考的严谨程度和深入程度,当发现论文存在明显的逻辑疏漏要及时纠正。对于准确性,要求作者不可以使用意义不准确的词,更不能凭空造词。如果确实需要比较特殊的表述,必须做出详细的解释说明。流畅性是任何一种文体对词语表达的要求,这就要求作者要对论文反复阅读,对不通顺的地方进行修改。作为学术论文,专业性自然是必不可少的。这就要求作者写论文时要使用本学科的专业术语,同时还要避免使用俗语和口头语。

…

第 7 章

会议论文写作与报告

7.1 会议论文写作

7.1.1 标题

(1) 标题的重要性

① 标题是论文的总纲。会议论文的标题通常起到吸引参会者关注的重要作用,可以显示论文的主要内容和重要结论。

② 标题是读者判断是否阅读论文的依据。会议资料通常分为会议安排和会议摘要等。会议安排一般只显示每篇参会论文的标题。参会论文的标题高度概括了会议论文的主要内容,是引导参会者在参会期间活动和会议后读者深入阅读和了解论文的指南。

③ 标题是文献检索的依据。对于被国内外重要检索体系收录的会议论文,读者可以通过检索体系,根据会议论文的标题判断文章的内容,并决定是否收集阅读原文或追踪会议论文内容的相关报道。

(2) 标题设计的要求

① 应准确反映会议论文的内容,符合其深度和广度。标题要进行恰当描述,不能夸大或贬低。如果标题过于笼统,则题文不符的标题无法引起参会者的关注与兴趣,达不到在会议期间及会议后进行宣传的目的。

② 应简练醒目、引人入胜。简练意味着简洁和容易理解,一般不得使用同行所不熟悉的外来词、缩写词、简称、符号、代号和商品名称等。为了方便检索系统收录,应尽量避免使用数学公式和化学结构式等。会议论文的标题要尽量选用本学科最易概括、词义单一、通俗易懂的专业术语。

③ 标题的大小要适当。其内涵和外延应与会议论文内容保持一致。如果标题内涵和外延过大,则易导致含糊不清;如果标题内涵和外延过小,则易分量不够。一般标题字数不宜超过 20 个字符。为了保证标题简洁、准确,应删除不必要和没有实质性内容的词语。

④ 标题要尽量新颖。标题应体现论文的创新性和新颖性,但要避免使用繁冗的形容词和不必要的虚词,不要用文学语言或商业式的华丽辞藻来编写论文标题。

(3) 标题的结构 标题通常是由一个或几个并列名词加上必要的修饰语构成的短语,一般没有谓语成分；应避免使用复杂的、结构完整的主、谓、宾句式表达会议论文的标题，标题中还应尽可能避免使用标点符号。

7.1.2 署名

（1）署名的意义　会议论文的作者应在已发表的作品上署名。署名者可以是个人作者、合作者或团体作者。《中华人民共和国著作权法》规定：著作权属于作者。著作权包括发表权、署名权、修改权、保护作品完整权等。署名权即表明作者在作品上署名的权利，通过署名表明作者的劳动成果及作者本人已得到社会的认可和尊重；即作者向社会声明，作者对该作品拥有了著作权。署名者对作品负有相关责任，包括政治、科学和法律方面的责任。

（2）署名的原则　第一作者通常是论文工作中的最大贡献人员。此作者不仅完成最多和最重要的工作，而且还是论文初稿的撰写人。通信作者一般还是论文的项目负责人，承担项目的经费管理、研究方案设计、文稿撰写与修改等工作，设立通信作者的初衷是为了方便读者和论文作者之间的联络。通信作者也担负着论文可靠性的责任。

7.1.3 摘要

（1）摘要的基本要素　摘要的基本要素一般包括四项内容，即研究的目的与对象、研究方法、研究结果、结论及其适用范围。对于会议论文，摘要的撰写还应符合主办方对于论文格式和文字数量等方面的要求。

① 研究的目的与对象。简要说明研究的目的与对象，提出问题的原因、研究范围和研究的核心问题以及在何种情况下（即研究背景）讨论该问题。

② 研究方法。说明研究主题的基本设计，使用了哪些实验材料和方法，研究的范围和准确性；采用何种实验仪器设备，依托哪些配套软件，如何选取实验参数和获取实验数据以及经过何种统计学方法进行处理等。此过程常用于表明研究内容的科学性和可信性。

③ 研究结果。研究结果部分要列出研究的主要结果和数据，指出新发现是什么，并说明其价值及局限性。叙述应具体且准确，并需给出结果的可信值和统计学显著性检验的确切值等。

④ 结论及其适用范围。应说明成果所包含的意义，尤其要注意结论与研究目的之间的联系。在结论中还可以包括建议、评价、应用、假设等。要注意结论与结果的区别：结果是发现了什么，而结论是说明了什么。

（2）摘要的主要功能

① 为参会者和读者了解论文的主要内容提供方便。参会者和读者主要是通过摘要来判断是否在会议期间与参会作者进行交流，以及是否对论文主题和相关内容进行进一步检索或全文阅读等。

② 为信息人员和计算机检索提供方便。摘要可满足文献工作人员的需求，使编辑文摘刊物时便于引用，或为科技信息人员以及计算机检索提供方便。随着现代网络传媒手段的使用和普及，会议的论文摘要对于会后宣传和推广参会作者的研究内容和学术成果等将起到越来越重要的作用。

③ 为编辑与审稿人评价论文提供方便。期刊编辑及会议论文审稿人员通过摘要即可对论文进行初步评估，有利于方便、快捷地对论文进行筛选。

④ 为会议主持人介绍论文提供方便。在进行学术会议时，当有的报告人演讲结束后，会出现听众没有及时反馈任何问题的尴尬局面；当遇到这种情况时，主持人可以快速浏览摘要内容，据此提出问题，与报告人产生互动，并引导其他参会者向其提问。

（3）摘要的撰写要求　摘要撰写时应注意：①客观真实地反映所做的研究或工作；②侧重

于反映新内容和作者特别强调的观点；③尽量排除在本学科领域已成为常识的内容；④请勿使用第一人称如"本文""我们""作者"等作为主语，而应使用第三人称的写法，如"对……进行了研究""报告了……现状""进行了……调查"等记述方式；⑤使用标准化的名词术语（包括地名、机构名称和人名）；⑥避免采用缩略语、简称、代号，除非本专业的读者可以清楚理解，否则，首次出现时应给出全称；⑦应采用国家颁布的法定计量单位；⑧注意正确使用简化字和标点符号；⑨通常不采用引文（除非论文证实或否定了他人已发表的著作）。

论文摘要的字数应适当，应按照会议组委会发布的指导要求来具体确定。

7.1.4 关键词和中图分类号

（1）关键词的作用　关键词应具有代表性、可检索性和规范性。其作用主要包括以下三个方面：

① 方便会议论文集或期刊索引检索和输入计算机检索系统；

② 有利于会议论文集或期刊编制年终索引；

③ 有助于读者理解会议论文的主题，并编写个人检索卡片。

读者如何在众多的会议论文中快速、准确地找到自己所需要的会议论文，目前较常用的方法之一是利用主题词检索。作者如果不在会议论文中标注关键词或关键词选择不当，则读者就很难检索到该会议论文，彼此之间无法得到很好的交流。

（2）关键词的写作要求　主题是论文中所具体讨论与研究的主要问题，选择的关键词要直接、客观、完整地展现主题的实质。为了实现这一目标，应注意以下四个方面：

① 根据论文的题名、摘要等进行主题分析，从中选择提出问题的词和解决问题的词。

② 注意选择可以概括文章主要内容的词语，不要选择局限于文章某一部分的词。

③ 必须选择适当数目的关键词，通常每篇论文可选取 3～8 个；关键词太多，易导致主题内容散乱而不集中；关键词太少，主题又表达不全。

④ 注意关键词的排列顺序。可以先写出提出问题的关键词，再写出解决问题的关键词。在提出问题的词中，研究对象可以用作第一个关键词，因为它揭示了论文最直接的写作目的，并且在理解本文的主题方面起着指导作用。

（3）中图分类号的标引　中图分类号，是指采用《中国图书馆分类法》对科技文献进行主题分析，并依照文献内容的学科属性和特征，分门别类地组织文献，所获取的分类代号。

中国图书馆分类法共分 5 个基本部类、22 个大类；采用英文字母与阿拉伯数字相结合的混合号码，用一个字母代表一个大类，以字母顺序反映大类的次序，在字母后用数字作为标记。为适应工业技术发展及该类文献的分类，对工业技术二级类目则采用双字母形式。中国图书分类法简表见表 7-1。

表 7-1　中国图书分类法简表

A	马克思主义、列宁主义、毛泽东思想、邓小平理论	N	自然科学总论
B	哲学、宗教	O	数理科学和化学
C	社会科学总论	P	天文学、地球科学
D	政治、法律	Q	生物科学
E	军事	R	医药、卫生
F	经济	S	农业科学
G	文化、科学、教育、体育	T	工业技术
H	语言、文字	U	交通运输
I	文学	V	航空、航天
J	艺术	X	环境科学、安全科学
K	历史、地理	Z	综合性图书

通常在不要求提交论文全文的会议上,上述内容就是需要提交并可在会议资料中印刷和出版的全部内容。对于要求提交全文的会议论文,还需进行以下各类论文主体部分内容的撰写。

7.1.5 引言

(1) 引言的作用 引言也称为前言,是会议论文的初始部分,旨在向读者解释课题研究的来龙去脉,即主要回答"为什么研究"这个问题,起到引出正文的作用。没有引言作为论文的开篇,则论文的结构将不完整,后续内容就会显得生硬。引言位于正文之前,不能脱离正文而单独存在。

(2) 引言的内容 引言的内容通常涉及:研究课题的学术背景及其理论与实际意义;国内外文献综述;相关领域的研究现状、进展、成就以及存在的不足或尚待深入研究的问题;研究方法和研究目的,存在哪些创新或与众不同之处;本研究课题的来源和研究的基本思路等。

(3) 引言的书写要求

① 开门见山,不兜圈子。避免对历史渊源和立题研究过程进行大篇幅描述。

② 言简意赅,突出重点。不应过多叙述同行熟知及教科书中的常识内容,当需要提及他人的研究成果和基本原理时,仅需以参考文献的形式对其进行引用。在引言中叙述本文的工作和观点时,其含义应明确、语言应简洁明了。

③ 回顾历史时应有侧重,内容应与文章标题紧密相关。围绕标题介绍背景时,用几句话概括出来即可;可适当引用过去的文献内容,但不要长篇罗列全部文献,勿将引言写成该研究的发展历史,也不要将引言写成文献综述。

④ 尊重科学,实事求是。在引言部分中,评估论文的价值要恰如其分、实事求是,措辞要具有科学性。对创新性的描述最好不要使用"本研究国内首次报道""填补了国内空白""有很高的学术价值""本研究内容国内没有报道"或"本研究处于国内外领先水平"等自我评语。

7.1.6 正文

对于有全文提交要求的会议论文,正文是论文的主体,也是整篇论文的核心,占全文的主要篇幅。在引言中,作者提出了"为什么要研究"这个问题,而正文的内容则说明采用了何种方式、方法来分析和解决这个问题。正文着重体现作者研究的学术性、创造性和科学性。

(1) 正文的主要内容

① 实验和方法。按规定如实写出实验对象、器材、试剂及其规格等和实验方法、指标、判断标准等,以及实验设计、分组、统计方法等。

② 实验结果。对实验结果应进行高度概括,比较、分析并从逻辑上进行陈述。实验结果的整理应与主题紧密相关,删繁就简。论文行文应使用专业术语。对于会议论文,考虑到篇幅要求,通常能用表的不要用图,可以不用图、表的最好不用,以免增加排版的难度;文、表、图不要重复。

③ 讨论。讨论部分应从全局出发,及时把握主要问题,由感性认识转向理性认识进行论述。对实验结果要进行分析、推理,而不是重复叙述实验结果。应着重讨论国内外相关文献中的结果与观点,并表明自己的观点,尤其是相对应的观点,而且所述观点应与所得到的实验结果直接相关。还可以依托科学原理进行必要的演绎与归纳,但切记主观臆断或凭空论述。

(2) 正文层次结构的撰写方式

① 直线推论法,即从文章中心开始,对论点进行深入讨论,由一点进行到另一点的逻辑推演,呈现出直线式的逻辑深入。

② 并列分论法,即把从属于基本论题的若干个论点并列起来,分别进行论述。

③ 直线推论与并列分论相结合的方式，即直线分论中包含并列分论，而并列分论下又有直线推论，形成复杂的立体结构。

论文的正文部分层次结构通常采用直线推论与并列分论相结合的方式。

(3) 正文的书写要求　数字引用应严谨、正确，避免错误引用或重复引用。

正文应避免采用教科书式的撰写方法。对现有的、众所周知的知识应避免重复论证和描述；对于某些数学辅助手段，应避免过于详细的数学推导，不要列出所有运算过程。

任何可以用简要的文字讲解清楚的内容，应用文字进行陈述；难以解释清楚的，可用图或表格来辅助表达。图和表格应经过仔细挑选和精心设计。考虑到印刷难度、出版成本以及会议论文版面的限制，插图应尽量不用折页图；是否采用彩色图则需遵从会务组发布的具体要求。

在描述实验设备、实验过程时，一定要叙述主要、关键及不同于一般同类型的实验设备和仪器；凡属于通用的、标准的和常见的仪器，只需提供型号、规格、主要性能指标；如果沿用前人用过的设备和仪器，则标出参考文献即可。

如果自己的实验结果与前人的不一致，且有足够的证据证明自己的实验结果是正确的，可以评论前人的研究工作，但不要对作者进行人身攻击。

在撰写中涉及的物理量和单位符号、数学公式、化学结构式、数字用法等应符合国家标准；当选用非规范的单位和符号或使用法定的计量单位和符号加以注释和核算时，应考虑行业惯例。总之，正文应充分阐明会议论文的观点、原理、方法及具体过程，并着重突出一个"新"字，以反映会议论文的原创性。

7.1.7　结论

结论是整篇会议论文的最终总结性文字，是正文必然的逻辑发展，也是整篇会议论文的结尾。尽管大多数会议论文的作者将这一方式作为会议论文的结尾，但结论并非是会议论文的必要部分。对于一些内容较简单或较简短的会议论文，可以取消这一部分，以避免与摘要内容重复。

(1) 结论的主要功能　应宜于参会者和读者查阅。当一篇会议论文出现在参会者和读者面前时，参会者和读者通常是查看了会议论文的标题、摘要和结论之后，才决定是否阅读全文。

(2) 结论的主要内容　结论不应是正文中各段小结的简单重复，其内容主要包括：对研究对象所进行的考察或通过实验得到的结果所揭示的原理，即研究结果说明了什么，得出了哪些规律；在研究中是否发现例外情况或本论文尚难以解释和解决的问题；与之前已经发表过的研究工作的异同；本论文在理论上与实用方面的意义与价值；对进一步深入研究本课题的建议和展望等。

(3) 结论的书写要求　在撰写结论时，必须把握本质、突出要点，集中阐述经分析、论证、提炼、归纳后的观点和最终结论。对于篇幅较长的论文，可以按照研究结果的重要性依次列出，分项进行叙述，每项自成一段，避免繁杂、冗长。

结论应该简练、完整、准确，实事求是，不要夸大其词。

7.1.8　致谢

致谢通常为独立成段，放在会议论文的末尾。但是，这并不是论文的必要组成部分。在现代科学研究之中，通常有跨学科、跨部门的大量人员参加，互相支持协作；当论文撰写之后，有些人员或部门又不适合署名时，可在致谢部分给予书面感谢。

(1) 致谢的对象

① 为研究提供资助的单位和个人。

② 协助完成研究工作和提供便利条件的组织和个人。

③ 提出重要建议的人员。
④ 给予转载和引用版权的资料、图片、文献、研究设想等的所有者。
⑤ 其他需致谢者。
(2) 致谢的书写要求
① 对致谢的内容必须明确记载，要实事求是；既不要随意取舍，也不要夸张、渲染，更不应该为装点论文门面而强拉名人助威，也不应该为赞助单位制作宣传广告。
② 致谢用词应简洁、真诚，通常仅用一句话表示，无需介绍致谢对象的任何情况。
③ 国家标准规定的著录格式为致谢词应放在圆括号内，放在正文的末尾，并另起一行。

7.1.9 参考文献

参考文献是在学术研究过程中论文作者以某项著作或论文的整体进行借鉴或参考的资料。它们不仅反映了论文的学术接受程度和作者的科学态度和素质，还反映了论文本身的内涵和价值，可以指导读者进一步研究，避免重复工作，并具有重要的学术价值。

(1) 参考文献的书写要求
① 实事求是，科学严谨。所列参考文献应为会议论文撰写过程中作者真正参考过的，与会议论文主题紧密相关或直接被引用的内容。
② 参考文献应按照在文章中出现的先后顺序依次列出，而不是按重要性或受欢迎程度顺序列出。
③ 所列参考文献应为公开发表过的。不应列出未正式发表的科技论文、实验报告、内部资料等。
④ 所列参考文献应在会议论文正文中的适当位置，采用与正文后面相同的序号标出。
(2) 参考文献的著录方法　对于论文中参考文献的著录方法，国际上流行的有多种；而我国通常规定采用"顺序编码制"和"著者-出版年制"两种。
① 顺序编码制
a. 文内标注格式：采用顺序编码制时，将引用的文献按它们在会议论文中出现的顺序依次用阿拉伯数字编码，将序号放在方括号中。应视具体情况而定，把序号作为上角标或语句的组成部分。编号连续应采用"~"连接，如[1~5]，如不连续的则将其写成[6, 8]的形式；同时存在时，则写成[1~5, 7, 9]的形式。
b. 参考文献表的编写格式：采用顺序编码制时，在参考文献中，各条文献以会议论文中的文献序号顺序排列；项目应完整，内容要准确，每个项目的顺序和著录符号应符合规定。
② 著者-出版年制　文内标注格式：采用著者-出版年制时，引用文献的标注内容由作者姓名和出版年份组成。由于作者和行文方式的不同，标注格式也有所不同。如果行文时只写作者，则在其后加圆括号写出文献的出版年份。如果行文时只引出成果内容而未引用作者，则在其后圆括号标注作者姓名和出版年份，之间用","分隔。对于集体作者，可标注团体名称。
(3) 文献类型及载体标识　参考文献类型标识码见表7-2。电子文献的载体类型及其标识码见表7-3。

表7-2　参考文献类型标识码

参考文献类型	专著	科技论文	报纸文章	期刊文章	学位论文	报告	标准	专利
文献类型标识码	M	C	N	J	D	R	S	P

表7-3　电子文献的载体类型及其标识码

电子参考文献类型	数据库	计算机程序	电子公告
电子文献类型标识码	DB	CP	EB

以下为含有文献载体类型的参考文献类型标识。
[文献类型标识/载体类型标识]：
[DB/OL]——联机网上数据库（database online）；
[M/CD]——光盘图书（monograph on CD-ROM）；
[J/OL]——网上期刊（serial online）；
[CP/DK]——磁盘软件（computer program on disk）；
[DB/MT]——磁带数据库（database on magnetic tape）。

7.1.10 注意事项

① 国际学术会议一般先由主办国发会议邀请函并确定会议的主题，然后再围绕此主题开展学术交流。

② 学术会议论文通常要有一定的先进性与创新性，尤其要注重创新性，才会在交流中获得良好的效果。

③ 留意会议论文递交的截止日期、录用公布日期和终稿提交日期，并与会议主办方签订版权协议。

7.2 会议口头报告

科研工作人员需要参加一些国内外的学术会议。在这些会议中，向其他参会者讲解和说明自己的研究工作时，需要进行现场报告。掌握会议口头报告的方法是科研工作人员所必备的一项基本职业技能。

为做好会议口头报告，需要报告的讲解人做一些必要的前期准备。其中，包括报告内容的确定、报告材料的准备、PPT制作和会议前演练等。报告讲解结束后，讲解人还需要接受参会者关于所做报告相关内容的提问或质疑并进行回答。

7.2.1 报告内容的确定

应选择与会议主题直接相关的内容作为口头报告的内容。在报告中所要体现的内容要做到如下几点。

① 报告内容新颖，有创新性。报告所要展示的内容不一定是已经取得的研究结果，可以是仍处于研究过程中的内容，但是一定要有独到之处。

② 报告内容要能体现研究课题的意义。报告的内容需要有重点主题，按照主题明确的思路讲解则有利于参会者听懂讲解人所要表述的内容。

③ 报告的内容要简练，不讲述与会议主题无关的内容。报告的内容应尽可能简洁，忽略掉不重要或者众所周知的内容，而要将讲解的时间分配到要讲解的重点内容上。

7.2.2 报告材料的准备

报告中所涉及的相关材料，是用来帮助报告讲解人更清晰、直观地表达所需要表述的内容；同时，对参会者也起到一定的辅助作用，帮助他们更好地了解报告的具体内容。准备报告所需要的材料时，要注意如下几点。

（1）报告材料的真实性　实验数据的真实性直接决定报告论点和结论的正确性，在报告中不可篡改实验数据或者盗用他人的实验数据，以达到期望的结果。

（2）报告材料是否与报告的主题相关　报告中所引用的材料应与会议主题密切相关，不应使用与主题不直接相关的数据以证明自己的观点和增加报告的说服力。

（3）报告材料的有效性和安全性　报告中只讲解通过实验反复确认的有效数据，不要把所有的数据都列举出来；对于需要保密的数据，必须进行适当的隐藏。

7.2.3　PPT的准备

（1）模板风格　学术型PPT以较为严肃的模板为好。不要使用太过花哨的模板，可以用简单的白底板，字体颜色稍有对比，让听众视觉舒服为宜。PPT风格以扁平化风格为宜。扁平化风格的PPT没有阴影、渐变等特效，通过简单的图形和文字直接将要表达的信息传递给参会者。

（2）字体　在学术报告PPT中，需要注意对字体的选择。无衬底字体应更加清晰，能给参会者带来清晰的观看体验。建议选择的无衬底字体有三种：宋体、微软雅黑和华文细黑。字体要统一，不仅字体的格式、大小要统一，每一页标题的位置也要统一；否则，翻页的时候标题跳动，会引起现场参会者不适。

（3）内容　学术型PPT的内容应尽可能一目了然，忌讳有大段文字，图文并茂可以使参会者更好地理解要点。对于研究的过程和原理等，尽量用示意图进行表示，有利于参会者理解讲解人所要表达的意思。

使用图片时要注意图片的大小和分辨率，以免出现图片模糊的状况。在图片的众多类型中，不同的图片适合于不同的表达内容，如折线图适合表示动态关系、变化的趋势等；而直方图更适合用来表示静态关系。

在PPT的制作过程中，应避免将过多内容放入一页幻灯片中，展示的内容要疏密适当、清晰可见。PPT的总页数要根据会议方安排的总演讲时间适当安排，不宜过多；作为辅助性的数据可以放在最后一张幻灯片之后，如有需要，可在问答环节中展示给参会者。

（4）配色　学术型PPT是严谨、稳重的，在颜色的选择上，沉稳的黑灰白配上理性的蓝绿，偶尔搭配些有活力的橙色，可以适应于绝大多数的学术报告。当然，其他合理的颜色搭配也是可以适当选择的，总体还可根据会议主办方提供的模板等进行优化。

（5）版式　学术型的PPT适合使用干净、整洁的版面，让现场的参会者有更好的聆听体验。在学术报告PPT的版式中，封面、目录、过渡页、内容页、结束页等内容是必不可少的，这些版式有着它们特定的作用。封面页是让参会者了解PPT的主题和主要内容；目录页可使参会者一目了然地掌握主要内容；过渡页可以提醒参会者讲到哪里以及接下来要讲解的内容；内容页是报告讲解人对报告内容的具体阐述；结束页置于PPT的最后，用来致谢。

7.2.4　PPT的讲解

讲解者需要在会议报告前反复演练PPT中的内容，用流利、清晰的语言表述其中的内容。报告讲解者也要掌握和控制好讲解每一页幻灯片所需要的时间，对讲解速度要做到心中有数。

讲解人在现场讲解时要充满激情，语言上要做到抑扬顿挫，对有些内容要强调，对有些内容要简单带过，切忌平稳不变。在讲解PPT时应该面向参会者，要注意眼神交流和保持适度的微笑；用带有情感和讲故事的方式进行讲述，能够加深听众对报告的印象。报告讲解者在报告会现场讲解的时候，还需要注意如下问题。

（1）开场白　在作报告之前，需要讲解者先进行自我介绍，一般的开场白介绍是："大家好，我是……，今天很荣幸有机会给大家做报告……"。更加精彩和吸引听众的开场白可以是谈论天气情况、当地的风土人情以及对邀请者或组织者表示感谢，或者抛出一个与讲解内容相关的小问题，让参会者带着疑问听下去。

（2）紧张忘词　讲解者在台上有时候是很紧张的，可能会出现忘词的情况，这就要求讲解者在准备的时候不要写稿背诵，而要用自己的话进行演习；否则，可能会由于紧张而造成大脑一片空白，一时想不起准备好的讲稿。即便在讲述过程中，忘记了应该要介绍的内容，也不要慌张，应相信自己的能力，可以在这一部分讲解相对慢一点，争取回忆起准备的内容。如果内容不太重要，可适当简述，然后略过。

（3）激光笔的使用　在讲解过程中，激光笔只在需要指向屏幕的时候才打开，不要一直打开激光笔，尤其是不要开着激光笔随着手势不停摇晃，更不要指向听报告的听众。另外，在报告之前先了解激光笔的构造，弄清楚上下翻页和激光的按键，尽量不要触碰其他按键，以免导致黑屏、从头开始播放、结束播放等情况出现。

（4）着装　一般学术会议对参会者的着装要求不太严格，讲解者可以选择自己最喜欢、感觉自信且舒适的衣服即可。

7.2.5　提问环节

在报告讲解结束之后，还有一小段的提问时间，这时候参会者会就一些问题对讲解者进行提问，讲解者应认真听取提问，并对他们的提问进行解答。提问环节需要注意如下几点。

① 在回答问题的过程中，最好使用"结论"页的幻灯片，而不是使用空白的幻灯片，因为这样会加深听众对于报告的理解。

② 在对方提问时，要认真听取。如果没听懂对方的问题，可以请提问者再说一遍；如果还是没听懂，最好请提问者从不同的角度说明；或者说出你的不解之处，以便请提问者进一步阐明问题。

③ 在提问者问完之后，不要急于回答问题，在回答之前最好先用自己的话复述一遍问题，这有多方面的好处：a. 避免误解，以致答非所问；b. 可使其他听众更清楚问题到底是什么；c. 给自己更多的时间加以考虑。

④ 如果对于对方提出的问题确实不知道答案或者只知道部分答案，应如实地告知提问者并感谢他们的提问；同时，可在会议结束后进一步考虑该问题，而不要胡乱作答；也不要轻易附和提问者，以免显得讲解人缺乏主见。

7.3　会议墙报报告

会议墙报报告也是会议报告的一种，一般采取现场张贴的形式，墙报的作者需要将论文简要内容打印并张贴在墙报板上；作者可以站在墙报的边上，如果有参会者对墙报内容感兴趣，墙报作者还可以对参会者做一些简单介绍，并进行面对面的交流。

7.3.1　墙报的设计制作

一般情况下，可用 Photoshop 或 Power Point 等专业软件来制作学术会议论文的墙报。Photoshop 制作墙报虽然比较麻烦，但是墙报的质量高；而 Power Point 制作墙报简单、快速，质量也比较高。墙报的设计和布局要求兼具艺术性和美观，字体大小合适，容易阅读。

（1）墙报的大小　通常来说，学术会议展板尺寸为 120cm×90cm（长×宽），墙报的大小应该适应于展板的尺寸，太大会出现部分地方不贴合的现象，太小则会显得墙报内容不多，也不适合参会者的流动观看。在墙报的设计中，横版是主流形式，但也有的设计为竖版。然而，竖版的墙报对展板的空间利用率不高，底部容易被遮挡，从而影响阅读。

（2）墙报的材质　可以采用高质量的纸张来制作墙报，高质量的纸张在运输过程中不容易产生褶皱，但必须以卷轴形式携带；如果携带不方便，也可以使用布来制作墙报，可以对折，以方便携带，但其色彩没有纸质墙报的效果好。

7.3.2 墙报内容的制作

（1）墙报的字体、字号　墙报的字体使用常规的宋体或黑体即可，不要使用特别花哨的字体；尽量使用较大的字号，以站在离墙报1m左右距离观察仍能看清为宜。

（2）墙报的排版　墙报的排版应该符合人们的阅读习惯，即排版符合从上到下、从左到右的顺序。可以让人一眼就能看清墙报的行文结构，方便读者的阅读和理解。一般可将墙报分为4栏左右，以助读者阅读；切忌让读者从墙报的左边一直读到墙报的右边，导致读者失去继续阅读的兴趣。如果墙报的排版顺序不符合常规的顺序，可以在各分栏之间加入引导词，但是引导词不宜过多。

（3）墙报所展示的具体内容　墙报报告作为会议报告的一种，需要一个确定的主题。主题的确定完全由作者决定。但是，主题一旦确定，墙报的所有内容都要围绕该主题展开。墙报的内容也是要以图、表为主，文字为辅的理念进行设计。内容要尽量简洁，图文并茂；用于描述的文字不宜过多，要善用小图标来进行图文的转化和内容衔接；所用图片的大小和分辨率要满足清晰可读的基本要求。在完成设计后，要先预览，避免出现图片模糊或位置混乱等情况。

（4）墙报颜色的使用　整个墙报尽量使用同一个色调，适当辅以少量的对比色用于强调最重要的结论和现象。通常选用白底深色字或者深色底白色字，设计时尽可能使用浅色底，因为深色底会给人比较压抑的感觉。要注意图片的颜色和背景的颜色所造成的反差效果，记住不可以使用太多对比强烈的颜色。

7.3.3 墙报的安排方式

会议期间，会议主办方会专门安排墙报的展示时间。墙报在会议上有多种安排方式：空间上通常安排在咖啡厅或会议室的开放通道两侧；时间上有的安排在下午口头报告前，有的则安排在会议某一天下午，也有的会议将墙报安排在晚上。此外，主办方会专门留出几个小时的墙报展示时间，具体的时间安排完全由主办方决定。如果会议墙报数量多，则会按照每天口头报告的专题内容安排相应的墙报展示。墙报展示者要在规定的墙报展示时间里站在墙报前等候，向参会者介绍和交流自己的研究成果。如果会议上有评选最佳墙报的活动，会议委员们还会逐个浏览墙报并进行提问。

第 8 章

专利文件撰写

8.1 引言

目前，知识产权保护越来越得到国家层面的重视，对于科研院所、高校、研发型企业等技术集中产生区，如何将自主研发技术采用合理的形式进行保护是摆在我们面前有待解决的一项问题。虽然在大环境的影响下，多数技术人员（含科研人员）知道对于自主研发技术可以通过申请专利进行保护，但是技术人员并不了解申请专利的具体内涵，不明白什么样的申请文件才能更好地对技术进行保护。即使申请文件最后经专利代理人撰写，也会因专利代理人欠缺研发阶段的具体参与而导致申请文件并不能完全有效地对自助研发技术进行保护，这也是目前国内专利申请质量不高的主要原因之一。

本章撰写是站在材料类技术人员角度，随着研发过程的继续，剖析自主研发技术可申请专利的思路，同时介绍专利申请相关知识，使技术人员能够有的放矢，确切地把握专利申请的要点，更好地保护自主研发技术。

8.2 研发阶段专利的产生

8.2.1 立项

在立项阶段的检索必不可少，通过检索相关文献、专利可全面获取本项技术的研究现状及研发热点，同时可以规避现有专利的保护范围，防范侵犯他人专利的风险。另外，还可借鉴现有研究成果，缩短研发过程。

有人说：在错误的道路上，你越努力，走得越远，错得越多。这句话用在此处非常贴切。如若在立项阶段未能确定正确的研究路线，投入大量的人力、物力之后，产出有限。在极端情况下，盲目立项研发，得到的是已授权的专利技术，不仅获得专利授权无望，还不能自由使用自己研发的技术，得不偿失。

8.2.2 研究开发

在研发过程中，应分阶段总结研发结果，评价是否可以申请专利；国内的专利申请是先申请制,即两个以上的申请人分别就同样的发明创造申请专利的,专利权授予最先申请的人。所以早一天申请,无形中即增加了申请的授权率。当然专利申请还需考虑其他商业因素和策略,本书中的讨论仅从技术角度出发,撇开商业因素不论。

此阶段需注意:专利申请并不要求是完善的技术方案或者已投产的技术方案,仅需具有实施可能性即可。至于什么样的技术方案可用于专利申请,可从以下角度确定:

① 配方是否有变化?
② 制备方法是否有变化,制备设备是否有调整?
③ 测试方法是否有变化,测试设备是否有改进?

当上述问题的某一个或几个得到肯定答复后,考虑以下问题:

① 是什么原因促使了变化?——待解决的技术问题是什么?
② 变化的具体内容有哪些?——解决技术问题的技术方案是什么?
③ 变化所对应产生的效果有哪些?——对应①中待解决的技术问题,产生的效果是什么?
④ 结合②、③考虑,哪些变化点对③所确立的效果起到了必不可少的作用?即缺少一个变化点即不能实现③所产生的效果。——确定必要技术特征。
⑤ 依据④所确定的必要技术特征,形成完整的技术方案,以此为保护重点,确定申请文件中的权利要求及实施例撰写方案,同时需注意实施例中实验数据对③中效果的反映。

至于申请专利的类型,结合下文对专利相关知识的介绍进行判断。

8.2.3 生产

专利的产生并非止于研发阶段,后期生产过程中不可避免地会反馈技术相关的问题,而针对反馈的这些技术问题所采取的技术方案、对应产生的效果有哪些?依据后文介绍的技术方案的可专利性的评估方法进行判定,依然能确定值得通过申请专利进行保护的技术方案。在生产过程中可从以下角度考虑是否能产生技术方案:

① 如何从实验室到中试?如何从中试放大到企业正常生产?过程中需要改进哪些技术点?
② 生产过程中是否对相关设备进行改进?
③ 是否有提高产率的方法?
④ 是否有提高产量的方法?

8.3 申请文件的撰写

8.3.1 专利的类型

我国《中华人民共和国专利法》规定,本法所称的发明创造是指发明、实用新型和外观设计。

发明,是指对产品、方法或者其改进所提出的新的技术方案。

实用新型,是指对产品的形状、构造或者其结合所提出的适于实用的新的技术方案。

外观设计,是指对产品的形状、图案或者其结合以及色彩与形状、图案的结合所做出的富有美感并适于工业应用的新设计。

注意:

① 我国的专利类型有三种,分别是:发明、实用新型和外观设计。
② 方法只能申请发明专利。
③ 实用新型所保护的"产品"和发明所保护的"产品"的范围不同。实用新型保护的

"产品"是经过产业方法制造的，有确定形状、构造且占据一定空间的实体。化学物质并非实用新型的保护客体。

④ 对于材料类技术人员，不要忽视外观设计的申请，譬如净水器外壳、杯体。

⑤ 同样的发明创造只能授予一项专利权。但是，同一申请人同日对同样的发明创造既申请实用新型专利又申请发明专利，先获得的实用新型专利权尚未终止，且申请人声明放弃该实用新型专利权的，可以授予发明专利权。

⑥ 发明专利权的期限为二十年，实用新型专利权和外观设计专利权的期限为十年，均自申请日起计算。

8.3.2 不授予专利权的客体

（1）对违反法律、社会公德或者妨害公共利益的发明创造，不授予专利权。

（2）对违反法律、行政法规的规定获取或者利用遗传资源并依赖该遗传资源完成的发明创造，不授予专利权。

（3）对于以下各项不授予专利权：①科学发现；②智力活动的规则和方法；③疾病的诊断和治疗方法；④动物和植物品种（例外：对于动物和植物的生产方法可授予专利权）；⑤原子核变换方法和用该方法获得的物质；⑥对平面印刷品的图案、色彩或者两者的结合做出的主要起标识作用的设计。

注意：

① 科学发现　是指对自然界中客观存在的物质、现象、变化过程及其特性和规律的揭示。科学理论是对自然界认识的总结，是更为广义的发现。它们都属于人们认识的延伸。这些被认识的物质、现象、过程、特性和规律不同于改造客观世界的技术方案，不是专利法意义上的发明创造，因此不能被授予专利权。例如，发现卤化银在光照下有感光特性，这种发现不能被授予专利权，但是根据这种发现制造出的感光胶片以及此感光胶片的制造方法则可以被授予专利权。又如，从自然界找到一种以前未知的以天然形态存在的物质，仅仅是一种发现，不能被授予专利权（如果是首次从自然界分离或提取出来的物质，其结构、形态或者其他物理化学参数是现有技术中不曾认识的，并能被确切地表征，且在产业上有利用价值，则该物质本身以及取得该物质的方法均可依法被授予专利权）。

应当注意，发明和发现虽有本质不同，但两者关系密切。

通常，很多发明是建立在发现的基础之上的，进而发明又促进了发现。发明与发现的这种密切关系在化学物质的"用途发明"上表现最为突出，当发现某种化学物质的特殊性质之后，利用这种性质的"用途发明"则应运而生。

② 智力活动　是指人的思维运动，它源于人的思维，经过推理、分析和判断产生出抽象的结果，或者必须经过人的思维运动作为媒介，间接地作用于自然产生结果。智力活动的规则和方法是指导人们进行思维、表述、判断和记忆的规则和方法。由于其没有采用技术手段或者利用自然规律，也未解决技术问题和产生技术效果，因而不构成技术方案。例如，仪器和设备的操作说明；信息表述方法；计算机程序本身，均非专利的保护客体。

但是，如果一项权利要求在对其进行限定的全部内容中既包含智力活动的规则和方法的内容，又包含技术特征，则该权利要求就整体而言并不是一种智力活动的规则和方法，属于专利的保护客体。

③ 原子核变换方法和用该方法获得的物质　原子核变换方法以及用该方法所获得的物质关系到国家的经济、国防、科研和公共生活的重大利益，不宜为单位或私人垄断，因此不能被授予专利权。

原子核变换方法，是指使一个或几个原子核经分裂或者聚合，形成一个或几个新原子核的过程，例如：完成核聚变反应的磁镜阱法、封闭阱法以及实现核裂变的各种方法等，这些变换方法是不能被授予专利权的。但是，为实现原子核变换而增加粒子能量的粒子加速方法（如电子行波加速法、电子驻波加速法、电子对撞法、电子环形加速法等），不属于原子核变换方法，而属于可被授予发明专利权的客体。

为实现核变换方法的各种设备、仪器及其零部件等，均属于可被授予专利权的客体。

用原子核变换方法所获得的物质，主要是指用加速器、反应堆以及其他核反应装置生产、制造的各种放射性同位素，这些同位素不能被授予发明专利权。

但是这些同位素的用途以及使用的仪器、设备属于可被授予专利权的客体。

8.3.3　专利申请文件的要求

申请发明或者实用新型专利的，应当提交请求书、说明书及其摘要和权利要求书等文件。

申请外观设计专利的，应当提交请求书、该外观设计的图片或者照片以及对该外观设计的简要说明等文件。申请人提交的有关图片或者照片应当清楚地显示要求专利保护的产品的外观设计。

注意：

① 发明、实用新型、外观设计的请求书不同，发明专利请求书对应编号：110101，实用新型专利请求书对应编号：120202，外观设计专利请求书对应编号：130101。［表格获取途径——国家知识产权局官网——首页右下角的"表格下载"——与专利申请相关（通用类）］

② 请求书中的发明人应当是个人，不得填写单位或集体，例如不得写成"××课题组"等。发明人应当使用本人真实姓名，不得使用笔名或者其他非正式的姓名。发明人个数不限。

③ 发明或者实用新型专利权的保护范围以其权利要求的内容为准，说明书及附图可以用于解释权利要求的内容。

外观设计专利权的保护范围以表示在图片或者照片中的该产品的外观设计为准，简要说明可以用于解释图片或者照片所表示的该产品的外观设计。

④ 发明专利可以没有说明书附图和摘要附图；实用新型专利必须提交说明书附图和摘要附图。

8.3.3.1　发明/实用新型专利的形式要求

（1）权利要求书　权利要求书有几项权利要求的，应当用阿拉伯数字顺序编号，编号前不得冠以"权利要求"或者"权项"等词。

权利要求中可以有化学式或者数学式，必要时也可以有表格，但不得有插图。

权利要求书应当用阿拉伯数字顺序编写页码。

（2）说明书　说明书的格式应当包括以下各部分，并在每一部分前面写明标题：

① 技术领域；

② 背景技术；

③ 发明内容；

④ 附图说明；

⑤ 具体实施方式。

说明书无附图的，说明书文字部分不包括附图说明及其相应的标题。

说明书文字部分可以有化学式、数学式或者表格，但不得有插图。

说明书文字部分写有附图说明的，说明书应当有附图。说明书有附图的，说明书文字部分应当有附图说明。

说明书文字部分写有附图说明但说明书无附图或者缺少相应附图的，会接到补正通知书，此时需要取消说明书文字部分的附图说明，或者在指定的期限内补交相应附图。倘若补交附图，申请日将变更为向专利局提交或者邮寄补交附图之日。仅取消文字附图说明的，保留原申请日。

说明书应当用阿拉伯数字顺序编写页码。

（3）说明书附图　说明书附图应当使用包括计算机在内的制图工具和黑色墨水绘制，线条应当均匀清晰、足够深，不得着色和涂改，不得使用工程蓝图。

剖面图中的剖面线不得妨碍附图标记线和主线条的清楚识别。

几幅附图可以绘制在一张图纸上。一幅总体图可以绘制在几张图纸上，但应当保证每一张上的图都是独立的，而且当全部图纸组合起来构成一幅完整总体图时又不互相影响其清晰程度。附图的周围不得有与图无关的框线。附图总数在两幅以上的，应当使用阿拉伯数字顺序编号，并在编号前冠以"图"字，例如图1、图2。该编号应当标注在相应附图的正下方。

附图应当尽量竖向绘制在图纸上，彼此明显分开。当零件横向尺寸明显大于竖向尺寸必须水平布置时，应当将附图的顶部置于图纸的左边。一页图纸上有两幅以上的附图，且有一幅已经水平布置时，该页上其他附图也应当水平布置。

附图标记应当使用阿拉伯数字编号。说明书文字部分中未提及的附图标记不得在附图中出现，附图中未出现的附图标记不得在说明书文字部分中提及。申请文件中表示同一组成部分的附图标记应当一致。

附图的大小及清晰度，应当保证在该图缩小到 2/3 时仍能清晰地分辨出图中各个细节，以能够满足复印、扫描的要求为准。

同一附图中应当采用相同比例绘制，为使其中某一组成部分清楚显示，可以另外增加一幅局部放大图。附图中除必需的词语外，不得含有其他注释。附图中的词语应当使用中文，必要时，可以在其后的括号里注明原文。

流程图、框图应当作为附图，并应当在其框内给出必要的文字和符号。一般不得使用照片作为附图，但特殊情况下，例如，显示金相结构、组织细胞或者电泳图谱时，可以使用照片贴在图纸上作为附图。

说明书附图应当用阿拉伯数字顺序编写页码。

（4）说明书摘要　摘要文字部分应当写明发明的名称和所属的技术领域，清楚反映所要解决的技术问题，解决该问题的技术方案的要点以及主要用途。未写明发明名称或者不能反映技术方案要点的，需补正；使用了商业性宣传用语的，可能会被通知删除或者由审查员删除，审查员删除的，会通知申请人。

摘要文字部分不得使用标题，文字部分（包括标点符号）不得超过 300 个字。

（5）摘要附图　说明书有附图的，申请人应当提交一幅最能说明该发明技术方案主要技术特征的附图作为摘要附图。摘要附图应当是说明书附图中的一幅。

摘要附图的大小及清晰度应当保证在该图缩小到 4cm×6cm 时，仍能清楚地分辨出图中的各个细节。

摘要中可以包含最能说明发明的化学式，该化学式可被视为摘要附图。

8.3.3.2　外观设计的形式要求

（1）名称　使用外观设计的产品名称对图片或者照片中表示的外观设计所应用的产品种类具有说明作用。

使用外观设计的产品名称应当与外观设计图片或者照片中表示的外观设计相符合，准确、简明地表明要求保护的产品的外观设计。

产品名称一般不得超过 20 个字。

产品名称通常还应当避免下列情形：

① 含有人名、地名、国名、单位名称、商标、代号、型号或以历史时代命名的产品名称；

② 概括不当、过于抽象的名称，例如"文具""炊具""乐器""建筑用物品"等；

③ 描述技术效果、内部构造的名称，例如"节油发动机""人体增高鞋垫""装有新型发动机的汽车"等；

④ 附有产品规格、大小、规模、数量单位的名称，例如"21 英寸电视机""中型书柜""一副手套"等；

⑤ 以外国文字或无确定的中文意义的文字命名的名称，例如"克莱斯酒瓶"，但已经众所周知并且含义确定的文字可以使用，例如"DVD 播放机""LED 灯""USB 集线器"等。

（2）图片或照片　图片或者照片应当清楚地显示要求专利保护的产品的外观设计。

就立体产品的外观设计而言，产品设计要点涉及六个面的，应当提交六面正投影视图；产品设计要点仅涉及一个或几个面的，应当至少提交所涉及面的正投影视图和立体图，并在简要说明中写明省略视图的原因。

就平面产品的外观设计而言，产品设计要点涉及一个面的，可以仅提交该面正投影视图；产品设计要点涉及两个面的，应当提交两面正投影视图。

就包括图形用户界面的产品外观设计而言，应当提交整体产品外观设计视图。图形用户界面为动态图案的，应当至少提交一个状态的上述整体产品外观设计视图，对其余状态可仅提交关键帧的视图，所提交的视图应当能唯一确定动态图案中动画的变化趋势。

必要时，申请人还应当提交该外观设计产品的展开图、剖视图、剖面图、放大图以及变化状态图。

此外，还可以提交参考图，参考图通常用于表明使用外观设计的产品的用途、使用方法或者使用场所等。

色彩包括黑白灰系列和彩色系列。

若简要说明中声明请求保护色彩，提供的图片的颜色应当着色牢固、不易褪色。

8.3.4　实用新型专利的撰写要求

实用新型专利只保护产品。一切方法以及未经人工制造的自然存在的物品不属于实用新型专利保护的客体。

一项发明创造可能既包括对产品形状、构造的改进，也包括对生产该产品的专用方法、工艺或构成该产品的材料本身等方面的改进。但是，实用新型专利仅保护针对产品形状、构造提出的改进技术方案。应当注意的是：

① 权利要求中可以使用已知方法的名称限定产品的形状、构造，但不得包含方法的步骤、工艺条件等。例如，以焊接、铆接等已知方法名称限定各部件连接关系的，不属于对方法本身提出的改进。

② 如果权利要求中既包含形状、构造特征，又包含对方法本身提出的改进，例如含有对产品制造方法、使用方法或计算机程序进行限定的技术特征，则不属于实用新型专利保护的客体。例如，一种木质牙签，主体形状为圆柱形，端部为圆锥形，其特征在于：木质牙签加工成形后，浸泡于医用杀菌剂中 5~20min，然后取出晾干。由于该权利要求包含了对方法本身提出的改进，因而不属于实用新型专利保护的客体。

8.3.4.1 产品的形状

产品的形状是指产品所具有的、可以从外部观察到的确定的空间形状。

对产品形状所提出的改进可以是对产品的三维形态所提出的改进，例如对凸轮形状、刀具形状做出的改进；也可以是对产品的二维形态所提出的改进，例如对型材的断面形状的改进。

无确定形状的产品，例如气态、液态、粉末状、颗粒状的物质或材料，其形状不能作为实用新型产品的形状特征。

① 不能以生物的或者自然形成的形状作为产品的形状特征。例如，不能以植物盆景中植物生长所形成的形状作为产品的形状特征，也不能以自然形成的假山形状作为产品的形状特征。

② 不能以摆放、堆积等方法获得的非确定的形状作为产品的形状特征。

③ 允许产品中的某个技术特征为无确定形状的物质，如气态、液态、粉末状、颗粒状物质，只要其在该产品中受该产品结构特征的限制即可。例如，对温度计的形状构造所提出的技术方案中允许写入无确定形状的酒精。

④ 产品的形状可以是在某种特定情况下所具有的确定的空间形状。例如，具有新颖形状的冰杯、降落伞等。又如，一种用于钢带运输和存放的钢带包装壳，由内钢圈、外钢圈、捆带、外护板以及防水复合纸等构成，若其各部分按照技术方案所确定的相互关系将钢带包装起来后形成确定的空间形状，这样的空间形状不具有任意性，则钢带包装壳属于实用新型专利保护的客体。

8.3.4.2 产品的构造

产品的构造是指产品的各个组成部分的安排、组织和相互关系。

产品的构造可以是机械构造，也可以是线路构造。机械构造是指构成产品的零部件的相对位置关系、连接关系和必要的机械配合关系等；线路构造是指构成产品的元器件之间的确定的连接关系。

复合层可以认为是产品的构造，如产品的渗碳层、氧化层等属于复合层结构。

物质的分子结构、组分、金相结构等不属于实用新型专利给予保护的产品的构造。例如，仅改变焊条药皮组分的电焊条不属于实用新型专利保护的客体。

注意：

① 权利要求中可以包含已知材料的名称，即可以将现有技术中的已知材料应用于具有形状、构造的产品上，例如复合木地板、塑料杯、记忆合金制成的心脏导管支架等，不属于对材料本身提出的改进。

② 如果权利要求中既包含形状、构造特征，又包含对材料本身提出的改进，则不属于实用新型专利保护的客体。例如，一种菱形药片，其特征在于该药片是20%的A组分、40%的B组分及40%的C组分构成的。由于该权利要求包含对材料本身提出的改进，因而不属于实用新型专利保护的客体。

8.3.4.3 技术方案

技术方案是指对要解决的技术问题所采取的利用了自然规律的技术手段的集合。技术手段通常是由技术特征来体现的。

未采用技术手段解决技术问题，以获得符合自然规律的技术效果的方案，不属于实用新型专利保护的客体。

产品的形状以及表面的图案、色彩或者其结合的新方案，没有解决技术问题的，不属于实用新型专利保护的客体。产品表面的文字、符号、图表或者其结合的新方案,不属于实用新型专利保护的客体。例如:仅改变按键表面文字、符号的计算机或手机键盘;以十二生肖形状为装饰的开罐刀;仅以表面图案设计为区别特征的棋类、牌类,如古诗扑克等。

8.3.4.4　说明书

① 说明书应当对实用、新型做出清楚、完整的说明,以所属技术领域的技术人员能够实现为准。所属技术领域的技术人员能够实现,是指所属技术领域的技术人员按照说明书记载的内容,就能够实现该实用新型的技术方案,解决其技术问题,并且产生预期的技术效果。

② 内容部分应当描述实用新型所要解决的技术问题、解决其技术问题所采用的技术方案、对照背景技术写明实用新型的有益效果,并且所要解决的技术问题、所采用的技术方案和有益效果应当相互适应,不得出现相互矛盾或不相关联的情形。

③ 记载的实用新型内容应当与权利要求所限定的相应技术方案的表述相一致。

④ 具体实施方式部分至少应给出一个实现该实用新型的优选方式,并且应当对照附图进行说明。

⑤ 应当用词规范、语句清楚,用技术术语准确地表达实用新型的技术方案,并不得使用"如权利要求……所述的……"一类的引用语,也不得使用商业性宣传用语及贬低他人或者他人产品的词句。

⑥ 文字部分可以有化学式、数学式或者表格,但不得有插图,包括流程图、方框图、曲线图、相图等,它们只可以作为说明书的附图。

⑦ 应当用阿拉伯数字顺序编写页码。

8.3.4.5　权利要求书

① 权利要求书应当以说明书为依据,清楚、简要地限定要求专利保护的范围。

② 应当记载实用新型的技术特征。

③ 独立权利要求应当从整体上反映实用新型的技术方案;除必须用其他方式表达的以外,独立权利要求应当包括前序部分和特征部分,前序部分应写明要求保护的实用新型技术方案的主题名称和实用新型主题与最接近的现有技术共有的必要技术特征,特征部分使用"其特征是……"或者类似的用语,写明实用新型区别于最接近的现有技术的技术特征。

④ 从属权利要求应当用附加技术特征,对引用的权利要求做进一步的限定,其撰写应当包括引用部分和限定部分,引用部分写明引用的权利要求的编号及与独立权利要求一致的主题名称,限定部分写明附加的技术特征。

⑤ 一项实用新型应当只有一个独立权利要求,并应写在同一项实用新型的从属权利要求之前。

⑥ 做出记载但未记载在说明书中的内容应当补入说明书中。

⑦ 不得包含不产生技术效果的特征。

⑧ 一般不得含有用图形表达的技术特征。

⑨ 应当尽量避免使用功能或者效果特征来限定实用新型,特征部分不得单纯描述实用新型功能,只有在某一技术特征无法用结构特征来限定,或者技术特征用结构特征限定不如用功能或者效果特征来限定更为恰当,而且该功能或者效果在说明书中有充分说明时,使用功能或者效果特征来限定实用新型才可被允许。

⑩ 不得使用技术概念模糊或含义不确定的用语。

⑪ 不得使用与技术方案的内容无关的词句,例如"请求保护该专利的生产、销售权"等,也不得使用商业性宣传用语及贬低他人或者他人产品的词句。

注意：

① 每一项权利要求仅允许在权利要求的结尾处使用句号；一项权利要求可以用一个自然段表述，也可以在一个自然段中分行或者分小段表述，分行和分小段处只可用分号或逗号，必要时可在分行或分段前给出其排序的序号。

② 不得加标题。

③ 有几项权利要求的，应当用阿拉伯数字顺序编号。

④ 可以有化学式或者数学式，但不得有插图，通常也不得有表格。除绝对必要外，不得使用"如说明书……部分所述"或者"如图……所示"的用语。

⑤ 技术特征可以引用说明书附图中相应的标记，以帮助理解权利要求所记载的技术方案。但是，这些标记应当用括号括起来，并放在相应的技术特征后面，权利要求中使用的附图标记，应当与说明书附图标记一致。

⑥ 从属权利要求只能引用在前的权利要求。引用两项以上权利要求的多项从属权利要求只能以择一方式引用在前的权利要求，并不得作为被另一项多项从属权利要求引用的基础，即在后的多项从属权利要求不得引用在前的多项从属权利要求。

⑦ 权利要求书应当用阿拉伯数字顺序编写页码。

8.3.5 外观设计专利的撰写要求

外观设计是产品的外观设计，其载体应当是产品。不能重复生产的手工艺品、农产品、畜产品、自然物不能作为外观设计的载体。

8.3.5.1 图片的绘制

图片应当参照我国技术制图和机械制图国家标准中有关正投影关系、线条宽度以及剖切标记的规定绘制，并应当以粗细均匀的实线表达外观设计的形状，不得以阴影线、指示线、虚线、中心线、尺寸线、点划线等线条表达外观设计的形状。可以用两条平行的双点划线或自然断裂线表示细长物品的省略部分。图面上可以用指示线表示剖切位置和方向、放大部位、透明部位等，但不得有不必要的线条或标记。图片应当清楚地表达外观设计。

图片可以使用包括计算机在内的制图工具绘制，但不得使用铅笔、蜡笔、圆珠笔绘制，也不得使用蓝图、草图、油印件。对于使用计算机绘制的外观设计图片，图面分辨率应当满足清晰的要求。

8.3.5.2 照片的拍摄

① 照片应当清晰，避免因对焦等原因导致产品的外观设计无法清楚地显示。

② 照片背景应当单一，避免出现该外观设计产品以外的其他内容。产品和背景应有适当的明度差，以清楚地显示产品的外观设计。

③ 照片的拍摄通常应当遵循正投影规则，避免因透视产生的变形影响产品的外观设计的表达。

④ 照片应当避免因强光、反光、阴影、倒影等影响产品的外观设计的表达。

⑤ 照片中的产品通常应当避免包含内装物或者衬托物，但对于必须依靠内装物或者衬托物才能清楚地显示产品的外观设计时，则允许保留内装物或者衬托物。

8.3.5.3 图片或者照片的缺陷

外观设计专利的图片或者照片不能存在以下缺陷，否则需要补正：

（1）视图投影关系有错误，例如投影关系不符合正投影规则、视图之间的投影关系不对应或者视图方向颠倒等。

（2）外观设计图片或者照片不清晰，图片或者照片中显示的产品图形尺寸过小；或者虽然图形清晰，但因存在强光、反光、阴影、倒影、内装物或者衬托物等而影响产品外观设计的正确表达。

（3）外观设计图片中的产品绘制线条包含有应删除或修改的线条，如视图中的阴影线、指示线、虚线、中心线、尺寸线、点划线等。

（4）表示立体产品的视图有下述情况的：

① 各视图比例不一致；

② 产品设计要点涉及六个面，而六面正投影视图不足，但下述情况除外：

后视图与主视图相同或对称时可以省略后视图；

左视图与右视图相同或对称时可以省略左视图（或右视图）；

俯视图与仰视图相同或对称时可以省略俯视图（或仰视图）；

大型或位置固定的设备和底面不常见的物品可以省略仰视图。

（5）表示平面产品的视图有下述情况的：

① 各视图比例不一致；

② 产品设计要点涉及两个面，而两面正投影视图不足，但后视图与主视图相同或对称的情况以及后视图无图案的情况除外。

（6）细长物品例如量尺、型材等，绘图时省略了中间一段长度，但没有使用两条平行的双点划线或自然断裂线断开的画法。

（7）剖视图或剖面图的剖面及剖切处的表示有下述情况的：

① 缺少剖面线或剖面线不完全；

② 表示剖切位置的剖切位置线、符号及方向不全或缺少上述内容（但可不给出表示从中心位置处剖切的标记）。

（8）有局部放大图，但在有关视图中没有标出放大部位。

（9）组装关系唯一的组件产品缺少组合状态的视图；无组装关系或者组装关系不唯一的组件产品缺少必要的单个构件的视图。

（10）透明产品的外观设计，外层与内层有两种以上形状、图案和色彩时，没有分别表示出来。

六面正投影视图的视图名称，是指主视图、后视图、左视图、右视图、俯视图和仰视图。其中主视图所对应的面应当是使用时通常朝向消费者的面或者最大程度反映产品的整体设计的面。例如，带杯把的杯子的主视图应是杯把在侧边的视图。

各视图的视图名称应当标注在相应视图的正下方。

对于成套产品，应当在其中每件产品的视图名称前以阿拉伯数字顺序编号标注，并在编号前加"套件"字样。例如，对于成套产品中的第 4 套件的主视图，其视图名称为：套件 4 主视图。

对于同一产品的相似外观设计，应当在每个设计的视图名称前以阿拉伯数字顺序编号标注，并在编号前加"设计"字样。例如，设计 1 主视图。

组件产品，是指由多个构件相结合构成的一件产品。分为无组装关系、组装关系唯一或者组装关系不唯一的组件产品。

对于组装关系唯一的组件产品，应当提交组合状态的产品视图；对于无组装关系或者组装关系不唯一的组件产品，应当提交各构件的视图，并在每个构件的视图名称前以阿拉伯数字顺序编号标注，并在编号前加"组件"字样。例如，对于组件产品中的第 3 组件的左视图，其视图名称为：组件3左视图。对于有多种变化状态的产品的外观设计，应当在其显示变化状态的视图名称后，以阿拉伯数字顺序编号标注。

8.3.5.4 简要说明

简要说明应当包括下列内容：
(1) 外观设计产品的名称。
(2) 外观设计产品的用途。简要说明中应当写明有助于确定产品类别的用途。对于具有多种用途的产品，简要说明应当写明所述产品的多种用途。
(3) 外观设计的设计要点。设计要点是指与现有设计相区别的产品的形状、图案及其结合，或者色彩与形状、图案的结合，或者部位。对设计要点的描述应当简明扼要。
(4) 指定一幅最能表明设计要点的图片或者照片。指定的图片或者照片用于出版专利公报。

下列情形应当在简要说明中写明，例如：

① 请求保护色彩或者省略视图的情况。如果外观设计专利申请请求保护色彩，应当在简要说明中声明。如果外观设计专利申请省略了视图，申请人通常应当写明省略视图的具体原因，例如因对称或者相同而省略；如果难以写明的，也可仅写明省略某视图，例如大型设备缺少仰视图，可以写为"省略仰视图"。

② 对同一产品的多项相似外观设计提出一件外观设计专利申请的，应当在简要说明中指定其中一项作为基本设计。

③ 对于花布、壁纸等平面产品，必要时应当描述平面产品中的单元图案两方连续或者四方连续等无限定边界的情况。

④ 对于细长物品，必要时应当写明细长物品的长度，采用省略画法。

⑤ 如果产品的外观设计由透明材料或者具有特殊视觉效果的新材料制成，必要时应当在简要说明中写明。

⑥ 如果外观设计产品属于成套产品，必要时应当写明各套件所对应的产品名称。

⑦ 对于包括图形用户界面的产品外观设计专利申请，必要时说明图形用户界面的用途、图形用户界面在产品中的区域、人机交互方式以及变化状态等。

简要说明不得使用商业性宣传用语，也不能用来说明产品的性能和内部结构。

8.3.5.5 外观设计保护的客体

构成外观设计的是产品的外观设计要素或要素的结合，其中包括形状、图案或者其结合以及色彩与形状、图案的结合。

可以构成外观设计的组合有：产品的形状；产品的图案；产品的形状和图案；产品的形状和色彩；产品的图案和色彩；产品的形状、图案和色彩。

形状，是指对产品造型的设计，也就是指产品外部的点、线、面的移动、变化、组合而呈现的外表轮廓，即对产品的结构、外形等同时进行设计、制造的结果。

图案，是指由任何线条、文字、符号、色块的排列或组合而在产品的表面构成的图形。图案可以通过绘图或其他能够体现设计者的图案设计构思的手段制作。产品的图案应当是固定、可见的，而不应是时有时无的或者需要在特定的条件下才能看见的。

色彩，是指用于产品上的颜色或者颜色的组合，制造该产品所用材料的本色不是外观设计的色彩。产品的色彩不能独立构成外观设计，除非产品色彩变化的本身已形成一种图案。

外观设计要素，即形状、图案、色彩是相互依存的，有时其界限是难以界定的，例如多种色块的搭配即成图案。

适于工业应用，是指该外观设计能应用于产品上并形成批量生产。

富有美感，是指在判断是否属于外观设计专利权的保护客体时，关注的是产品的外观给人的视觉感受，而不是产品的功能特性或者技术效果。

8.3.5.6 不授予外观设计专利权的情形

（1）取决于特定地理条件、不能重复再现的固定建筑物、桥梁等。例如，包括特定的山水在内的山水别墅。

（2）因其包含有气体、液体及粉末状等无固定形状的物质而导致其形状、图案、色彩不固定的产品。

（3）产品的不能分割或者不能单独出售且不能单独使用的局部设计，例如袜跟、帽檐、杯把等。

（4）对于由多个不同特定形状或者图案的构件组成的产品，如果构件本身不能单独出售且不能单独使用，则该构件不属于外观设计专利保护的客体。例如，一组由不同形状的插接块组成的拼图玩具，只有将所有插接块共同作为一项外观设计申请时，才属于外观设计专利保护的客体。

（5）不能作用于视觉或者肉眼难以确定，需要借助特定的工具才能分辨其形状、图案、色彩的物品。例如，其图案是在紫外灯照射下才能显现的产品。

（6）要求保护的外观设计不是产品本身常规的形态，例如手帕扎成动物形态的外观设计。

（7）以自然物原有形状、图案、色彩作为主体的设计，通常指两种情形，一种是自然物本身；一种是自然物仿真设计。

（8）纯属美术、书法、摄影范畴的作品。

（9）仅以在其产品所属领域内司空见惯的几何形状和图案构成的外观设计。

（10）文字和数字的字音、字义不属于外观设计保护的内容。

（11）游戏界面以及与人机交互无关或者与实现产品功能无关的产品显示装置所显示的图案，例如，电子屏幕壁纸、开关机画面、网站网页的图文排版。

8.3.6 单一性

在技术研发过程中，通常一种产品的制备可能采用几种方法进行，而怎样的技术方案可以写入同一项专利，或者是同一产品采用的相近似的外壳，是否可并入同一外观设计专利申请，这就需要考虑单一性的问题。

《专利法》第三十一条对单一性的规定如下：一件发明或者实用新型专利申请应当限于一项发明或者实用新型。属于一个总的发明构思的两项以上的发明或者实用新型，可以作为一件申请提出。

一件外观设计专利申请应当限于一项外观设计。同一产品两项以上的相似外观设计，或者用于同一类别并且成套出售或者使用的产品的两项以上外观设计，可以作为一件申请提出（简称合案申请）。

8.3.6.1 发明/实用新型专利

对于发明/实用新型专利，如果一件申请包括几项发明或者实用新型，则只有在所有这几项发明或者实用新型之间有一个总的发明构思使之相互关联的情况下才被允许。

（1）总的发明构思 属于一个总的发明构思的两项以上的发明或者实用新型，应当在技术上相互关联，包含一个或者多个相同或者相应的特定技术特征。其中特定技术特征是指每一项发明或者实用新型作为整体，对现有技术做出贡献的技术特征。

"属于一个总的发明构思"是指具有相同或者相应的特定技术特征。特定技术特征是专门为评定专利申请单一性而提出的一个概念，应当把它理解为体现发明对现有技术做出贡献的技术特征，也就是使发明相对于现有技术具有新颖性和创造性的技术特征，并且应当从每一项要求保护的发明的整体上考虑后加以确定。

（2）撰写方法　判断单一性所依据的是权利要求书的内容，也即分别依据各个技术方案撰写权利要求，从各权利要求是否包含一个或多个特定技术特征来判定各个技术方案之间是否具有单一性，是否可合案申请。

属于一个总的发明构思的两项以上发明的权利要求可以按照以下六种方式之一撰写（以下列举并未写尽所有可能）：

① 不能包括在一项权利要求内的两项以上产品或者方法的同类独立权利要求；
② 产品和专用于制造该产品的方法的独立权利要求；
③ 产品和该产品的用途的独立权利要求；
④ 产品、专用于制造该产品的方法和该产品的用途的独立权利要求；
⑤ 产品、专用于制造该产品的方法和为实施该方法而专门设计的设备的独立权利要求；
⑥ 方法和为实施该方法而专门设计的设备的独立权利要求。

其中，第①种方式中所述的"同类"是指独立权利要求的类型相同，即一件专利申请中所要求保护的两项以上发明仅涉及产品发明，或者仅涉及方法发明。只要有一个或者多个相同或者相应的特定技术特征使多项产品类独立权利要求之间或者多项方法类独立权利要求之间在技术上相关联，则允许在一件专利申请中包含多项同类独立权利要求。

对于产品与专用于生产该产品的方法独立权利要求的组合，该"专用"方法使用的结果就是获得该产品，两者之间在技术上相关联。但"专用"并不意味该产品不能用其他方法制造。

对于产品与该产品用途独立权利要求的组合，该用途必须是由该产品的特定性能决定的，它们在技术上相关联。

对于方法与为实施该方法而专门设计的设备独立权利要求的组合，除了该"专门设计"的设备能够实施该方法外，该设备对现有技术做出的贡献还必须与该方法对现有技术做出的贡献相对应。但是，"专门设计"的含义并不是指该设备不能用来实施其他方法，或者该方法不能用其他设备来实施。

不同类独立权利要求之间是否按照引用关系撰写，只是形式上的不同，不影响它们的单一性。例如，与一项产品 A 独立权利要求相并列的一项专用于制造该产品 A 的方法独立权利要求，可以写成"权利要求 1 的产品 A 的制造方法，……"也可以写成"产品 A 的制造方法，……"。

注意：

① 属于一个总的发明构思，各技术方案可以有一个特定技术特征，也可以有几个。
② 判断单一性时，即使两项独立权利要求的写法符合前文列举的六种写法，但是不属于一个总的发明构思，也不能允许在一件申请中请求保护。

（3）实例及分析

【例 8-1】

权利要求 1：一种传送带 X，特征为 A。
权利要求 2：一种传送带 Y，特征为 B。
权利要求 3：一种传送带 Z，特征为 A 和 B。

现有技术中没有公开具有特征 A 或 B 的传送带，从现有技术来看，具有特征 A 或 B 的传送带不是显而易见的，且 A 与 B 不相关。

说明：权利要求 1 和权利要求 2 没有记载相同或相应的技术特征，也就不可能存在相同或者相应的特定技术特征，因此，它们在技术上没有相互关联，不具有单一性。权利要求 1 中的特征 A 是体现发明对现有技术做出贡献的特定技术特征，权利要求 3 中包括了该特定技术特征 A，两者之间存在相同的特定技术特征，具有单一性。类似地，权利要求 2 和权利要求 3 之间存在相同的特定技术特征 B，具有单一性。

【例 8-2】
权利要求 1：一种发射器，特征在于视频信号的时轴扩展器。
权利要求 2：一种接收器，特征在于视频信号的时轴压缩器。
权利要求 3：一种传送视频信号的设备，包括权利要求 1 的发射器和权利要求 2 的接收器。

现有技术中既没有公开也没有暗示在本领域中使用时轴扩展器和时轴压缩器，这种使用不是显而易见的。

说明：权利要求 1 的特定技术特征是视频信号时轴扩展器，权利要求 2 的特定技术特征是视频信号时轴压缩器，它们之间相互关联不能分开使用，两者是彼此相应的特定技术特征，权利要求 1 与 2 有单一性；权利要求 3 包含了权利要求 1 和 2 两者的特定技术特征，因此它与权利要求 1 或与权利要求 2 均有单一性。

【例 8-3】
权利要求 1：一种插头，特征为 A。
权利要求 2：一种插座，特征与 A 相应。

现有技术中没有公开和暗示具有特征 A 的插头及相应的插座，这种插头和插座不是显而易见的。

说明：权利要求 1 与 2 具有相应的特定技术特征，其要求保护的插头和插座是相互关联且必须同时使用的两种产品，因此有单一性。

【例 8-4】
权利要求 1：一种用于直流电动机的控制电路，所说的电路具有特征 A。
权利要求 2：一种用于直流电动机的控制电路，所说的电路具有特征 B。
权利要求 3：一种设备，包括一台具有特征 A 的控制电路的直流电机。
权利要求 4：一种设备，包括一台具有特征 B 的控制电路的直流电机。

从现有技术来看，特征 A 和 B 分别是体现发明对现有技术做出贡献的技术特征，而且特征 A 和 B 完全不相关。

说明：特征 A 是权利要求 1 和 3 的特定技术特征，特征 B 是权利要求 2 和 4 的特定技术特征，但 A 与 B 不相关。因此，权利要求 1 与 3 之间或者权利要求 2 与 4 之间有相同的特定技术特征，因而有单一性；而权利要求 1 与 2 或 4 之间，或者权利要求 3 与 2 或 4 之间没有相同或相应的特定技术特征，因而无单一性。

【例 8-5】
权利要求 1：一种灯丝 A。
权利要求 2：一种用灯丝 A 制成的灯泡 B。
权利要求 3：一种探照灯，装有用灯丝 A 制成的灯泡 B 和旋转装置 C。
与现有技术公开的用于灯泡的灯丝相比，灯丝 A 是新的并具有创造性。
说明：该三项权利要求具有相同的特定技术特征灯丝 A，因此它们之间有单一性。

【例 8-6】
权利要求 1：一种制造产品 A 的方法 B。
权利要求 2：一种制造产品 A 的方法 C。

权利要求 3：一种制造产品 A 的方法 D。

与现有技术相比，产品 A 是新的并具有创造性。

说明：产品 A 是上述三种方法权利要求的相同的特定技术特征，这三种方法 B、C、D 之间有单一性。当然，产品 A 本身还可以有一项产品权利要求。如果产品 A 是已知的，则其不能作为特定技术特征，这时应重新判断这三种方法的单一性。

【例 8-7】

权利要求 1：一种树脂组合物，包括树脂 A、填料 B 及阻燃剂 C。

权利要求 2：一种树脂组合物，包括树脂 A、填料 B 及抗静电剂 D。

本领域中树脂 A、填料 B、阻燃剂 C 及抗静电剂 D 分别都是已知的，且 AB 组合不体现发明对现有技术的贡献，而 ABC 的组合形成了一种性能良好的不易燃树脂组合物，ABD 的组合也形成了一种性能良好的防静电树脂组合物，它们分别具有新颖性和创造性。

说明：尽管这两项权利要求都包括相同的特征 A 和 B，但是，A、B 及 AB 组合都不体现发明对现有技术的贡献，权利要求 1 的特定技术特征是 ABC 组合，权利要求 2 的特定技术特征是 ABD 组合，两者不相同也不相应，因此，权利要求 2 与权利要求 1 没有单一性。

【例 8-8】

权利要求 1：一种化合物 X。

权利要求 2：一种制备化合物 X 的方法。

权利要求 3：化合物 X 作为杀虫剂的应用。

（1）第一种情况：化合物 X 具有新颖性和创造性。

说明：化合物 X 是这三项权利要求相同的技术特征。由于它是体现发明对现有技术做出贡献的技术特征，即特定技术特征，因此，权利要求 1 至 3 存在相同的特定技术特征，权利要求 1、2 和 3 有单一性。

（2）第二种情况：通过检索发现化合物 X 与现有技术相比不具有新颖性或创造性。

说明：权利要求 1 不具有新颖性或创造性，不能被授予专利权。权利要求 2 和 3 之间的相同技术特征仍为化合物 X，但是，由于化合物 X 对现有技术没有做出贡献，故不是相同的特定技术特征，而且，权利要求 2 和 3 之间也没有相应的特定技术特征。因此，权利要求 2 和 3 之间不存在相同或相应的特定技术特征，缺乏单一性。

【例 8-9】

权利要求 1：一种高强度、耐腐蚀的不锈钢带，主要成分为（质量分数/%）Ni＝2.0～5.0，Cr＝15～19，Mo＝1～2 及平衡量的 Fe，带的厚度为 0.5～2mm，其伸长率为 0.2% 时屈服强度超过 50kgf/mm²❶。

权利要求 2：一种生产高强度、耐腐蚀不锈钢带的方法，该带的主要成分为（质量分数/%）Ni＝2.0～5.0，Cr＝15～19，Mo＝1～2 及平衡量的 Fe，该方法包括以下次序的工艺步骤：

（1）热轧至 2.0～5.0mm 的厚度；

（2）退火该经热轧后的带子，退火温度为 800～1000℃；

（3）冷轧该带子至 0.5～2.0mm 厚度；

（4）退火温度为 1120～1200℃，时间为 2～5min。

与现有技术相比，伸长率为 0.2% 时屈服强度超过 50kgf/mm² 的不锈钢带具有新颖性和创造性。

说明：权利要求 1 与 2 之间有单一性。该产品权利要求 1 的特定技术特征是伸长率为 0.2% 时屈服强度超过 50kgf/mm²。

---

❶ 1kgf/mm²＝9.8MPa。

方法权利要求中的工艺步骤正是为生产出具有这样的屈服强度的不锈钢带而采用的加工方法，虽然在权利要求2的措辞中没有体现出这一点，但是从说明书中可以清楚地看出，因此，这些工艺步骤就是与产品权利要求1所限定的强度特征相应的特定技术特征。

本例的权利要求2也可以写成引用权利要求1的形式，而不影响它们之间的单一性，如权利要求2：一种生产权利要求1的不锈钢带的方法，包括以下工艺步骤：[步骤（1）至（4）同前所述，此处省略]

【例8-10】

权利要求1：一种含有防尘物质X的涂料。

权利要求2：应用权利要求1所述的涂料涂布制品的方法，包括以下步骤：

（1）用压缩空气将涂料喷成雾状；

（2）将雾状的涂料通过一个电极装置A使之带电后再喷涂到制品上。

权利要求3：一种喷涂设备，包括一个电极装置A。

与现有技术相比，含有物质X的涂料是新的并具有创造性，电极装置A也是新的并具有创造性。但是，用压缩空气使涂料雾化以及使雾化涂料带电后再直接喷涂到制品上的方法是已知的。

说明：权利要求1与2有单一性，其中含X的涂料是它们相同的特定技术特征；权利要求2与3也有单一性，其中电极装置A是它们相同的特定技术特征。但权利要求1与3缺乏单一性，因为它们之间缺乏相同或者相应的特定技术特征。

【例8-11】

权利要求1：一种处理纺织材料的方法，其特征在于用涂料A在工艺条件B下喷涂该纺织材料。

权利要求2：根据权利要求1的方法喷涂得到的一种纺织材料。

权利要求3：权利要求1方法中用的一种喷涂机，其特征在于有一喷嘴C能使涂料均匀分布在纺织材料上。

现有技术中公开了用涂料处理纺织品的方法，但是，没有公开权利要求1的用一种特殊的涂料A在特定的工艺条件B下（例如温度、辐照度等）喷涂的方法；而且，权利要求2的纺织材料具有预想不到的特性。喷嘴C是新的并具有创造性。

说明：权利要求1的特定技术特征是由于选用了特殊的涂料而必须相应地采用的特定的工艺条件；而在采用该特殊涂料和特定工艺条件处理之后得到了权利要求2所述的纺织材料，因此，权利要求1与权利要求2具有相应的特定技术特征，有单一性。权利要求3的喷涂机与权利要求1或2无相应的特定技术特征，因此权利要求3与权利要求1或2均无单一性。

【例8-12】

权利要求1：一种制造方法，包括步骤A和B。

权利要求2：为实施步骤A而专门设计的设备。

权利要求3：为实施步骤B而专门设计的设备。

没有检索到任何与权利要求1方法相关的现有技术文献。

说明：步骤A和B分别为两个体现发明对现有技术做出贡献的特定技术特征，权利要求1与2或者权利要求1与3之间有单一性。权利要求2与3之间由于不存在相同的或相应的特定技术特征，因而没有单一性。

【例8-13】

权利要求1：一种燃烧器，其特征在于混合燃烧室有正切方向的燃料进料口。

权利要求2：一种制造燃烧器的方法，其特征在于其中包括使混合燃烧室形成具有正切方向燃料进料口的步骤。

权利要求3：一种制造燃烧器的方法，其特征在于浇铸工序。

权利要求 4：一种制造燃烧器的设备，其特征在于该设备有一个装置 X，该装置使燃料进料口按正切方向设置在混合燃烧室上。

权利要求 5：一种制造燃烧器的设备，其特征在于有一个自动控制装置 D。

权利要求 6：一种用权利要求 1 的燃烧器制造炭黑的方法，其特征在于其中包括使燃料从正切方向进入燃烧室的步骤。

现有技术公开了具有非切向的燃料进料口和混合室的燃烧器，从现有技术来看，带有正切方向的燃料进料口的燃烧器既不是已知的，也不是显而易见的。

说明：权利要求 1、2、4 与 6 有单一性，它们的特定技术特征都涉及正切方向的进料口。而权利要求 3 或 5 与权利要求 1、2、4 或 6 之间不存在相同或相应的特定技术特征，所以权利要求 3 或 5 与权利要求 1、2、4 或 6 之间无单一性。此外，权利要求 3 与 5 之间也无单一性。

8.3.6.2 外观设计专利

（1）同一产品的两项以上的相似外观设计　一件外观设计专利申请中的相似外观设计不得超过 10 项。

判断相似外观设计时，应当将其他外观设计与基本外观设计（简要说明中所指定的）单独进行对比。在一般情况下，经整体观察，如果其他外观设计和基本外观设计具有相同或者相似的设计特征，并且二者之间的区别点在于局部细微变化、该类产品的惯常设计、设计单元重复排列或者仅色彩要素的变化等情形，则通常认为二者属于相似的外观设计。

（2）成套产品的外观设计　成套产品是指由两件以上（含两件）属于同一大类、各自独立的产品组成，各产品的设计构思相同，其中每一件产品具有独立的使用价值，而各件产品组合在一起又能体现出其组合使用价值的产品，例如由咖啡杯、咖啡壶、牛奶壶和糖罐组成的咖啡器具。

两项以上（含两项）外观设计可以作为一件申请提出的条件之一是该两项以上外观设计的产品属于同一类别，即该两项以上外观设计的产品属于国际外观设计分类表中的同一大类。

设计构思相同，是指各产品的设计风格是统一的，即对各产品的形状、图案或者其结合以及色彩与形状、图案的结合所做出的设计是统一的。

形状的统一，是指各个构成产品都以同一种特定的造型为特征，或者各构成产品之间以特定的造型构成组合关系，即认为符合形状统一。

图案的统一，是指各产品上图案设计的题材、构图、表现形式等方面应当统一。若其中有一方面不同，则认为图案不统一，例如咖啡壶上的设计以兰花图案为设计题材，而咖啡杯上的设计图案为熊猫，由于图案所选设计题材不同，则认为图案不统一，不符合统一和谐的原则，因此不能作为成套产品合案申请。

对于色彩的统一，不能单独考虑，应当与各产品的形状、图案综合考虑。当各产品的形状、图案符合统一协调的原则时，在简要说明中没有写明请求保护色彩的情况下，设计构思相同；在简要说明中写明请求保护色彩的情况下，如果产品的色彩风格一致则设计构思相同；如果各产品的色彩变换较大，破坏了整体的和谐，则不能作为成套产品合案申请。

注意：

① 可以合案申请的相似外观设计需属于同一产品。

② 判断相似外观设计时，判断基准为简要说明中指定的基本外观设计，且比较时需要单独对比。

③ 成套产品的外观设计中，并非产品属于同一大类即可作为合案申请，还应当为成套出售或者使用以及属于相同设计构思的产品。

8.4 发明/实用新型专利的可专利性

授予专利权的发明和实用新型应当具备新颖性、创造性和实用性。以下对这三种性质进行详细描述。

发明或者实用新型专利申请是否具备实用性，是其具备新颖性和创造性的审查前提，在专利申请审查时会首先进行判断。

8.4.1 实用性

实用性，是指发明或者实用新型申请的主题必须能够在产业上制造或者使用，并且能够产生积极效果。

所谓产业，包括工业、农业、林业、水产业、畜牧业、交通运输业以及文化体育、生活用品和医疗器械等行业。

在产业上能够制造或者使用的技术方案，是指符合自然规律、具有技术特征的任何可实施的技术方案。这些方案并不一定意味着使用机器设备或者制造一种物品，还可以包括例如驱雾的方法或者将能量由一种形式转换成另一种形式的方法。

能够产生积极效果，是指发明或者实用新型专利申请在提出申请之日，其产生的经济、技术和社会的效果是所属技术领域的技术人员可以预料到的。这些效果应当是积极的和有益的。

注意：

① 评价发明/实用新型是否具有实用性，是以申请日提交的说明书（包括附图）和权利要求书所公开的整体技术内容为依据，而不仅仅局限于权利要求所记载的内容；

② 实用性与所申请的发明或者实用新型是怎样创造出来的或者是否已经实施无关。

8.4.1.1 能够在产业上制造或者使用

"能够制造或者使用"是指发明或者实用新型的技术方案具有在产业中被制造或使用的可能性。满足实用性要求的技术方案不能违背自然规律并且应当具有再现性。因不能制造或者使用而不具备实用性是由技术方案本身固有的缺陷引起的，与说明书公开的程度无关。

以下给出不具备实用性的几种主要情形。

（1）无再现性　具有实用性的发明或者实用新型专利申请主题，应当具有再现性。反之，无再现性的发明或者实用新型专利申请主题不具备实用性。

再现性，是指所属技术领域的技术人员，根据公开的技术内容，能够重复实施专利申请中为解决技术问题所采用的技术方案。这种重复实施不得依赖任何随机的因素，并且实施结果应该是相同的。

注意：

成品率低并不代表技术方案不具有再现性。成品率低是能够重复实施，只是由于实施过程中未能确保某些技术条件（例如环境洁净度、温度）等而导致成品率低。不具有再现性则是在确保技术方案所需全部技术条件下，所属技术领域的技术人员仍不可能重复实现该技术方案所要求达到的结果。

（2）违背自然规律　违背自然规律的发明或者实用新型专利申请是不能实施的，因此，不具备实用性。

（3）利用独一无二的自然条件的产品　具备实用性的发明或者实用新型专利申请不得是由自然条件限定的独一无二的产品。利用特定的自然条件建造的自始至终都是不可移动的唯一产品不具备实用性，例如赵州桥。应当注意的是，不能因为上述利用独一无二的自然条件的产品不具备实用性，而认为其构件本身也不具备实用性。

8.4.1.2 无积极效果

具备实用性的发明或者实用新型专利申请的技术方案应当能够产生预期的积极效果。明显无益、脱离社会需要的发明或者实用新型专利申请的技术方案不具备实用性。

注意：

实用性考察的是可实施性，并不要求已经完全实施。对于材料类技术人员来说，只要是真正研发后得到的成果，一般都具有实用性，所以接到的审查意见一般都是关于新颖性、创造性的评价。

8.4.2 新颖性

新颖性，是指该发明或者实用新型不属于现有技术；也没有任何单位或者个人就同样的发明或者实用新型在申请日以前向专利局提出过申请，并记载在申请日以后（含申请日）公布的专利申请文件或者公告的专利文件中（抵触申请）。

8.4.2.1 现有技术

现有技术是指申请日以前在国内外为众所周知的技术。现有技术包括在申请日（有优先权的，指优先权日）以前在国内外出版物上公开发表、在国内外公开使用或者以其他方式为众所周知的技术。现有技术应当是在申请日以前公众能够得知的技术内容。

8.4.2.2 抵触申请

抵触申请，是指在发明或者实用新型新颖性的判断中，由任何单位或者个人就同样的发明或者实用新型在申请日以前向专利局提出并且在申请日以后（含申请日）公布的专利申请文件或者公告的专利文件损害该申请日提出的专利申请的新颖性。

8.4.2.3 对比文件

为判断发明或者实用新型是否具备新颖性或创造性等所引用的相关文件，包括专利文件和非专利文件，统称为对比文件。

8.4.2.4 具备新颖性的要求

发明或者实用新型专利的某一项权利要求所请求保护的技术方案是否具备新颖性是从以下角度进行考察的：即该项权利要求所请求保护的技术方案与某一项现有技术或抵触申请相比，其技术领域、所解决的技术问题、技术方案和预期效果实质上是否相同。如果相同，则认为发明或者实用新型的某一项权利要求与现有技术或抵触申请属于相同内容的发明或者实用新型，不具备新颖性。反之具有新颖性。

如果要求保护的发明或者实用新型与对比文件所公开的技术内容完全相同，或者仅仅是简单的文字变换，则该发明或者实用新型不具备新颖性。另外，上述相同的内容应该理解为包括可以从对比文件中直接地、毫无疑义地确定的技术内容。例如，一件发明专利申请的权利要求是"一种电机转子铁心，所述铁心由钕铁硼永磁合金制成，所述钕铁硼永磁合金具有四方晶体结构并且主相是 $Nd_2Fe_{14}B$ 金属间化合物"，如果对比文件公开了"采用钕铁硼磁体制成的电机转子铁心"，就能够使上述权利要求丧失新颖性，因为该领域的技术人员熟知所谓的"钕铁硼磁体"即指主相是 $Nd_2Fe_{14}B$ 金属间化合物的钕铁硼永磁合金,并且具有四方晶体结构。

(1) 具体(下位)概念与一般(上位)概念 如果要求保护的发明或者实用新型与对比文件相比,其区别仅在于前者采用一般(上位)概念,而后者采用具体(下位)概念限定同类性质的技术特征,则具体(下位)概念的公开使采用一般(上位)概念限定的发明或者实用新型丧失新颖性。例如,对比文件公开某产品是"用铜制成的",就使"用金属制成的"同一产品的发明或者实用新型丧失新颖性。但是,该铜制品的公开并不使铜之外的其他具体金属制成的同一产品的发明或者实用新型丧失新颖性。

反之,一般(上位)概念的公开并不影响采用具体(下位)概念限定的发明或者实用新型的新颖性。例如,要求保护的发明或者实用新型与对比文件的区别仅在于发明或者实用新型中选用了"氯"来代替对比文件中的"卤素"或者另一种具体的卤素"氟",则对比文件中"卤素"的公开或者"氟"的公开并不导致用"氯"做限定的发明或者实用新型丧失新颖性。

(2) 惯用手段的直接置换 如果要求保护的发明或者实用新型与对比文件的区别仅仅是所属技术领域的惯用手段的直接置换,则该发明或者实用新型不具备新颖性。例如,对比文件公开了采用螺钉固定的装置,而要求保护的发明或者实用新型仅将该装置的螺钉固定方式改换为螺栓固定方式,则该发明或者实用新型不具备新颖性。

(3) 数值和数值范围 如果要求保护的发明或者实用新型中存在以数值或者连续变化的数值范围限定的技术特征,例如部件的尺寸、温度、压力以及组合物的组分含量,而其余技术特征与对比文件相同,则其新颖性的判断应当依照以下各项规定。

① 对比文件公开的数值或者数值范围落在上述限定的技术特征的数值范围内,将破坏要求保护的发明或者实用新型的新颖性。

【例 8-14】

专利申请的权利要求为一种铜基形状记忆合金,包含 10%~35%(重量)的锌和 2%~8%(重量)的铝,余量为铜。

如果对比文件公开了包含 20%(重量)锌和 5%(重量)铝的铜基形状记忆合金,则上述对比文件破坏了该权利要求的新颖性。

【例 8-15】

专利申请的权利要求为一种热处理台车窑炉,其拱衬厚度为 100~400mm。

如果对比文件公开了拱衬厚度为 180~250mm 的热处理台车窑炉,则该对比文件破坏了该权利要求的新颖性。

② 对比文件公开的数值范围与上述限定的技术特征的数值范围部分重叠或者有一个共同的端点,将破坏了要求保护的发明或者实用新型的新颖性。

【例 8-16】

专利申请的权利要求为一种氮化硅陶瓷的生产方法,其烧成时间为 1~10h。

对比文件公开的氮化硅陶瓷的生产方法中的烧成时间为 4~12h。

由于烧成时间在 4~10h 的范围内重叠,则该对比文件破坏了该权利要求的新颖性。

【例 8-17】

专利申请的权利要求为一种等离子喷涂方法,喷涂时的喷枪功率为 20~50kW。

对比文件公开了喷枪功率为 50~80kW 的等离子喷涂方法。

因为具有共同的端点 50kW,则该对比文件破坏了该权利要求的新颖性。

③ 对比文件公开的数值范围的两个端点将破坏上述限定的技术特征为离散数值并且具有该两端点中任一个的发明或者实用新型的新颖性,但不破坏上述限定的技术特征为该两端点之间任一数值的发明或者实用新型的新颖性。

【例 8-18】

专利申请的权利要求为一种二氧化钛光催化剂的制备方法，其干燥温度为 40℃、58℃、75℃或者 100℃。

对比文件公开了干燥温度为 40～100℃的二氧化钛光催化剂的制备方法。

该对比文件破坏了干燥温度分别为 40℃和 100℃时权利要求的新颖性，但不破坏干燥温度分别为 58℃和 75℃时权利要求的新颖性。

④ 上述限定的技术特征的数值或者数值范围落在对比文件公开的数值范围内，并且与对比文件公开的数值范围没有共同的端点，则对比文件不破坏要求保护的发明或者实用新型的新颖性。

【例 8-19】

专利申请的权利要求为一种内燃机用活塞环，其活塞环的圆环直径为 95mm。

如果对比文件公开了圆环直径为 70～105mm 的内燃机用活塞环。

对比文件不破坏该权利要求的新颖性。

【例 8-20】

专利申请的权利要求为一种乙烯-丙烯共聚物，其聚合度为 100～200。

对比文件公开了聚合度为 50～400 的乙烯-丙烯共聚物。

对比文件不破坏该权利要求的新颖性。

(4) 包含性能、参数、用途或制备方法等特征的产品权利要求的新颖性判断

① 包含性能、参数特征的产品权利要求　考虑权利要求中的性能、参数特征是否隐含了要求保护的产品具有某种特定结构和/或组成。

如果该性能、参数隐含了要求保护的产品具有区别于对比文件产品的结构和/或组成，则该权利要求具备新颖性；相反，如果所属技术领域的技术人员根据该性能、参数无法将要求保护的产品与对比文件产品区分开，则推定要求保护的产品与对比文件产品相同，申请的权利要求不具备新颖性。

② 包含用途特征的产品权利要求　考虑权利要求中的用途特征是否隐含了要求保护的产品具有某种特定结构和/或组成。如果该用途由产品本身固有的特性决定，而且用途特征没有隐含产品在结构和/或组成上发生改变，则该用途特征限定的产品权利要求相对于对比文件的产品不具有新颖性。例如，用于抗病毒的化合物 X 的发明与用作催化剂的化合物 X 的对比文件相比，虽然化合物 X 用途改变，但决定其本质特性的化学结构式并没有任何变化，因此用于抗病毒的化合物 X 的发明不具备新颖性。但是，如果该用途隐含了产品具有特定的结构和/或组成，即该用途表明产品结构和/或组成发生改变，则该用途作为产品的结构和/或组成的限定特征必须予以考虑。例如"起重机用吊钩"是指仅适用于起重机的尺寸和强度等结构的吊钩，其与具有同样形状的一般钓鱼者用的"钓鱼用吊钩"相比结构上不同，两者是不同的产品。

③ 包含制备方法特征的产品权利要求　考虑该制备方法是否导致产品具有某种特定的结构和/或组成。如果所属技术领域的技术人员可以断定该方法必然使产品具有不同于对比文件产品的特定结构和/或组成，则该权利要求具备新颖性。例如，专利申请的权利要求为用 X 方法制得的玻璃杯，对比文件公开的是用 Y 方法制得的玻璃杯，如果两个方法制得的玻璃杯的结构、形状和构成材料相同，则申请的权利要求不具备新颖性。相反，如果上述 X 方法包含了对比文件中没有记载的在特定温度下退火的步骤，使得用该方法制得的玻璃杯在耐碎性上比对比文件的玻璃杯有明显的提高，则表明要求保护的玻璃杯因制备方法的不同而导致了微观结构的变化，具有了不同于对比文件产品的内部结构，该权利要求具备新颖性。

8.4.3 创造性

发明的创造性，是指与现有技术相比，该发明有突出的实质性特点和显著的进步。实用新型的创造性，是指与现有技术相比，该技术方案具有实质性特点和进步。可见，发明的创造性要求要高于实用新型，以下仅对发明专利的创造性要求进行描述。

评价创造性时，现有技术仅指申请日以前在国内外为公众所知的技术，不包含抵触申请，这点与 8.4.2 中评价新颖性时的概念不同。

8.4.3.1 所属技术领域的技术人员

发明是否具备创造性，应当基于所属技术领域的技术人员的知识和能力进行评价。所属技术领域的技术人员，也可称为本领域的技术人员，是指一种假设的"人"，假定他知晓申请日或者优先权日之前发明所属技术领域所有的普通技术知识，能够获知该领域中所有的现有技术，并且具有应用该日期之前常规实验手段的能力，但他不具有创造能力。如果所要解决的技术问题能够促使本领域的技术人员在其他技术领域寻找技术手段，他也应具有从该其他技术领域中获知该申请日或优先权日之前的相关现有技术、普通技术知识和常规实验手段的能力。

一件发明专利申请是否具备创造性，只有在该发明具备新颖性的条件下才予以考虑。

一项权利要求所请求保护的技术方案是否具备创造性，是将一份或者多份现有技术中的不同的技术内容组合在一起为判断基准的。

8.4.3.2 突出的实质性特点

发明有突出的实质性特点，是指对所属技术领域的技术人员来说，发明相对于现有技术是非显而易见的。如果发明是所属技术领域的技术人员在现有技术的基础上仅仅通过合乎逻辑的分析、推理或者有限的实验可以得到的，则该发明是显而易见的，也就不具备突出的实质性特点。

（1）判断方法　判断要求保护的发明相对于现有技术是否显而易见，通常可按照以下三个步骤进行。

① 确定最接近的现有技术　最接近的现有技术，是指现有技术中与要求保护的发明最密切相关的一个技术方案，它是判断发明是否具有突出的实质性特点的基础。最接近的现有技术，例如可以是与要求保护的发明技术领域相同，所要解决的技术问题、技术效果或者用途最接近和/或公开了发明的技术特征最多的现有技术，或者虽然与要求保护的发明技术领域不同，但能够实现发明的功能，并且公开发明的技术特征最多的现有技术。应当注意的是，在确定最接近的现有技术时，应首先考虑技术领域相同或相近的现有技术。

② 确定发明的区别特征和发明实际解决的技术问题　确定发明实际解决的技术问题，首先应当分析要求保护的发明与最接近的现有技术相比有哪些区别特征，然后根据该区别特征所能达到的技术效果确定发明实际解决的技术问题。从这个意义上说，发明实际解决的技术问题，是指为获得更好的技术效果而需对最接近的现有技术进行改进的技术任务。

③ 判断要求保护的发明对本领域的技术人员来说是否显而易见　在该步骤中，要从最接近的现有技术和发明实际解决的技术问题出发，判断要求保护的发明对本领域的技术人员来说是否显而易见。判断过程中，要确定的是现有技术整体上是否存在某种技术启示，即现有技术中是否给出将上述区别特征应用到该最接近的现有技术以解决其存在的技术问题（即发明实际解决的技术问题）的启示，这种启示会使本领域的技术人员在面对所述技术问题时，有动机改进该最接近的现有技术并获得要求保护的发明。如果现有技术存在这种技术启示，则发明是显而易见的，不具有突出的实质性特点。在下述情况，通常认为现有技术中存在上述技术启示：

a. 所述区别特征为公知常识。例如，本领域中解决该重新确定的技术问题的惯用手段，或教科书或者工具书等中披露的解决该重新确定的技术问题的技术手段。

【例 8-21】

要求保护的发明是一种用铝制造的建筑构件，其要解决的技术问题是减轻建筑构件的重量。一份对比文件公开了相同的建筑构件，同时说明建筑构件是轻质材料，但未提及使用铝材。而在建筑标准中，已明确指出铝作为一种轻质材料，可作为建筑构件。该要求保护的发明明显应用了铝材轻质的公知性质。因此可认为现有技术中存在上述技术启示。

b. 所述区别特征为与最接近的现有技术相关的技术手段，例如，同一份对比文件其他部分披露的技术手段，该技术手段在该其他部分所起的作用与该区别特征在要求保护的发明中为解决该重新确定的技术问题所起的作用相同。

【例 8-22】

要求保护的发明是一种氦气检漏装置，其包括：检测真空箱是否有整体泄漏的整体泄漏检测装置；对泄漏氦气进行回收的回收装置；用于检测具体漏点的氦质谱检漏仪，所述氦质谱检漏仪包括有一个真空吸枪。

对比文件 1 的某一部分公开了一种全自动氦气检漏系统，该系统包括：检测真空箱是否有整体泄漏的整体泄漏检测装置和对泄漏的氦气进行回收的回收装置。该对比文件 1 的另一部分公开了一种具有真空吸枪的氦气漏点检测装置，其中指明该漏点检测装置可以是检测具体漏点的氦质谱检漏仪，此处记载的氦质谱检漏仪与要求保护的发明中的氦质谱检漏仪的作用相同。根据对比文件 1 中另一部分的教导，本领域的技术人员能容易地将对比文件 1 中的两种技术方案结合成发明的技术方案。因此可认为现有技术中存在上述技术启示。

c. 所述区别特征为另一份对比文件中披露的相关技术手段，该技术手段在该对比文件中所起的作用与该区别特征在要求保护的发明中为解决该重新确定的技术问题所起的作用相同。

【例 8-23】

要求保护的发明是设置有排水凹槽的石墨盘式制动器，所述凹槽用以排除为清洗制动器表面而使用的水。发明要解决的技术问题是如何清除制动器表面上因摩擦产生的妨碍制动的石墨屑。对比文件 1 记载了一种石墨盘式制动器。对比文件 2 公开了在金属盘式制动器上设有用于冲洗其表面上附着的灰尘而使用的排水凹槽。

要求保护的发明与对比文件 1 的区别在于发明在石墨盘式制动器表面上设置了凹槽，而该区别特征已被对比文件 2 所披露。由于对比文件 1 所述的石墨盘式制动器会因为摩擦而在制动器表面产生磨屑，从而妨碍制动。对比文件 2 所述的金属盘式制动器会因表面上附着灰尘而妨碍制动，为了解决妨碍制动的技术问题，前者必须清除磨屑，后者必须清除灰尘，这是性质相同的技术问题。为了解决石墨盘式制动器的制动问题，本领域的技术人员按照对比文件 2 的启示，容易想到用水冲洗，从而在石墨盘式制动器上设置凹槽，把冲洗磨屑的水从凹槽中排出。由于对比文件 2 中凹槽的作用与发明要求保护的技术方案中凹槽的作用相同，因此本领域的技术人员有动机将对比文件 1 和对比文件 2 相结合，从而得到发明所述的技术方案。因此，可认为现有技术中存在上述技术启示。

(2) 示例　专利申请的权利要求涉及一种改进的内燃机排气阀。该排气阀包括一个由耐热镍基合金 A 制成的主体，还包括一个阀头部分，其特征在于所述阀头部分涂覆了由镍基合金 B 制成的覆层，发明所要解决的是阀头部分耐腐蚀、耐高温的技术问题。

对比文件 1 公开了一种内燃机排气阀，所述的排气阀包括主体和阀头部分，主体由耐热镍基合金 A 制成，而阀头部分的覆层使用的是与主体所用合金不同的另一种合金。对比文件 1 进一步指出，为了适应高温和腐蚀性环境，所述的覆层可以选用具有耐高温和耐腐蚀特性的合金。

对比文件 2 公开的是有关镍基合金材料的技术内容。其中指出，镍基合金 B 对极其恶劣的腐蚀性环境和高温影响具有优异的耐受性，这种镍基合金 B 可用于发动机的排气阀。

在两份对比文件中，由于对比文件 1 与专利申请的技术领域相同，所解决的技术问题相同，且公开专利申请的技术特征最多，因此可以认为对比文件 1 是最接近的现有技术。

将专利申请的权利要求与对比文件 1 对比之后可知，发明要求保护的技术方案与对比文件 1 的区别在于发明将阀头覆层的具体材料限定为镍基合金 B，以便更好地适应高温和腐蚀性环境。由此可以得出发明实际解决的技术问题是如何使发动机的排气阀更好地适应高温和腐蚀性的工作环境。

根据对比文件 2，本领域的技术人员可以清楚地知道镍基合金 B 适用于发动机的排气阀，并且可以起到提高耐腐蚀性和耐高温的作用，这与该合金在本发明中所起的作用相同。由此，可以认为对比文件 2 给出了可将镍基合金 B 用于有耐腐蚀和耐高温要求的阀头覆层的技术启示，进而使得本领域的技术人员有动机将对比文件 2 和对比文件 1 结合起来构成该专利申请权利要求的技术方案，故该专利申请要求保护的技术方案相对于现有技术是显而易见的。

8.4.3.3 显著的进步

发明有显著的进步，是指发明与现有技术相比能够产生有益的技术效果。例如，发明克服了现有技术中存在的缺点和不足，或者为解决某一技术问题提供了一种不同构思的技术方案，或者代表某种新的技术发展趋势。

在评价发明是否具有显著的进步时，主要应当考虑发明是否具有有益的技术效果。以下情况，通常应当认为发明具有有益的技术效果，具有显著的进步。

(1) 发明与现有技术相比具有更好的技术效果，如质量改善、产量提高、节约能源、防治环境污染等；

(2) 发明提供了一种技术构思不同的技术方案，其技术效果能够基本上达到现有技术的水平；

(3) 发明代表某种新技术发展趋势；

(4) 尽管发明在某些方面有负面效果，但在其他方面具有明显积极的技术效果。

以下依据发明与最接近的现有技术的区别特征的特点对发明类型进行区分，并就几种不同类型发明的创造性判断举例说明。

(1) 开拓性发明　开拓性发明，是指一种全新的技术方案，在技术史上未曾有过先例，它为人类科学技术在某个时期的发展开创了新纪元。

开拓性发明同现有技术相比，具有突出的实质性特点和显著的进步，具备创造性。例如，中国的四大发明——指南针、造纸术、活字印刷术和火药。此外，作为开拓性发明的例子还有蒸汽机、白炽灯、收音机、雷达、激光器、利用计算机实现汉字输入等。

(2) 组合发明　组合发明，是指将某些技术方案进行组合，构成一项新的技术方案，以解决现有技术客观存在的技术问题。

在进行组合发明创造性的判断时通常需要考虑：组合后的各技术特征在功能上是否彼此相互支持、组合的难易程度、现有技术中是否存在组合的启示以及组合后的技术效果等。

① 显而易见的组合　如果要求保护的发明仅仅是将某些已知产品或方法组合或连接在一起，各自以其常规的方式工作，而且总的技术效果是各组合部分效果之总和，组合后的各技术特征之间在功能上无相互作用关系，仅仅是一种简单的叠加，则这种组合发明不具备创造性。

【例 8-24】

一项带有电子表的圆珠笔的发明，发明的内容是将已知的电子表安装在已知的圆珠笔的笔身上。将电子表同圆珠笔组合后，两者仍各自以其常规的方式工作，在功能上没有相互作用的关系，只是一种简单的叠加，因而这种组合发明不具备创造性。

此外，如果组合仅仅是公认结构的变形或者组合处于常规技术继续发展的范围之内，而没有取得预料不到的技术效果，则这样的组合发明不具备创造性。

② 非显而易见的组合　如果组合的各技术特征在功能上彼此支持，并取得了新的技术效果；或者说组合后的技术效果比每个技术特征效果的总和更优越，则这种组合具有突出的实质性特点和显著的进步，发明具备创造性。其中，组合发明的每个单独的技术特征本身是否完全或部分已知并不影响对该发明创造性的评价。

【例 8-25】

一项"深冷处理及化学镀镍-磷-稀土工艺"的发明，发明的内容是将公认的深冷处理和化学镀相互组合。现有技术在深冷处理后需要对工件采用非常规温度回火处理，以消除应力，稳定组织和性能。该发明在深冷处理后，对工件不做回火或时效处理，而是在 80℃±10℃ 的镀液中进行化学镀，这不但省去了所说的回火或时效处理，还使该工件仍具有稳定的基体组织以及耐磨、耐蚀并与基体结合良好的镀层，这种组合发明的技术效果，对此领域的技术人员来说，预先是难以想到的，因而，该发明具备创造性。

(3) 选择发明　选择发明，是指从现有技术中公开的宽范围中，有目的地选出现有技术中未提到的窄范围或个体的发明。

在对选择发明的创造性作判断时，选择发明带来的预想不到的技术效果是考虑的主要因素。

① 如果发明仅是从一些已知的可能性中进行选择，或者发明仅仅是从一些具有相同可能性的技术方案中选出一种，而选出的方案未能取得预料不到的技术效果，则该发明不具备创造性。

【例 8-26】

现有技术中存在很多加热的方法，一项发明是在已知的采用加热的化学反应中选用一种公知的电加热法，该选择发明没有取得预料不到的技术效果，因而该发明不具备创造性。

② 如果发明是在可能的、有限的范围内选择具体的尺寸、温度范围或者其他参数，而这些选择可以由此领域的技术人员通过常规手段得到并且没有产生预料不到的技术效果，则该发明不具备创造性。

【例 8-27】

一项已知反应方法的发明，其特征在于规定一种惰性气体的流速，而确定流速是此领域的技术人员能够通过常规计算得到的，因而该发明不具备创造性。

③ 如果发明是可以从现有技术中直接推导出来的选择，则该发明不具备创造性。

【例 8-28】

一项改进组合物 Y 的热稳定性的发明，其特征在于确定了组合物 Y 中某组分 X 的最低含量。实际上，该含量可以从组分 X 的含量与组合物 Y 的热稳定性关系曲线中推导出来，因而该发明不具备创造性。

④ 如果选择使得发明取得了预料不到的技术效果，则该发明具有突出的实质性特点和显著的进步，具备创造性。

【例 8-29】

在一份制备硫代氯甲酸的现有技术对比文件中，催化剂羧酸酰胺和/或尿素相对于原料硫醇，其用量比大于 0、小于等于 100%（摩尔分数）；在给出的例子中，催化剂用量比为 2%～13%（摩尔分数），并且指出催化剂用量比从 2%（摩尔分数）起，产率开始提高；此外，一般专业人员为提高产率，也总是采用提高催化剂用量比的办法。一项制备硫代氯甲酸方法的选择发明，采用了较小的催化剂用量比 [0.02%～0.2%（摩尔分数）]，提高产率 11.6%～

35.7%，大大超出了预料的产率范围，并且还简化了对反应物的处理工艺。这说明，该发明选择的技术方案，产生了预料不到的技术效果，因而该发明具备创造性。

（4）转用发明　转用发明，是指将某一技术领域的现有技术转用到其他技术领域中的发明。

在进行转用发明的创造性判断时通常需要考虑：转用的技术领域的远近、是否存在相应的技术启示、转用的难易程度、是否需要克服技术上的困难、转用所带来的技术效果等。

① 如果转用是在类似的或者相近的技术领域之间进行的，并且未产生预料不到的技术效果，则这种转用发明不具备创造性。

【例 8-30】
将用于柜子的支撑结构转用到桌子的支撑，这种转用发明不具备创造性。

② 如果这种转用能够产生预料不到的技术效果，或者克服了原技术领域中未曾遇到的困难，则这种转用发明具有突出的实质性特点和显著的进步，具备创造性。

【例 8-31】
一项潜艇副翼的发明，现有技术中潜艇在潜入水中时是靠自重和水对它产生的浮力相平衡停留在任意点上，上升时靠操纵水平舱产生浮力，而飞机在航行中完全是靠主翼产生的浮力浮在空中，发明借鉴了飞机中的技术手段，将飞机的主翼用于潜艇，使潜艇在起副翼作用的可动板作用下产生升浮力或沉降力，从而极大地改善了潜艇的升降性能。由于将空中技术运用到水中需克服许多技术上的困难，且该发明取得了极好的效果，所以该发明具备创造性。

（5）已知产品的新用途发明　已知产品的新用途发明，是指将已知产品用于新的目的的发明。

在进行已知产品新用途发明的创造性判断时通常需要考虑：

① 新用途与现有用途技术领域的远近、新用途所带来的技术效果等。

② 如果新的用途仅仅是使用了已知材料的已知性质，则该用途发明不具备创造性。

【例 8-32】
将作为润滑油的已知组合物在同一技术领域中用于切削剂，这种用途的发明不具备创造性。

如果新的用途是利用了已知产品新发现的性质，并且产生了预料不到的技术效果，则这种用途发明具有突出的实质性特点和显著的进步，具备创造性。

【例 8-33】
将作为木材杀菌剂的五氯酚制剂用作除草剂而取得了预料不到的技术效果，该用途发明具备创造性。

（6）要素变更的发明　要素变更的发明，包括要素关系改变的发明、要素替代的发明和要素省略的发明。

在进行要素变更发明的创造性判断时通常需要考虑：要素关系的改变、要素替代和省略是否存在技术启示、其技术效果是否可以预料等。

（7）要素关系改变的发明　要素关系改变的发明，是指发明与现有技术相比，其形状、尺寸、比例、位置及作用关系等发生了变化。

① 如果要素关系的改变没有导致发明效果、功能及用途的变化，或者发明效果、功能及用途的变化是可预料到的，则发明不具备创造性。

【例 8-34】
现有技术公开了一种刻度盘固定不动、指针转动式的测量仪表，一项发明是指针不动而刻度盘转动的同类测量仪表，该发明与现有技术之间的区别仅是要素关系的调换，即"动静转换"。这种转换并未产生预料不到的技术效果，所以这种发明不具备创造性。

② 如果要素关系的改变导致发明产生了预料不到的技术效果，则发明具有突出的实质性特点和显著的进步，具备创造性。

【例 8-35】
一项有关剪草机的发明，其特征在于刀片斜角与公知的不同，其斜角可以保证刀片的自动研磨，而现有技术中所用刀片的角度没有自动研磨的效果。该发明通过改变要素关系，产生了预料不到的技术效果，因此具备创造性。

(8) 要素替代的发明　要素替代的发明，是指已知产品或方法的某一要素由其他已知要素替代的发明。

① 如果发明是相同功能的已知手段的等效替代，或者是为解决同一技术问题，用已知最新研制出的具有相同功能的材料替代公知产品中的相应材料，或者是用某一公知材料替代公知产品中的某材料，而这种公知材料的类似应用是已知的，且没有产生预料不到的技术效果，则该发明不具备创造性。

【例 8-36】
一项涉及泵的发明，与现有技术相比，该发明中的动力源是液压马达替代了现有技术中使用的电机，这种等效替代的发明不具备创造性。

② 如果要素的替代能使发明产生预料不到的技术效果，则该发明具有突出的实质性特点和显著的进步，具备创造性。

(9) 要素省略的发明　要素省略的发明，是指省去已知产品或者方法中的某一项或多项要素的发明。

① 如果发明省去一项或多项要素后其功能也相应地消失，则该发明不具备创造性。

【例 8-37】
一种涂料组合物发明，与现有技术的区别在于不含防冻剂。由于取消使用防冻剂后，该涂料组合物的防冻效果也相应消失，因而该发明不具备创造性。

② 如果发明与现有技术相比，发明省去一项或多项要素（例如，一项产品发明省去了一个或多个零部件或者一种方法发明省去一步或多步工序）后，依然保持原有的全部功能，或者带来预料不到的技术效果，则具有突出的实质性特点和显著的进步，该发明具备创造性。

(10) 其他

① 解决了人们一直渴望解决但始终未能获得成功的技术难题　如果发明解决了人们一直渴望解决但始终未能获得成功的技术难题，这种发明具有突出的实质性特点和显著的进步，具备创造性。

【例 8-38】
自有农场以来，人们一直期望解决在农场牲畜（如奶牛）身上无痛而且不损坏牲畜表皮地打上永久性标记的技术问题，某发明人基于冷冻能使牲畜表皮着色这一发现而发明的一项冷冻"烙印"的方法成功地解决了这个技术问题，该发明具备创造性。

② 克服了技术偏见　技术偏见，是指在某段时间内、某个技术领域中，技术人员对某个技术问题普遍存在的、偏离客观事实的认识，它引导人们不去考虑其他方面的可能性，阻碍人们对该技术领域的研究和开发。如果发明克服了这种技术偏见，采用了人们由于技术偏见而舍弃的技术手段，从而解决了技术问题，则这种发明具有突出的实质性特点和显著的进步，具备创造性。

【例 8-39】
对于电动机的换向器与电刷间界面，通常认为越光滑接触越好，电流损耗也越小。一项发明将换向器表面制出一定粗糙度的细纹，其结果电流损耗更小，优于光滑表面。该发明克服了技术偏见，具备创造性。

③ 不管发明者在创立发明的过程中是历经艰辛，还是唾手而得，都不应当影响对该发明创造性的评价。绝大多数发明是发明者创造性劳动的结晶，是长期科学研究或者生产实践的总结。但是，也有一部分发明是偶然做出的。

【例 8-40】

公认的汽车轮胎具有很好的强度和耐磨性能，它曾经是由于一名工匠在准备黑色橡胶配料时，把决定加入 3% 的炭黑错用为 30% 而造成的。事实证明，加入 30% 炭黑生产出来的橡胶具有原先不曾预料到的高强度和耐磨性能，尽管它是由于操作者偶然的疏忽而造成的，但不影响该发明具备创造性。

注意：

① 只有写入权利要求中的内容才是评价发明是否具备创造性的评价内容，倘若仅将使发明产生预料不到的技术效果的技术特征，或者体现发明克服技术偏见的技术特征记载于说明书中，那么这些技术特征在评价创造性时不予考虑。

② 创造性的判断是针对权利要求限定的技术方案整体进行评价，即评价技术方案是否具备创造性，而不是评价某一技术特征是否具备创造性。

8.4.4 化学领域的特殊规定

由于化学发明能否实施往往难以预测，必须借助于实验结果加以证实才能得到确认；有的化学产品的结构尚不清楚，不得不借助于性能参数和/或制备方法来定义；发现已知化学产品新的性能或用途并不意味着其结构或组成的改变，因此不能视为新的产品。所以，化学领域的专利申请文件撰写具有其特殊性，以下进行详细描述。

8.4.4.1 化学产品发明的充分公开

这里所称的化学产品包括化合物、组合物以及用结构和/或组成不能够清楚描述的化学产品。要求保护的发明为化学产品本身的，说明书中应当记载化学产品的确认、化学产品的制备以及化学产品的用途。

(1) 化学产品的确认　对于化合物发明，说明书中应当说明该化合物的化学名称及结构式（包括各种官能基团、分子立体构型等）或者分子式，对化学结构的说明应当明确到使本领域的技术人员能确认该化合物的程度；并应当记载发明要解决的技术问题相关的化学、物理性能参数（例如各种定性或者定量数据和谱图等），使要求保护的化合物能被清楚地确认。此外，对于高分子化合物，除了应当对其重复单元的名称、结构式或者分子式按照对上述化合物的相同要求进行记载之外，还应当对其分子量及分子量分布、重复单元排列状态（如均聚、共聚、嵌段、接枝等）等要素做适当的说明；如果这些结构要素未能完全确认该高分子化合物，则还应当记载其结晶度、密度、二次转变点等性能参数。

对于组合物发明，说明书中除了应当记载组合物的组分外，还应当记载各组分的化学和/或物理状态、各组分可选择的范围、各组分的含量范围及其对组合物性能的影响等。

对于仅用结构和/或组成不能够清楚描述的化学产品，说明书中应当进一步使用适当的化学、物理参数和/或制备方法对其进行说明，使要求保护的化学产品能被清楚地确认。

(2) 化学产品的制备　对于化学产品发明，说明书中应当记载至少一种制备方法，说明实施所述方法所用的原料物质、工艺步骤和条件、专用设备等，使本领域的技术人员能够实施。对于化合物发明，通常需要有制备实施例。

(3) 化学产品的用途和/或使用效果　对于化学产品发明，应当完整地公开该产品的用途和/或使用效果，即使是结构首创的化合物，也应当至少记载一种用途。

如果所属技术领域的技术人员无法根据现有技术预测发明能够实现所述用途和/或使用效果，则说明书中还应当记载对于本领域技术人员来说，足以证明发明的技术方案可以实现所述用途和/或达到预期效果的定性或者定量实验数据。

对于新的药物化合物或者药物组合物，应当记载其具体医药用途或者药理作用，同时还应当记载其有效量及使用方法。

如果本领域技术人员无法根据现有技术预测发明能够实现所述医药用途、药理作用，则应当记载对于本领域技术人员来说，足以证明发明的技术方案可以解决预期要解决的技术问题或者达到预期的技术效果的实验室试验（包括动物试验）或者临床试验的定性或者定量数据。说明书对有效量和使用方法或者制剂方法等应当记载至所属技术领域的技术人员能够实施的程度。

对于表示发明效果的性能数据，如果现有技术中存在导致不同结果的多种测定方法，则应当说明测定它的方法，若为特殊方法，应当详细加以说明，使所属技术领域的技术人员能实施该方法。

8.4.4.2 化学方法发明的充分公开

（1）对于化学方法发明，无论是物质的制备方法还是其他方法，均应当记载方法所用的原料物质、工艺步骤和工艺条件，必要时还应当记载方法对目的物质性能的影响，使所属技术领域的技术人员按照说明书中记载的方法去实施时能够解决该发明要解决的技术问题。

（2）对于方法所用的原料物质，应当说明其成分、性能、制备方法或者来源，使得本领域技术人员能够得到。

8.4.4.3 化学产品用途发明的充分公开

对于化学产品用途发明，在说明书中应当记载所使用的化学产品、使用方法及所取得的效果，使得本领域技术人员能够实施该用途发明。如果所使用的产品是新的化学产品，则说明书对于该产品的记载应当满足前文 8.4.4.1 的相关要求。如果本领域的技术人员无法根据现有技术预测该用途，则应当记载对于本领域的技术人员来说，足以证明该物质可以用于所述用途并能解决所要解决的技术问题或者达到所述效果的实验数据。

8.4.4.4 实施例

由于化学领域属于实验性学科，多数发明需要经过实验证明，因此说明书中通常应当包括实施例，例如产品的制备和应用实施例。

（1）说明书中实施例的数目，取决于权利要求的技术特征的概括程度，例如并列选择要素的概括程度和数据的取值范围；在化学发明中，根据发明的性质不同，具体技术领域不同，对实施例数目的要求也不完全相同。一般的原则是，应当能足以理解发明如何实施，并足以判断在权利要求所限定的范围内都可以实施并取得所述的效果。

（2）判断说明书是否充分公开的文本是原说明书和权利要求书记载的内容，对于申请日之后补交的实验数据，审查员也会审查，但是补交实验数据所证明的技术效果应当是所属技术领域的技术人员能够从专利申请公开的内容中得到的。

8.4.4.5 化学产品权利要求

（1）化合物　化合物权利要求应当用化合物的名称或者化合物的结构式或分子式来表征。化合物应当按通用的命名法来命名，不允许用商品名或者代号；化合物的结构应当是明确的，不能用含糊不清的措辞。

(2) 仅用结构和/或组成特征不能清楚表征的化学产品权利要求　对于仅用结构和/或组成特征不能清楚表征的化学产品权利要求，允许进一步采用物理-化学参数和/或制备方法来表征。

① 允许用物理-化学参数来表征化学产品权利要求的情况是：仅用化学名称或者结构式或者组成不能清楚表征的结构不明的化学产品。参数必须是清楚的。

② 允许用制备方法来表征化学产品权利要求的情况是：用制备方法之外的其他特征不能充分表征的化学产品。

(3) 组合物

① 开放式权利要求与封闭式权利要求　组合物权利要求应当用组合物的组分或者组分和含量等组成特征来表征。组合物权利要求分开放式和封闭式两种表达方式。开放式表示组合物中并不排除权利要求中未指出的组分；封闭式则表示组合物中仅包括所指出的组分而排除所有其他的组分。开放式和封闭式常用的措辞如下：

a. 开放式，例如"含有""包括""包含""基本含有""本质上含有""主要由……组成""主要组成为""基本上由……组成""基本组成为"等，这些都表示该组合物中还可以含有权利要求中所未指出的某些组分，即使其在含量上占较大的比例。

b. 封闭式，例如"由……组成""组成为""余量为"等，这些都表示要求保护的组合物由所指出的组分组成，没有别的组分，但可以带有杂质，该杂质只允许以通常的含量存在。

使用开放式或者封闭式表达方式时，必须要得到说明书的支持。例如，权利要求的组合物 A+B+C，如果说明书中实际上没有描述除此之外的组分，则不能使用开放式权利要求。

另外还应当指出的是，一项组合物独立权利要求为 A+B+C，假如其下面一项权利要求为 A+B+C+D，则对于开放式的 A+B+C 权利要求而言，含 D 的这项为从属权利要求；对于封闭式的 A+B+C 权利要求而言，含 D 的这项为独立权利要求。

② 组合物权利要求中组分和含量的限定

a. 如果发明的实质或者改进只在于组分本身，其技术问题的解决仅取决于组分的选择，而组分的含量是本领域的技术人员根据现有技术或者通过简单实验就能够确定的，则在独立权利要求中可以允许只限定组分。

但如果发明的实质或者改进既在组分上，又与含量有关，其技术问题的解决不仅取决于组分的选择，而且还取决于该组分特定含量的确定，则在独立权利要求中必须同时限定组分和含量，否则该权利要求就不完整，缺少必要技术特征。

b. 在某些领域中，例如在合金领域中，合金的必要成分及其含量通常应当在独立权利要求中限定。

c. 在限定组分的含量时，不允许有含糊不清的用词，例如"大约""左右""近"等，如果出现这样的词，一般应当删去。组分含量可以用"0～X""<X"或者"X 以下"等表示，以"0～X"表示的，为选择组分，"<X""X 以下"等的含义为包括 $X=0$。通常不允许以">X"表示含量范围。

d. 一个组合物中各组分含量百分数之和应当等于 100%，几个组分的含量范围应当符合以下条件：

某一组分的上限值+其他组分的下限值≤100%

某一组分的下限值+其他组分的上限值≥100%

e. 用文字或数值难以表示组合物各组分之间的特定关系的，可以允许用特性关系或者用量关系式，或者用图来定义权利要求。图的具体意义应当在说明书中加以说明。

f. 用文字定性表述来代替数字定量表示的方式，只要其意思是清楚的，且在所属技术领域是众所周知的，就可以接受，例如"含量为足以使某物料湿润""催化量的"等等。

③ 其他 组合物权利要求一般有三种类型，即非限定型、性能限定型以及用途限定型。例如：
    a. "一种水凝胶组合物，含有分子式（Ⅰ）的聚乙烯醇、皂化剂和水"［分子式（Ⅰ）略］；
    b. "一种磁性合金，含有 10%～60%（质量分数）的 A 和 90%～40%（质量分数）的 B"；
    c. "一种丁烯脱氢催化剂，含有 Fe_3O_4 和 K_2O……"。

以上 a 为非限定型，b 为性能限定型，c 为用途限定型。

当该组合物具有两种或者多种使用性能和应用领域时，可以允许用非限定型权利要求。例如，上述 a 的水凝胶组合物，在说明书中叙述了它具有可成型性、吸湿性、成膜性、黏结性以及热容量大等性能，因而可用于食品添加剂、上胶剂、黏合剂、涂料、微生物培养介质以及绝热介质等多个领域。

如果在说明书中仅公开了组合物的一种性能或者用途，则应写成性能限定型或者用途限定型，例如 b、c。在某些领域中，例如合金，通常应当写明发明合金所固有的性质和/或用途。大多数药品权利要求应当写成用途限定型。

8.4.4.6 方法类权利要求

（1）方法发明 化学领域中的方法发明，无论是制备物质的方法还是其他方法（如物质的使用方法、加工方法、处理方法等），其权利要求可以用涉及工艺、物质以及设备的方法特征来进行限定：

涉及工艺的方法特征包括工艺步骤（也可以是反应步骤）和工艺条件，例如温度、压力、时间、各工艺步骤中所需的催化剂或者其他助剂等；

涉及物质的方法特征包括该方法中所采用的原料和产品的化学成分、化学结构式、理化特性参数等；

涉及设备的方法特征包括该方法所专用的设备类型及其与方法发明相关的特性或者功能等。

对于一项具体的方法权利要求来说，根据方法发明要求保护的主题不同、所解决的技术问题不同以及发明的实质或者改进不同，选用上述三种技术特征的重点可以各不相同。

（2）用途发明 化学产品的用途发明是基于发现产品新的性能，并利用此性能而做出的发明。无论是新产品还是已知产品，其性能是产品本身所固有的，用途发明的本质不在于产品本身，而在于产品性能的应用。因此，用途发明是一种方法发明，其权利要求属于方法类型。

如果利用一种产品 A 而发明了一种产品 B，那么自然应当以产品 B 本身申请专利，其权利要求属于产品类型，不作为用途权利要求。

应注意在撰写措辞上区分用途权利要求和产品权利要求；例如，"用化合物 X 作为杀虫剂"或者"化合物 X 作为杀虫剂的应用"是用途权利要求，属于方法类型，而"用化合物 X 制成的杀虫剂"或者"含化合物 X 的杀虫剂"，则是产品权利要求。

还应当明确的是，不应当把"化合物 X 作为杀虫剂的应用"理解为与"作杀虫剂用的化合物 X"相等同。后者是限定用途的产品权利要求，不是用途权利要求。

8.4.4.7 化学产品权利要求的新颖性

（1）化合物

① 专利申请要求保护一种化合物的，如果在一份对比文件里已经提到该化合物，即推定该化合物不具备新颖性，但申请人能提供证据证明在申请日之前无法获得该化合物的除外。

这里所谓"提到"的含义是：明确定义或者说明了该化合物的化学名称、分子式（或结构式）、理化参数或制备方法（包括原料）。

例如，如果一份对比文件中所公开的化合物的名称和分子式（或结构式）难以辨认或者不清楚，但该文件公开了与专利申请要求保护的化合物相同的理化参数或者鉴定化合物用的其他参数等，即推定该化合物不具备新颖性，但申请人能提供证据证明在申请日之前无法获得该化合物的除外。

如果一份对比文件中所公开的化合物的名称、分子式（或结构式）和理化参数不清楚，但该文件公开了与专利申请要求保护的化合物相同的制备方法，即推定该化合物不具备新颖性。

② 通式不能破坏该通式中一个具体化合物的新颖性。一个具体化合物的公开使包括该具体化合物的通式权利要求丧失新颖性，但不影响该通式所包括的除该具体化合物以外的其他化合物的新颖性。一系列具体的化合物能破坏这系列中相应的化合物的新颖性。一个范围的化合物（例如 $C_1 \sim C_4$）能破坏该范围内两端具体化合物（C_1 和 C_4）的新颖性，但若 C_4 化合物有几种异构体，则 $C_1 \sim C_4$ 化合物不能破坏每个单独异构体的新颖性。

③ 天然物质的存在本身并不能破坏该发明物质的新颖性，只有对比文件中公开的与发明物质的结构和形态一致或者直接等同的天然物质，才能破坏该发明物质的新颖性。

(2) 组合物

① 仅涉及组分　一份对比文件公开了由组分（A+B+C）组成的组合物甲，如果：

a. 发明专利申请为组合物乙（组分：A+B），并且权利要求采用封闭式撰写形式，如"由 A+B 组成"，即使该发明与组合物甲所解决的技术问题相同，该权利要求仍有新颖性。

b. 上述发明组合物乙的权利要求采用开放式撰写形式，如"含有 A+B 组成"，且该发明与组合物甲所解决的技术问题相同，则该权利要求无新颖性。

c. 上述发明组合物乙的权利要求采取排除法撰写形式，即指明不含 C，则该权利要求仍有新颖性。

② 涉及组分含量　涉及组分含量时的新颖性判断同 8.4.2.4 节具备新颖性的要求中第三点数值和数值范围的内容。

(3) 组合物用物理化学参数或者用制备方法表征的化学产品

① 对于用物理化学参数表征的化学产品权利要求，如果无法依据所记载的参数对由该参数表征的产品与对比文件公开的产品进行比较，从而不能确定采用该参数表征的产品与对比文件产品的区别，则推定用该参数表征的产品权利要求不具备新颖性。

② 对于用制备方法表征的化学产品权利要求，其新颖性审查应针对该产品本身进行，而不是仅仅比较其中的制备方法是否与对比文件公开的方法相同。制备方法不同并不一定导致产品本身不同。

如果申请没有公开可与对比文件公开的产品进行比较的参数以证明该产品的不同之处，而仅仅是制备方法不同，也没有表明由于制备方法上的区别为产品带来任何功能、性质上的改变，则推定该方法表征的产品权利要求不具备新颖性。

(4) 化学产品用途发明　一种新产品的用途发明由于该产品是新的而自然具有新颖性。

一种已知产品不能因为提出了某一新的应用而被认为是一种新的产品。例如，产品 X 作为洗涤剂是已知的，那么一种用作增塑剂的产品 X 不具有新颖性。但是，如果一项已知产品的新用途本身是一项发明，则已知产品不能破坏该新用途的新颖性。这样的用途发明属于使用方法发明，因为发明的实质不在于产品本身，而在于如何去使用它。例如，上述原先作为洗涤剂的产品 X，后来有人研究发现将它配以某种添加剂后能作增塑剂用。那么如何配制、选择什么添加剂、配比多少等就是使用方法的技术特征。此时不会因 X 已公开而破坏使用方法的新颖性。

8.4.4.8 化学产品权利要求的创造性

(1) 化合物

① 结构上与已知化合物不接近的、有新颖性的化合物,并有一定用途或者效果,一般认为具有创造性。

② 结构上与已知化合物接近的化合物,必须要有预料不到的用途或者效果。此预料不到的用途或者效果可以是与该已知化合物的已知用途不同的用途;或者是对已知化合物的某一已知效果有实质性的改进或提高;或者是在公知常识中没有明确的或不能由常识推论得到的用途或效果。

③ 两种化合物结构上是否接近与所在的领域有关,对不同的领域将会有不同的判断标准。以下仅举几个例子。

【例 8-41】

现有技术: (Ⅰa)

申请: (Ⅰb)

结构接近的化合物,它们必须有相同的基本核心部分或者基本的环。以上的(Ⅰb)与(Ⅰa)结构不接近,撰写文件时不必须举证(Ⅰb)比(Ⅰa)有预料不到的用途或效果。

【例 8-42】

现有技术: $H_2N-C_6H_4-SO_2NHR^1$ (ⅡA)

申请: $H_2N-C_6H_4-SO_2-NHCONHR^1$ (ⅡB)

(ⅡA)磺胺是抗生素,(ⅡB)磺酰脲是抗糖尿药,结构接近,但药理作用不同,有预料不到的用途或效果,有创造性。

【例 8-43】

现有技术: $H_2N-C_6H_4-SO_2NHCONHR^1$ (ⅢA)

申请: $H_3C-C_6H_4-SO_2NHCONHR^1$ (ⅢB)

(ⅢA)氨基-磺酰脲与(ⅢB)甲基-磺酰脲结构接近,只有 NH_2 与 CH_3 之区别,无预料不到的用途或效果,无创造性。

④ 为了表明化合物具有创造性,最好在说明书中公开其用途或效果。

⑤ 若一项技术方案的效果是已知的必然趋势所导致的,则该技术方案没有创造性。例如,现有技术的一种杀虫剂 A—R,其中 R 为 $C_1 \sim C_3$ 的烷基,并且已经指出杀虫效果随着烷基 C 原子数的增加而提高。如果某一申请的杀虫剂是 $A-C_4H_9$,杀虫效果比现有技术的杀虫效果有明显提高。由于现有技术中指出了提高杀虫效果的必然趋势,因此该申请不具备创造性。

(2) 化学产品用途发明

① 新产品用途发明的创造性 对于新的化学产品,如果该用途不能从结构或者组成相似的已知产品预见到,可认为这种新产品的用途发明有创造性。

② 已知产品用途发明的创造性 对于已知产品的用途发明,如果该新用途不能从产品本身的结构、组成、分子量、已知的物理化学性质以及该产品的现有用途显而易见地得出或者预见到,而是利用了产品新发现的性质,并且产生了预料不到的技术效果,可认为这种已知产品

的用途发明有创造性。

8.5 发明/实用新型专利申请文件的撰写

前文提到，对于说明书的撰写有以下要求：内容部分应当描述实用新型所要解决的技术问题、解决其技术问题所采用的技术方案、对照背景技术写明实用新型的有益效果，并且所要解决的技术问题、所采用的技术方案和有益效果应当相对应，不得出现相互矛盾或不相关联的情形。

这句话给出了发明/实用新型专利申请文件撰写要求的精髓所在。笔者曾听技术人员抱怨：专利文件的内容就像八股文一样难懂，不知所云。这是由于专利文件的撰写需要符合专利法的相关规定，其必须清楚、完整地限定技术方案。好的申请文件不仅要保证其能被授予专利权，还需要保证授权后的权利要求是稳定的，同时还尽可能地在侵权判定过程中易于划定保护范围。而这种思路与研发过程中实验过程的描述是大为不同的，以下将从技术人员角度出发，以实例描述如何撰写专利申请文件。

为了捋清思路，先简单总结为以下步骤：

① 按照描述实验过程的思路，写下待申请的技术方案，注意步骤要细，所有条件最好都描述清楚。如果是产品结构类的申请，那么画出结构图。

② 总结待解决的技术问题，和步骤①中确定的待申请的技术方案相比，最接近的现有技术存在的缺陷是什么？此部分内容写入说明书的背景技术部分。

③ 为了解决上述技术问题，待申请的技术方案中哪些步骤/结构/参数/物质是最主要的、不可或缺的，标明，然后从本领域技术人员角度考虑为了保证技术方案的完整性；哪些技术特征是必不可少的，标明，总结，写出完整的技术方案（独立权利要求的雏形）。

④ 对于③中所确定的解决技术问题最关键的步骤/结构/参数/物质，考虑其是否可以被替换，如果是参数考虑其上下限，将结论补充到步骤③最后确定的技术方案中，对其进行完善，得到的完整技术方案可以作为独立权利要求。也即发明内容部分的内容（此步需要注意上位概念的概括）。

⑤ 为了完善优化上面提到的技术方案，使其达到一个更好的效果或者赋予其其他有效的功能，可以采用哪些技术方案，分别描述。可以作为从属权利要求，同时写入发明内容部分。

⑥ 有针对性的总结待申请的技术方案所能产生的效果，最好能与背景技术和技术方案的内容相对应。

⑦ 以步骤③中确定的解决技术问题最关键的步骤/结构/参数/物质来设计实施例，使实施例中的数据能够验证⑥中所声称的效果。

这是基于技术方案基本形成，撰写申请文件的思路，仅供参考。对于个案情况不同，撰写申请文件的思路会有很大不同，但是不变的是，在撰写之前必须确定以下三点内容：

① 解决的技术问题是什么；

② 解决技术问题所采用的技术方案是什么；

③ 该技术方案所取得的有益效果是什么，此处有益效果需与技术方案所解决的技术问题相对应。

以下以实例进行描述。

8.5.1 产品结构类

简单介绍下：待申请产品为厚度通止规（图 8-1），是一种用于检测工件厚度的工具。常规片状工件厚度都有一个度量范围，在此范围内，产品就是合格的，也就是说，厚度有上下限；以上限为通规，以下限为止规，这就是通止规的原理，其替代的是用卡尺和千分尺测量厚度的方法。

（1）画图

（2）确定最接近的现有技术　比较后，确定本申请所待解决的技术问题。这个步骤其实可以在研发阶段多次反复使用，以借鉴现有技术，加速研发进程。

如图8-2所示，CN202747969U公开了一种T形高度通止规，两侧为通规，中间为止规，结构与本申请最为相近，与其相比，本申请所能解决的技术问题是：当工件有一定弧度，但不影响使用时，图8-2中这种通止规会将该工件判定为不合格件，造成浪费。

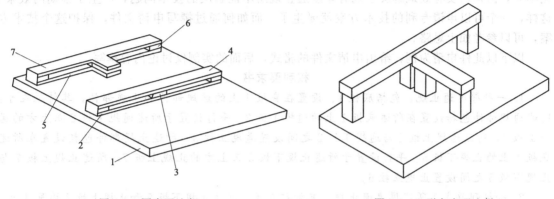

图8-1　厚度通止规　　　　　　　　图8-2　T形高度通止规

（3）确定必要技术特征　解决（2）中技术问题的关键是加了通规底板、止规底板。完整的技术方案是：一种厚度通止规，包括底板1、设置在底板1上的通规部件和止规部件，所述通规部件包括设置在所述底板1上的通规下板2、平行设置于所述通规下板2正上方的通规上板4，所述通规上板4与通规下板2之间设置通规立柱3；所述止规部件包括设置在所述底板1上的止规下板5、平行设置于所述止规下板5正上方的止规上板7，所述止规上板7与止规下板5之间设置止规立柱6。

没有可供改变的方案，就以上述方案为独立权利要求。

（4）为了优化技术方案可从以下角度思考　为了能测量工件中部厚度或者快速测量工件另一端是否符合要求，止规下板5和止规上板7均呈T形。

为了满足单人两手同时操作，适当延长通规部件、止规部件长度，设置三根通规立柱3、止规立柱6。若要进一步增多操作人数，通规立柱3、止规立柱6可为多根。

为了方便操作，提高工作效率，通规部件设置在底板1的中间部位，止规部件设置在底板1一端且其主体与所述通规部件平行。

为了方便待测工件通过通规部件，所述通规下板2、通规立柱3和通规上板4形成的通规测试孔的入口内侧形成有便于工件通过的倒角。

为了便于测试，止规下板5、止规立柱6和止规上板7形成的止规测试孔的入口内侧形成有便于工件通过的倒角。

（5）取得的效果　该厚度通止规在底板上设有通规下板，令稍微上翘但不影响使用的工件可以顺利通过通规部件（与待解决的技术问题相对应），减少了对不影响使用工件的浪费，且该厚度通止规可以双手同时操作，提高工作效率。

最后为了防止语言描述结构可能会产生的漏洞，再补充描述使用方法：推动被检测工件通过通规部件，如果工件不能通过，那么工件厚度超过上限值是不合格品；若工件通过通规部分，则推动工件至止规部件，若工件进入止规，则厚度低于下限值是不合格品；若不能通过则转动工件至止规 T 形凸出部位，测试工件另一端后中部是否低于下限值。对于上述例子，我们从研发过程的角度再捋一下专利的产生过程。

车间工人对批量工件厚度进行测试，用的工具是卡尺或千分尺，发现效率较低。考察发现市场上有厚度通止规，买来使用，但是常规的厚度通止规对工件的平整性有要求，并不完全适用于本企业的产品。本企业生产产品的工件不需要完全平直，有一定弧度也可以使用，但是这种工件在测试时会被认为是不合格工件，作为废料处理（现有技术中存在的技术问题），企业有了研发的需求。此时技术人员经研究后发现，如果在通规、止规处分别增设通规底板、止规底板，即可满足本公司的需求，在保证产品质量的前提下提升产品质量。虽然从结构上讲，变化不大，但是切实有效地解决了现有厚度通止规所不能解决的技术问题，产生了预期的效果。这样，一个可以申请专利的技术方案就诞生了。而如何通过撰写申请文件，保护这个技术方案，可以参考如上思路。

以下以此件申请为例，给出申请文件的格式，后面的实例仅讨论内容撰写。

权利要求书

1. 一种厚度通止规，包括底板 1、设置在底板 1 上的通规部件和止规部件，其特征在于：所述通规部件包括设置在所述底板 1 上的通规下板 2、平行设置于所述通规下板 2 正上方的通规上板 4，所述通规上板 4 与通规下板 2 之间设置通规立柱 3；所述止规部件包括设置在所述底板 1 上的止规下板 5、平行设置于所述止规下板 5 正上方的止规上板 7，所述止规上板 7 与止规下板 5 之间设置止规立柱 6。

2. 如权利要求 1 所述厚度通止规，其特征在于：所述止规下板 5 和止规上板 7 均呈 T 形。

3. 如权利要求 1 所述厚度通止规，其特征在于：所述通规部件设置在底板 1 的中间部位，所述止规部件设置在底板 1 一端且其主体与所述通规部件平行。

4. 如权利要求 1 所述厚度通止规，其特征在于：所述通规立柱 3、止规立柱 6 分别为三根。

5. 如权利要求 1 所述厚度通止规，其特征在于：所述通规立柱 3、止规立柱 6 分别为多根。

6. 如权利要求 1 所述的厚度通止规，其特征在于：所述通规下板 2、通规立柱 3 和通规上板 4 形成的通规测试孔的入口内侧形成有便于工件通过的倒角。

7. 如权利要求 1 所述的厚度通止规，其特征在于：所述止规下板 5、止规立柱 6 和止规上板 7 形成的止规测试孔的入口内侧形成有便于工件通过的倒角。

说明书
厚度通止规

技术领域

本实用新型涉及一种厚度检测工具，具体来说，涉及一种用于检测工件厚度的通止规。

背景技术

目前，常用的厚度检测工具是卡尺和千分尺。在实际生产中，需要检测大批量产品时，采用卡尺或千分尺逐个检测工件厚度，步骤繁杂，工作效率低。一般来说，产品尺寸都有一个度量范围。在此范围内，产品就是合格的。专利 CN202747969U 公开了一种 T 形高度通止规，虽然可以双手同时检测工件厚度，提高工作效率，但是易于将有一定弧度却不影响使用的工件认定为不合格工件，造成浪费。

发明内容

为了解决上述技术问题，本实用新型提供了一种厚度通止规，可以令有一定弧度却不影响正常使用的工件通过通规部件，避免浪费，操作方便。

为此，本实用新型的技术方案如下：

一种厚度通止规，包括底板、设置在底板上的通规部件和止规部件，所述通规部件包括设置在所述底板上的通规下板、平行设置于所述通规下板正上方的通规上板，所述通规上板与通规下板之间设置通规立柱。

所述止规部件包括设置在所述底板上的止规下板、平行设置于所述止规下板正上方的止规上板，所述止规上板与止规下板之间设置止规立柱。

优选，所述止规下板和止规上板均呈T形。

为了满足单人两手同时操作，适当延长通规部件、止规部件长度，设置三根通规立柱、止规立柱。若要进一步增多操作人数，通规立柱、止规立柱可为多根。

为了方便操作，提高工作效率，通规部件设置在底板的中间部位，止规部件设置在底板一端且其主体与所述通规部件平行。

为了方便待测工件通过通规部件，所述通规下板、通规立柱和通规上板形成的通规测试孔的入口内侧形成有便于工件通过的倒角。

为了便于测试，止规下板、止规立柱和止规上板形成的止规测试孔的入口内侧形成有便于工件通过的倒角。

通规部件、止规部件位置的设定可以方便工件检测，检测完工件最高厚度是否超标后，对于合格工件直接推送至止规部件测试其厚度是否达标。

该厚度通止规在底板上设有通规下板，令稍微上翘但不影响使用的工件可以顺利通过通规部件，减少了对不影响使用工件的浪费，且该厚度通止规可以双手同时操作，提高工作效率。

附图说明

图1为实施例1中厚度通止规的结构示意图。

具体实施方式

下面结合附图及具体实施例对本实用新型的厚度通止规的结构进行详细说明。

如图1所示，一种厚度通止规，包括底板1、设置在底板1上的通规部件和止规部件，通规部件包括设置在底板1上的通规下板2、平行设置于通规下板2正上方的通规上板4，通规上板4与通规下板2之间设置三根通规立柱3。

止规部件包括设置在底板1上的止规下板5、平行设置于止规下板5正上方的止规上板7，止规上板7与止规下板5之间设置三根止规立柱6。方便操作人员双手操作。

为了能测量工件中部厚度或者加速测量工件另一端是否符合要求，止规下板5和止规上板7均呈T形。

为了满足多人两手同时操作，适当延长通规部件、止规部件长度，通规立柱3、止规立柱6设为多根。

为了方便操作，提高工作效率，通规部件设置在底板1的中间部位，止规部件设置在底板1一端且其主体与所述通规部件平行。

为了方便待测工件通过通规部件，所述通规下板2、通规立柱3和通规上板4形成的通规测试孔的入口内侧形成有便于工件通过的倒角。止规下板5、止规立柱6和止规上板7形成的止规测试孔的入口内侧形成有便于工件通过的倒角。方便工件通过。

该厚度通止规可以令有一定弧度但不影响使用工件的顺利通过，避免浪费，操作方便，且能双手同时操作，提高工作效率。

该厚度通止规的使用方法在于：推动被检测工件通过通规部件，如果工件不能通过，那么工件厚度超过上限值是不合格品；若工件通过通规部分，则推动工件至止规部件，若工件进入止规，则厚度低于下限值是不合格品；若不能通过则转动工件至止规T形凸出部位，测试工件另一端及中部是否低于下限值。

说明书附图

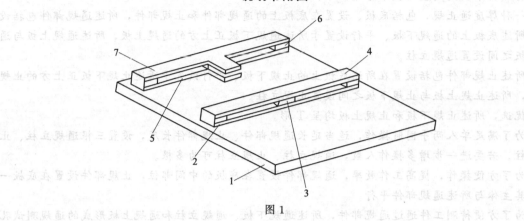

图1

说明书摘要

本实用新型公开了一种厚度通止规，包括底板、设置在底板上的通规部件和止规部件，通规部件包括设置在底板上的通规下板、平行设置于通规下板正上方的通规上板，通规上板与通规下板之间设置通规立柱；止规部件包括设置在底板上的止规下板、平行设置于止规下板正上方的止规上板，止规上板与止规下板之间设置止规立柱。该厚度通止规可以令有一定弧度但不影响使用工件的顺利通过，避免浪费，操作方便，且能双手同时操作，提高工作效率。

摘要附图

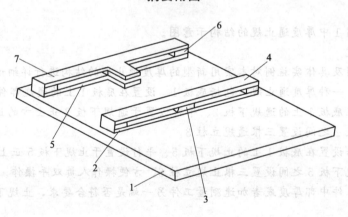

8.5.2 方法类

背景介绍：莫来石是一种优质的结构材料，作为一种重要的陶瓷增韧补强材料，莫来石晶须具有耐高温、抗氧化、低膨胀系数、抗热震性、抗腐蚀性等特点。莫来石晶须的用途更为广泛，可以作为金属、高分子、陶瓷基材料的增强组分，提高其热稳定性能。莫来石晶须的制备方法主要有：

① 溶胶凝胶法合成莫来石晶须；

② Al_2O_3-SiO_2 粉末煅烧法合成莫来石晶须；

③ 熔盐法合成莫来石晶须。

就晶须增韧陶瓷材料途径而言，主要有外部引入法和原位生成法。外部引入法即将制成的晶须由外部引入到基体材料中，虽然增韧补强效果显著，但存在晶须分散困难、分布均匀性差、难烧结以及对人体健康有害等缺点。而采用原位生成法，即将原料混合后在烧结的过程中经过反应原位生成强化相，通过控制莫来石晶须在铝矾土高温物相转变过程中的原位生长，并伴随材料的烧结过程，实现晶须生长与陶瓷材料烧成同步完成则可以制备出莫来石晶须增韧补强陶瓷材料。该技术可弥补现有强化陶瓷材料工艺的不足，在提高性能的同时还可简化工艺过程，降低制备成本。

一、本申请的技术方案，实验方法

一种莫来石晶须强化陶瓷材料的制备方法，包括如下步骤：

（1）按照质量分数，将67%高岭土，22%铝矾土，1%氧化镁，10%粉煤灰粉末混合均匀，得到原料，其中，所述铝矾土为三氧化二铝含量为65%铝矾土。

（2）将所述原料置于球磨机中，按照原料与刚玉球质量比为1:1加入刚玉球，球磨3h后，得到粒径小于20μm的混合粉料。

（3）向所述混合原料粉料中加入占其质量10%的水并混拌均匀，陈腐1h，再将其置入模具中，在6MPa压力下压制成型，脱模后得到坯料。

（4）将所述坯料置于加热炉内，煅烧制度为：以5℃/min的升温速率从室温升温至500℃；再以10℃/min的升温速率升温至1150℃；然后以15℃/min的升温速率升温至1400℃；保温70min；随炉冷却；即得原位生长莫来石晶须强化陶瓷材料。

二、查询接近的现有技术

①穆柏春采用氧化铝、锆英石和氟化铝为主要原料，采用原位反应合成制备出自生莫来石晶须增韧氧化铝复合材料；②武汉理工大学的研究人员也采用原位合成莫来石晶须的方式实现了对SiC泡沫陶瓷的增韧工作；③胡克艳等人利用氢氧化铝、氟化铝、苏州土五氧化二钒采用重烧结法先获得含莫来石晶须的混合粉料再加入碳酸钡和碳酸钙进行二次烧结获得莫来石晶须强化高铝陶瓷。虽然这几种方法分别实现了莫来石晶须增强氧化铝复合材料、SiC泡沫陶瓷及高铝陶瓷。然而，现有技术主要集中于制备多孔陶瓷材料，所用原料也较少采用铝矾土、高岭土和粉煤灰等成本较低的矿物原料，特别是尚未有利用碱（碱土）金属作为莫来石晶须原位生成添加剂。

本申请所要解决的技术问题是：如何提供一种成本低廉的莫来石晶须原位增强陶瓷材料的制备方法。

三、为了解决上述技术问题，本申请最关键的技术要点为新配方和利用该新配方在陶瓷形成过程中形成莫来石晶须的方法步骤。

步骤（4）的阶段升温条件为优化技术方案，确定配方中各物质含量的上下限，同时确定工艺条件参数的调整范围。

得到技术方案为：一种莫来石晶须强化陶瓷材料的制备方法，其特征在于包括如下步骤。

（1）按照质量分数，将20%～45%的铝矾土粉末、40%～68%的高岭土粉末、0%～30%粉煤灰、0%～13%的钾长石粉末、0%～3%的氧化镁粉末、0%～4%的氧化钡粉末、0%～6%的氧化钙粉末混合均匀，得到原料，其中，所述铝矾土为三氧化二铝含量为50%～68%的铝矾土；

（2）将所述原料置于球磨机中对其进行球磨至粒径小于20μm得到混合粉料；

（3）向所述混合粉料中加入占其质量5%～15%的水，搅拌均匀，陈腐1～2h得到混合料Ⅰ，然后将混合料Ⅰ制成坯料；

（4）将所述坯料置于加热炉内，以5～15℃/min的速率升温到1350～1500℃，保温40～90min后降温冷却，即得所述莫来石晶须强化陶瓷材料。

四、确定优化的技术方案

① 为了提高混合效果，所述铝矾土粉末、高岭土粉末、钾长石粉末、氧化镁粉末、氧化钡粉末和氧化钙粉末的粒径均小于80μm。

② 为了优化最终得到的莫来石晶须的尺寸，控制步骤（4）的升温速率：步骤（4）的升

温过程分为三步,第一步以5～10℃/min的速率由室温升温到500～600℃,第二步以6～10℃/min的速率升温到1100～1200℃,第三步以10～15℃/min的速率升温到1350～1500℃。

③ 为了提高产品性能,步骤(4)的降温冷却为随炉冷却,或者在800～400℃出炉后于空气中强制冷却。

④ 为了防止上文技术方案中某些名词所指代的含义不清,逐一进行说明:步骤(3)制备坯料的方法为等静压成型、单向加压成型和挤压成型。

所述粉煤灰为F类Ⅱ级混凝土粉煤灰。

所述氧化镁粉末、氧化钡粉末、氧化钙粉末由金属离子对应盐类物质经加热分解反应获得。

所述氧化镁粉末由碳酸镁经加热分解反应获得;所述氧化钡粉末由碳酸钡经加热分解反应获得;所述氧化钙粉末由碳酸钙,硫酸钙或碳酸氢钙经加热分解反应获得。

五、产生的效果

利用铝矾土、高岭土和粉煤灰为原料,通过添加碱(碱土)金属在1500℃以下制备莫来石晶须原位强化陶瓷材料,除了发挥莫来石晶须原位强化陶瓷材料的优越性之外,还能降低生产成本,简化制备工艺,拓宽技术的使用领域。该方法利用原位固相反应,在材料体系内部形成莫来石晶须强化相,通过添加剂和温度控制莫来石晶须的生长,使得莫来石晶须形成和生长于材料的烧结同步完成,既简化了工艺又能够保证强化相的均匀分布以及与基体材料的良好匹配,因而能获得性能优异的陶瓷材料。

六、设计实施例,改变主要参数,制得产品,测试性能。

以步骤一中给出的实验步骤作为实施例1,测试其制得产品的性能:采用阿基米德排水法测得气孔率1.75%,吸水率0.69%,体积密度2.55kg/m³,抗弯强度按照中华人民共和国国家标准:陶瓷材料抗弯强度试验方法(GB/T 4741—1999)测得为(279.8±7)MPa。

图1给出多个实施例制得产品的X射线衍射图谱,表明最终得到的产品中含有刚玉、石英和莫来石晶相,形成了复相陶瓷材料。

图2还给出了实施例中最终制得产品的材料断面形貌图,由图可见原位生长的莫来石晶须均匀分散在陶瓷材料基体中。

表明该方法非常有效地制得了莫来石晶须增强陶瓷,且由于原料便宜,工艺简单,降低了成本。与前文提到的待解决的技术问题相对应。

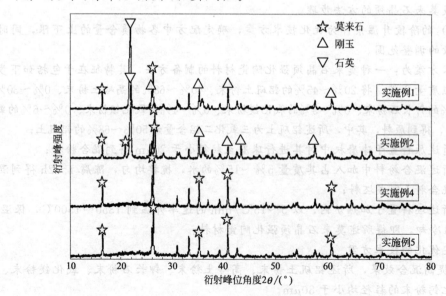

图1　X射线衍射图谱

 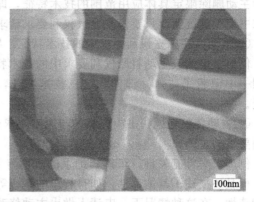

图 2　材料断面形貌图

8.6　审查意见的答复

申请发明专利时会接到审查意见，关于材料类专利申请接到的多是评价新颖性、创造性的意见。对于评价没有新颖性的权利要求，可以通过合并权利要求、向权利要求中附加其他技术特征进行修改，只要权利要求与对比文件相比具有一个区别技术特征，那么此项权利要求即具有新颖性，后面仍需讨论修改后的权利要求是否具有创造性。所以，审查意见答复过程中的难点在于对创造性的回复。本节首先对答复创造性问题相关的基本规定进行简单介绍，其次以实例对创造性答复的方法进行说明。

8.6.1　基本规定

8.6.1.1　答复方式

申请人答复审查意见可以以下几种方式进行。
① 仅提交意见陈述书。
② 修改申请文件，并提交意见陈述书（需提交替换页、修改对照页、意见陈述书）。

8.6.1.2　答复审查意见通知书时的修改

修改依据是专利法第三十三条：申请人可以对其专利申请文件进行修改，但是对发明和实用新型专利申请文件的修改不得超出原说明书和权利要求书记载的范围（规定了修改的内容与范围）。

原说明书和权利要求书记载的范围包括原说明书和权利要求书文字记载的内容和根据原说明书和权利要求书文字记载的内容以及说明书附图能直接地、毫无疑义地确定的内容。

实施细则第五十一条第三款：申请人在收到专利局发出的审查意见通知书后修改专利申请文件，应当针对通知书指出的缺陷进行修改（规定了接到通知书时的修改方式）。

对于虽然修改的方式不符合专利法实施细则第五十一条第三款的规定，但其内容与范围满足专利法第三十三条要求的修改，只要经修改的文件消除了原申请文件存在的缺陷，并且具有被授权的前景，这种修改就可以被视为是针对通知书指出的缺陷进行的修改，因而经此修改的申请文件可以接受。但是下列情况除外：
① 主动删除独立权利要求中的技术特征，扩大了该权利要求请求保护的范围。
例如，申请人从独立权利要求中主动删除技术特征，或者主动删除一个相关的技术术语，

或者主动删除限定具体应用范围的技术特征，即使该主动修改的内容没有超出原说明书和权利要求书记载的范围，只要修改导致权利要求请求保护的范围扩大，则这种修改将不被接受。

② 主动改变独立权利要求中的技术特征，导致扩大了请求保护的范围。

例如，申请人主动将原权利要求中的技术特征"螺旋弹簧"修改为"弹性部件"，尽管原说明书中记载了"弹性部件"这一技术特征，但是这种修改扩大了请求保护的范围，不被接受。

③ 主动将仅在说明书中记载的与原来要求保护的主题缺乏单一性的技术内容作为修改后权利要求的主题。

例如，一件有关自行车新式把手的发明专利申请，申请人在说明书中不仅描述了新式把手，而且还描述了其他部件，如自行车的车座等。经实质审查，权利要求限定的新式把手不具备创造性。在这种情况下，申请人做出主动修改，将权利要求限定为自行车车座。由于修改后的主题与原来要求保护的主题之间缺乏单一性，这种修改将不被接受。

④ 主动增加新的独立权利要求，该独立权利要求限定的技术方案在原权利要求书中未出现过。

⑤ 主动增加新的从属权利要求，该从属权利要求限定的技术方案在原权利要求书中未出现过。

除此之外，还需注意以下情况：

(1) 允许的修改

第一类：权利要求书

对权利要求书的修改包括以下七种方式，只要经修改后的权利要求的技术方案已清楚地记载在原说明书和权利要求书中，就应该允许。

① 在独立权利要求中增加技术特征，对独立权利要求做进一步的限定。

② 变更独立权利要求中的技术特征。

对于含有数值范围技术特征的权利要求中数值范围的修改，只有在修改后数值范围的两个端值在原说明书和/或权利要求书中已确实记载且修改后的数值范围在原数值范围之内的前提下，才是允许的。例如，权利要求的技术方案中，某温度为20～90℃，对比文件公开的技术内容与该技术方案的区别是其所公开的相应温度范围为0～100℃。但是，该文件还公开了该范围内的一个特定值40℃，审查意见通知书中指出该权利要求无新颖性。如果发明专利申请的说明书或者权利要求书还记载了20～90℃范围内的特定值40℃、60℃和80℃，则申请人可将权利要求中该温度范围修改为60～80℃或者60～90℃。

③ 变更独立权利要求的类型、主题名称及相应的技术特征。

④ 删除一项或多项权利要求，以克服原第一独立权利要求和并列的独立权利要求之间缺乏单一性，或者两项权利要求具有相同的保护范围而使权利要求书不简要，或者权利要求未以说明书为依据等缺陷。

⑤ 将独立权利要求相对于最接近的现有技术正确划界。

⑥ 修改从属权利要求的引用部分，改正引用关系上的错误，使其准确地反映原说明书中所记载的实施方式或实施例。

⑦ 修改从属权利要求的限定部分，清楚地限定该从属权利要求的保护范围，使其准确地反映原说明书中所记载的实施方式或实施例。

第二类：说明书及其摘要

对于说明书的修改，主要有以下两种情况：

① 说明书中本身存在的不符合专利法及其实施细则规定的缺陷。

② 根据修改后的权利要求书做出的适应性修改。

具体呈现为以下几种形式：

① 修改发明名称，使其准确、简要地反映要求保护的主题的名称。如果独立权利要求的类型包括产品、方法和用途，则这些请求保护的主题都应当在发明名称中反映出来。

② 修改发明所属技术领域。

③ 修改背景技术部分，使其与要求保护的主题相适应。审查员通过检索发现了比申请人在原说明书中引用的现有技术更接近所要求保护的主题的对比文件，则会允许申请人修改说明书，将该文件的内容补入背景技术，并引证该文件，同时删除描述不相关的现有技术的内容。在实际中，这种修改非常少。

④ 修改发明内容部分中与该发明所解决的技术问题有关的内容，使其与要求保护的主题相适应，即反映该发明的技术方案相对于最接近的现有技术所解决的技术问题。

⑤ 修改发明内容部分中与该发明技术方案有关的内容，使其与独立权利要求请求保护的主题相适应。如果独立权利要求进行了符合专利法及其实施细则规定的修改，则允许该部分做相应修改；如果独立权利要求未做修改，则允许在不改变原技术方案的基础上，对该部分进行理顺文字、改正不规范用词、统一技术术语等修改。

⑥ 修改发明内容部分中与该发明的有益效果有关的内容。只有某（些）技术特征在原始申请文件中已清楚地记载，而其有益效果没有被清楚地提及，但所属技术领域的技术人员可以直接地、毫无疑义地从原始申请文件中推断出，在这种效果的情况下，才允许对发明的有益效果做合适的修改。

⑦ 修改附图说明。申请文件中有附图，但缺少附图说明的，允许补充所缺的附图说明；附图说明不清楚的，允许根据上下文做出合适的修改。

⑧ 修改最佳实施方式或者实施例。这种修改中允许增加的内容一般限于补入原实施方式或者实施例中具体内容的出处以及已记载的反映发明的有益效果数据的标准测量方法（包括所使用的标准设备、器具）。如果由检索结果得知原申请要求保护的部分主题已成为现有技术的一部分，则申请人应当将反映这部分主题的内容删除或者明确写明其为现有技术。

⑨ 修改附图。删除附图中不必要的词语和注释，可将其补入说明书文字部分之中；修改附图中的标记使之与说明书文字部分相一致；在文字说明清楚的情况下，为使局部结构清楚起见，允许增加局部放大图；修改附图的阿拉伯数字编号，使每幅图使用一个编号。

⑩ 修改摘要。通过修改使摘要写明发明的名称和所属技术领域，清楚地反映所要解决的技术问题、解决该问题的技术方案的要点以及主要用途；删除商业性宣传用语；更换摘要附图，使其能反映发明技术方案的主要技术特征。

⑪ 修改由所属技术领域的技术人员能够识别出的明显错误，即语法错误、文字错误和打印错误。对这些错误的修改必须是所属技术领域的技术人员能从说明书的整体及上下文看出的唯一正确答案。

(2) 不允许的修改　如果申请的内容通过增加、改变和/或删除其中的一部分，致使所属技术领域的技术人员看到的信息与原申请记载的信息不同，而且又不能从原申请记载的信息中直接地、毫无疑义地确定，那么，这种修改就是不允许的。

第一类：不允许的增加

① 将某些不能从原说明书（包括附图）和/或权利要求书中直接明确认定的技术特征写入权利要求和/或说明书。

② 为使公开的发明清楚或者使权利要求完整而补入不能从原说明书（包括附图）和/或权利要求书中直接地、毫无疑义地确定的信息。

③ 增加的内容是通过测量附图得出的尺寸参数技术特征。

④ 引入原申请文件中未提及的附加组分，导致出现原申请没有的特殊效果。

⑤ 补入所属技术领域的技术人员不能直接从原始申请中导出的有益效果。
⑥ 补入实验数据以说明发明的有益效果（当补交的实验数据是用于证明所属技术领域的技术人员能够从专利申请公开的内容中得到的技术效果时，是被允许的），和/或补入实施方式和实施例以说明在权利要求请求保护的范围内发明能够实施。
⑦ 增补原说明书中未提及的附图，一般是不允许的；如果增补背景技术的附图，或者将原附图中的公知技术附图更换为最接近现有技术的附图，则应当允许。

第二类：不允许的改变
① 改变权利要求中的技术特征，超出了原权利要求书和说明书记载的范围。

【例 8-44】
原权利要求限定了一种在一边开口的唱片套。附图中也只给出了一幅三边胶接在一起、一边开口的套子视图。如果申请人后来把权利要求修改成"至少在一边开口的套子"，而原说明书中又没有任何地方提到过"一个以上的边可以开口"，那么，这种改变超出了原权利要求书和说明书记载的范围。

【例 8-45】
原权利要求涉及制造橡胶的成分，不能将其改成制造弹性材料的成分，除非原说明书已经清楚地指明。

【例 8-46】
原权利要求请求保护一种自行车闸，后来申请人把权利要求修改成一种车辆的闸，而从原权利要求书和说明书不能直接得到修改后的技术方案。这种修改也超出了原权利要求书和说明书记载的范围。

【例 8-47】
用不能从原申请文件中直接得出的"功能性术语＋装置"的方式，来代替具有具体结构特征的零件或者部件。这种修改超出了原权利要求书和说明书记载的范围。

② 由不明确的内容改成明确具体的内容而引入原申请文件中没有的新的内容。

【例 8-48】
一件有关合成高分子化合物的发明专利申请，原申请文件中只记载在"较高的温度"下进行聚合反应。当申请人看到审查员引证的一份对比文件中记载了在40℃下进行同样的聚合反应后，将原说明书中"较高的温度"改成"高于40℃的温度"。虽然"高于40℃的温度"的提法包括在"较高的温度"范围内，但是，所属技术领域的技术人员，并不能从原申请文件中理解到"较高的温度"是指"高于40℃的温度"。因此，这种修改引入了新内容。

③ 将原申请文件中的几个分离的特征，改变成一种新的组合，而原申请文件没有明确提及这些分离的特征彼此间的关联。

④ 改变说明书中的某些特征，使得改变后反映的技术内容不同于原申请文件记载的内容，超出了原说明书和权利要求书记载的范围。

【例 8-49】
一件有关多层层压板的发明专利申请，其原申请文件中描述了几种不同的层状安排的实施方式，其中一种结构是外层为聚乙烯。如果申请人修改说明书，将外层的聚乙烯改变为聚丙烯，那么这种修改是不允许的。因为修改后的层压板完全不同于原来记载的层压板。

【例 8-50】
原申请文件中记载了"例如螺旋弹簧支持物"的内容，说明书经修改后改变为"弹性支持物"，导致将一个具体的螺旋弹簧支持方式，扩大到一切可能的弹性支持方式，使所反映的技术内容超出原说明书和权利要求书记载的范围。

【例 8-51】

原申请文件中限定温度条件为 10℃或者 300℃，后来说明书中修改为 10~300℃。如果根据原申请文件记载的内容不能直接地、毫无疑义地得到该温度范围，则该修改超出原说明书和权利要求书记载的范围。

【例 8-52】

原申请文件中限定组合物的某成分的含量为 5%或者 45%~60%，后来说明书中修改为 5%~60%。如果根据原申请文件记载的内容不能直接地、毫无疑义地得到该含量范围，则该修改超出了原说明书和权利要求书记载的范围。

第三类：不允许的删除

① 从独立权利要求中删除在原申请中明确认定为发明的必要技术特征的那些技术特征，即删除在原说明书中始终作为发明的必要技术特征加以描述的那些技术特征；或者从权利要求中删除一个与说明书记载的技术方案有关的技术术语；或者从权利要求中删除在说明书中明确认定的关于具体应用范围的技术特征。

例如，将"有肋条的侧壁"改成"侧壁"。又例如，原权利要求是"用于泵的旋转轴密封……"，修改后的权利要求是"旋转轴密封"。上述修改都是不允许的，因为在原说明书中找不到依据。

② 从说明书中删除某些内容而导致修改后的说明书超出了原说明书和权利要求书记载的范围。

例如，一件有关多层层压板的发明专利申请，其说明书中描述了几种不同层状安排的实施方式，其中一种结构是外层为聚乙烯。如果修改说明书，将外层的聚乙烯这一层去掉，那么，这种修改是不允许的。因为修改后的层压板完全不同于原来记载的层压板。

③ 如果在原说明书和权利要求书中没有记载某特征的原数值范围的其他中间数值，而鉴于对比文件公开的内容影响发明的新颖性和创造性，或者鉴于当该特征取原数值范围的某部分时发明不可实施，不能采用具体"放弃"的方式，从上述原数值范围中排除该部分，使得要求保护的技术方案中的数值范围从整体上看来明显不包括该部分。由于这样的修改超出了原说明书和权利要求书记载的范围，因此除非能够根据申请原始记载的内容证明该特征取被"放弃"的数值时，本发明不可实施，或者该特征取经"放弃"后的数值时，本发明具有新颖性和创造性，否则这样的修改不能被允许。

例如，要求保护的技术方案中某一数值范围为 $X_1=600\sim10000$，对比文件公开的技术内容与该技术方案的区别仅在于其所述的数值范围为 $X_2=240\sim1500$，因为 X_1 与 X_2 部分重叠，故该权利要求无新颖性。

如采用具体"放弃"的方式对 X_1 进行修改，排除 X_1 中与 X_2 相重叠的部分，即 600~1500，将要求保护的技术方案中该数值范围修改为 $1500<X_1\leqslant10000$。必须依据原始记载的内容和现有技术证明本发明在 $1500<X_1\leqslant10000$ 的数值范围相对于对比文件公开的 $X_2=240\sim1500$ 具有创造性，或者证明 X_1 取 600~1500 时，本发明不能实施，否则此种修改不被允许。

8.6.2 实例

【例 8-53】

权利要求：

1. 一种钕铁硼大工件多线切割方法，其特征在于包括如下步骤：

（1）将待加工毛坯除去浮灰、表面污物和油渍；

（2）将确定位待加工毛坯在线切割夹具上的位置，利用磁材胶逐个将待加工毛坯黏附在线切割夹具上；

（3）用多线切割设备沿同一方向对待加工毛坯进行多线切割，得到多个相同厚度的工件；

（4）除去步骤（3）加工后毛坯的两端，并检测线切割后工件的厚度，然后利用清水清洗工件，除去多线切割时工件上黏附的液体及残渣；

（5）利用干式抛光机除去工件上的油污，并为工件倒角；

（6）将步骤（5）处理后的工件置于稀氢氧化钠水溶液中处理，除去工件上黏附的磁材胶。

审查意见中对此项权利要求的评述内容如下：

此权利要求1不具备专利法第二十二条第三款规定的创造性。

此权利要求1要求保护一种钕铁硼大工件多线切割方法，对比文件1（CN102254953A）是最接近的现有技术，其公开了一种太阳能硅片制造方法，实质上公开了一种大工件多线切割方法，并具体公开了以下技术特征（参见对比文件1的说明书第0004~0034段）。该方法包括如下步骤：采用机械化学抛光去除硅棒损伤层，粘接棒并使用多线切割机切割，根据说明书记载，本领域技术人员可以直接地、毫无疑义地确定粘接棒是指将硅棒（相当于本申请的待加工毛坯）黏附在线切割夹具上，在粘时必然先精确定位硅棒在夹具上的位置，而且利用多线切割机对硅棒进行多线切割，得到多个相同厚度的工件，硅片脱胶，配制乳酸溶液，将硅片浸泡在乳酸溶液中30min，清洗硅片去除表面杂质（相当于本申请的利用清水清洗工件，除去多线切割时工件上黏附的液体及残渣）。该权利要求保护的技术方案与对比文件1的区别在于：①本申请中的大工件多线切割方法用于切割钕铁硼。②步骤（1）将待加工毛坯除去浮灰、表面污物和油渍；步骤（2）中利用磁材胶逐个将待加工毛坯黏附在线切割夹具上；步骤（3）中多线切割设备沿同一方向对待加工毛坯进行多线切割；步骤（4）除去步骤（3）加工后毛坯的两端并检测线切割后工件的厚度；步骤（5）利用干式抛光机除去工件上的油污，并为工件倒角；步骤（6）将步骤（5）处理后的工件置于稀氢氧化钠水溶液中处理，除去工件上黏附的磁材胶。

基于上述区别特征，本申请实际解决的技术问题为：采用何种胶将工件粘接在夹具上，如何去除工件表面的油污以及如何去胶。

对于区别特征①，对比文件1公开了一种多线切割大尺寸硅棒（直径160mm）的方法。该方法可以保证切割精度，目前硅片以及钕铁硼都采用多线切割方法切割，当现有技术中面临大尺寸钕铁硼采用多线切割难以保证切割精度的问题时，本领域技术人员容易想到将对比文件1中的切割方法用于切割钕铁硼。

对于区别特征②，对比文件2（CN101241939A）公开了一种超薄太阳能级硅片的切割工艺，并具体公开了以下内容（参见对比文件2的说明书第1页最后1段和第2页第3段）：太阳能级硅片的切割工序由单晶圆形硅棒开方和单晶方形硅棒切片两道工序组成，在开方过程中对硅棒进行两次倒角，免除砂轮滚磨半成品硅晶棒柱体圆棱的加工工序，不再发生棱角崩边和爆裂现象，在硅棒切片前将硅棒经超声清洗［相当于本申请的步骤（1）将待加工毛坯除去浮灰、表面污物和油渍］和高纯氮气吹干后粘贴在玻璃板上，且其在对比文件2中所起的作用与其在本申请中为解决其技术问题所起的作用相同，都是在切片前对工件进行清洗保证最终产品的清洁以及切割质量良好，即对比文件2给出了将其用于对比文件1中的启示；对于其余未被公开的特征，具体采用何种胶将工件按照何种顺序粘接在线切割夹具上，这是根据工件的性质、工件尺寸以及切割线宽度等具体条件而确定的，利用磁材胶逐个将待加工毛坯粘接在线切割夹具上属于本领域的常规设置；多线切割过程中通常都是沿同一方向对待加工毛坯进行多线切割，在切割完成后通常会去除毛坯的两端并检测线切割后工件的厚度，这是本领域的常规技术手段；在多线切割过程中善于使用砂浆，通常会导致最终的工件上有很多杂质或油污。为了最终得到合格产品，通常会对工件进行清洗处理，可以采用清水清洗，也可通过抛光或砂轮研磨等方式进行清洁，因此利用干式抛光机除去工件上的油污是本领域的常规技术手段；对比文件2中已经公开对工件进行倒角可以防止棱角崩边和爆裂的现象，在此基础上，为了使钕铁硼的片产品释放应力不崩边，本领域技术人员容易想到为工件倒角；对比文件1已经公开了在制得硅片后对硅片进行脱胶，配制乳酸溶液，将硅片浸泡在乳酸溶液中30min，而且得到切片工件后对工件进行去胶处理是多线切割领域的常规技术手段。具体采用何种溶液去胶和使用的胶种类有关，不论采用何种溶液，只要采用的溶液能够去除该种胶即可，因此将处理后的工件置于稀氢氧化钠水溶液中处理并除去工件上粘接的磁材胶仅是本领域的常规技术手段。

由此可知，在对比文件1的基础上结合对比文件2以及本领域的公知常识，得出该权利要求的技术方案，对本领域技术人员来说是显而易见的，因此该权利要求所要求保护的技术方案不具有突出的实质性特点和显著的进步，因而不具备专利法第二十二条第三款规定的创造性。

【读懂审查意见】

结合前文介绍的创造性评价方法，我们看一下在此审查意见中，创造性判断方法所依据的三个步骤是如何进行的。

（1）确定最接近的现有技术　此处，对比文件1（D1）和本申请属于相同的技术领域，所要解决的技术问题、用途最接近和公开了发明的技术特征最多的现有技术。

（2）确定发明的区别特征和发明实际解决的技术问题　该权利要求保护的技术方案与对比文件1的区别在于：①本申请中的大工件多线切割方法用于切割钕铁硼。②步骤（1）将待加工毛坯除去浮灰、表面污物和油渍；步骤（2）中利用磁材胶逐个将待加工毛坯粘接在线切割夹具上；步骤（3）中多线切割设备沿同一方向对待加工毛坯进行多线切割；步骤（4）除去步骤（3）加工后毛坯的两端并检测线切割后工件的厚度；步骤（5）利用干式抛光机除去工件上的油污，并为工件倒角；步骤（6）将步骤（5）处理后的工件置于稀氢氧化钠水溶液中处理，除去工件上粘接的磁材胶。

基于上述区别特征，本申请实际解决的技术问题为：采用何种胶将工件粘接在夹具上、如何去除工件表面的油污以及如何去胶。

（3）判断要求保护的发明对本领域的技术人员来说是否显而易见　逐条评述区别技术特征对本领域技术人员来说是否显而易见［见前文中关于区别技术特征（1）……；关于区别技术特征（2）……的相关评述］，最终得出结论。

【解析】

答复权利要求没有创造性的审查意见，首先，要看对比文件与本申请相比是不是属于相同的技术领域，是否解决的是相同的技术问题；其次，查看审查意见中关于对比文件1与本申请独立权利要求的区别技术的评述是否正确。

对于本申请，在第一步的判断中，对比文件与本申请分属两个领域，其解决的技术问题不同，答复时可围绕此点进行答复；但是应注意陈述意见时不能仅停留在表面，需要对提出的观点进行详细说理、举证，做到有理有据。

审查意见答复：

一、对比文件1与本申请权利要求1请求保护的技术方案不属于同一技术领域，并不能作为本申请权利要求1中技术方案的最接近的现有技术来评判其创造性。

虽然表面上看起来，权利要求1请求保护的是一种钕铁硼大工件多线切割方法，对比文件1中披露了太阳能硅片的大工件多线切割方法，两者均涉及大工件多线切割方法，但是实际上钕铁硼大工件切割与太阳能硅片的大工件切割要求完全不同。

首先，钕铁硼是一种永磁体，其具有方向性，加工过程重点是要求制得的产品具有精准的方向性；而太阳能硅片则没有方向性要求。

其次，钕铁硼作为永磁体需要具有适当的厚度，否则丧失磁性，即丧失实用性能；而太阳能硅片呈超薄片状，易于破碎，加工时要求在确保超薄加工的基础上，还要防止其破碎。

再次，钕铁硼作为永磁体由于含有铁、稀土等元素，易于氧化生锈，加工过程需要防氧化；而太阳能硅片的加工过程则不需考虑氧化。

最后，太阳能硅片在加工过程中易于被道具污染，掺入铁等杂质，影响其性能；而钕铁硼永磁体的加工过程则无此顾虑，仅需防氧化即可。

综上所述，钕铁硼大工件的切割方法与太阳能硅片的大工件切割方法分属不同领域，两者加工过程的侧重点不同，两个领域的技术人员考虑本领域材料的加工方法时不会相互借鉴。对于本领域技术问题的解决相互之间也不能产生教导，继而不能作为最接近的现有技术来评判彼此的创造性。

二、在钕铁硼切割领域，现有技术中多线切割仅用于尺寸小于10mm的小工件、特小工件的加工，并未应用于大工件切割，本申请提供的方法可用于切削10~65mm的钕铁硼制品，本领域技术人员在未得知本申请的技术方案的前提下，并不能根据现有技术显而易见的得出该技术方案，所以在本技术领域，本发明权利要求1请求保护的技术方案是具有创造性的。

【例8-54】
选用8.5.2方法类专利中的例子进行评述。

1. 一种莫来石晶须强化陶瓷材料的制备方法，其特征在于包括如下步骤：

（1）按照质量分数，将20%~45%的铝矾土粉末、40%~68%的高岭土粉末、0%~30%粉煤灰、0%~13%的钾长石粉末、0%~3%的氧化镁粉末、0%~4%的氧化钡粉末、0%~6%的氧化钙粉末混合均匀，得到原料，其中，所述铝矾土为三氧化二铝含量为50%~68%的铝矾土；

（2）将所述原料置于球磨机中对其进行球磨至粒径小于$20\mu m$得到混合粉料；

（3）向所述混合粉料中加入占其质量5%~15%的水，搅拌均匀，陈腐1~2h得到混合料Ⅰ，然后将混合料Ⅰ制成坯料；

（4）将所述坯料置于加热炉内，以5~15℃/min的速率升温到1350~1500℃，保温40~90min后降温冷却，即得所述莫来石晶须强化陶瓷材料。

审查意见中对此项权利要求的评述内容如下。经审查，提出如下意见。

权利要求1要求保护一种莫来石晶须强化陶瓷材料的制备方法。对比文件1（CN103771841A，简称D1）公开了一种刚玉-莫来石复相陶瓷材料的制备方法（参见权利要求1~4），包括如下步骤：

（1）按照质量分数，将1%~25%的粉煤灰、0~5%的氧化钙、0~10%的粉末状钠长石和60%~99%的铝矾土混合均匀，得到原料，铝矾土为三氧化二铝含量为50%~68%的铝矾土；

（2）将所述原料置于球磨机中混合均匀，球磨至粒径小于$74\mu m$，得到混合粉料；

（3）向所述混合粉料中加入占其质量1%~3%的水玻璃，搅拌均匀，陈腐1~2h，在压力机或造粒机上进行成型制坯，得到坯料；

（4）将所述坯料置于加热炉内，以5~15℃/min的速率升温到1350~1420℃，保温40~120min后随炉冷却，即得所述刚玉－莫来石复相陶瓷材料。

所述粉煤灰为F类Ⅱ级混凝土粉煤灰。

步骤（4）的升温过程分为两步：第一步以5~10℃/min的速率由室温升温到600~800℃；第二步以10~15℃/min的速率升温到1350~1420℃。

从D1的附图2可知，其中存在晶须，而刚玉通常不是柱状，莫来石为柱状晶体，可推定其中晶须为莫来石晶须。

权利要求1与D1的区别为：（1）用高岭土替换了部分铝矾土，用钾长石替换了钠长石，用水替换了水玻璃，且含量增加；（2）球磨后的粉料粒度更细。权利要求1实际解决的技术问题是提供了一种原料的替换。

关于区别（1），本领域技术人员都知道，莫来石在氧化铝和氧化硅物质的量比为3∶2附近都可以生成，原料比例虽然变化，但其晶型不变。因此，本领域技术人员完全可以选择适当的硅、铝原料使氧化硅和氧化铝的含量在上述范围内。另外，对比文件2（CN1312237A，简称D2）公开了一种人工合成莫来石的方法，其原料为氧化铝含量不低于43%的高铝矾土和/或氧化铝含量不小于32%的高岭土（参见权利要求1-2），可见技术人员选择部分高岭土替代D1中的高铝矾土是容易想到的。钾长石和钠长石都是常见且常用的陶瓷助熔原料，互相替换并不会产生预料不到的技术效果，水玻璃有助熔作用，黏结性更好，但由于原料中含有黏土，也能成型，因而用水替代水玻璃也是常规选择，用水量是技术人员进行简单试验就能确定的。

氧化镁和氧化钡都与氧化钙性能类似，在莫来石-刚玉陶瓷中非必需成分，技术人员可根据需要选择。

关于区别（2），陶瓷粉料更细，有助于促进烧结反应，技术人员可以根据需要选择。

综上，在D1的基础上，结合D2和常规选择，得到权利要求1的技术方案是显而易见的，权利要求1不具备突出的实质性特点和显著的进步，不具备专利法第22条第3款规定的创造性。

【读懂审查意见】

结合前文介绍的创造性评价方法，由此审查意见，我们来看一下创造性判断方法所依据的三个步骤是如何进行的：

（1）确定最接近的现有技术　此处，对比文件1（D1）和本申请属于相同的技术领域，其属于公开本申请技术特征最多的现有技术。

（2）确定发明的区别特征和发明实际解决的技术问题　审查意见中总结的区别技术特征中权利要求1与D1的区别为：①用高岭土替换了部分铝矾土，用钾长石替换了钠长石，用水替换了水玻璃，且含量增加；②球磨后的粉料粒度更细。

基于该区别技术特征进行分析：权利要求1实际解决的技术问题是提供了一种原料的替换。

（3）判断要求保护的发明对本领域的技术人员来说是否显而易见　逐条评述区别技术特征对本领域技术人员来说是否显而易见［见前文中关于区别技术特征（1）……；关于区别技术特征（2）……的相关评述］，最终得出结论。

【解析】

针对创造性审查意见答复时，首先要看对比文件与本申请相比是不是属于相同的技术领域，是否解决的是相同的技术问题；其次，查看审查意见中关于对比文件1与本申请独立权利要求的区别技术的评述是否正确。

在此项申请中，申请人并不认同审查意见中对于区别技术特征的评述。申请人认为：对比文件1中陶瓷材料含有的仅是莫来石相，而本申请陶瓷材料中含有的是莫来石晶须；两者的差异集中在是否有莫来石晶须形成。以此为答复的陈述中心，有理有据地进行阐述。

审查意见答复：

［1］如审查意见中所述，"本申请权利要求1请求保护的技术方案与对比文件D1相比，其区别技术特征在于：（1）用高岭土替换了部分铝矾土，用钾长石替换了钠长石，用水替换了水玻璃，且含量增加；（2）球磨后的粉料粒度更细。权利要求1实际解决的技术问题是，提供了一种原料的替换。"同时，"对比文件2公开了一种人工合成莫来石的方法，其原料为氧化铝含量不低于43%的高铝矾土和/或氧化铝含量不小于32%的高岭土""对比文件1、2结合，

可见技术人员选择部分高岭土替换铝矾土是易于想到的"。

[2] 申请人对此有不同见解，现陈述如下：

[3] 对比文件1给出的是复相陶瓷的制备方法，本申请给出的是原位生长莫来石晶须强化陶瓷材料的制备方法；两者的差异为对比文件1中陶瓷材料含有的仅是莫来石相，而本申请陶瓷材料中含有的是莫来石晶须；两者的差异集中在是否有莫来石晶须形成。

[4] 本领域技术人员均知道，莫来石晶体一般为柱状或棱柱状；而莫来石晶须是通过人工控制条件，使材料以单晶形式生长并具有一定长径比（一般>10）和横截面积小于 $10\mu m^2$ 的一种短纤维材料。如果不控制好原料配比和热处理温度，莫来石会形成块状和鳞片状结构，不利于陶瓷材料性能的提高。

[5] 可见莫来石晶须的范围小于莫来石晶体的范围，属于一种特殊结构的晶体。

[6] 文献"刘康时，等. 陶瓷工艺原理. 广州：华南理工大学出版社，1991，126-127."给出了高岭土在陶瓷烧成过程中发生的反应：

$$Al_2O_3 \cdot 2SiO_2 \cdot 2H_2O \xrightarrow{550\sim650℃} \underset{（偏高岭土）}{Al_2O_3 \cdot 2SiO_2} + 2H_2O$$
（高岭土）

$$3(\underset{偏高岭土}{Al_2O_3 \cdot 2SiO_2}) \xrightarrow{>950℃} \underset{一次莫来石}{3Al_2O_3 \cdot 2SiO_2} + \underset{非晶态SiO_2}{4SiO_2}$$

此反应得到的莫来石晶粒细小，为原位反应形成莫来石晶须提供基础（即提供晶种）。随着温度的升高，莫来石晶体会长大，为保证形成具有一定长径比且截面细小的晶须，需要原料的粉末更细小从而加快反应；为保证莫来石晶须获得更大的长径比，可采用合适大小的金属离子（钾、镁、钙、钡离子）诱发莫来石晶格产生畸变形成定向生长；本专利的实验表明，钠离子对原位形成莫来石晶须有不利影响，故避免引入，因而用水代替水玻璃（硅酸钠水溶液）。

[7] 本专利中的莫来石晶体比专利D1中的更细小，长径比更大，符合晶须的特征。

本申请附图

本申请与D1附图相同倍数下SEM图片

[8] 对比文件1附图2中的柱状晶为普通的莫来石晶体，并未形成本申请附图中莫来石晶须。二者在微观形貌尺度上存在较大差异。莫来石晶体只有在适当条件下才会沿特定方向择优生长（单晶生长），生长成针状莫来石晶体，即莫来石晶须，据文献"Y. M. Park, T. Y. Yang, S. Y. Yoon, et al. Mullite whiskers derived from coal fly ash [J]. Materials Science and Engineering：A，2007，454-455：518-522"公开的内容：这种晶须材料比一般的柱状晶更能提高材料的性能。这也正是本专利的创新点所在。

[9] 因此，本申请权利要求1与对比文件1的区别不在于仅仅提供了一种原料的替换，而是通过原料种类和比例的变化，为莫来石晶须的原位形成提供了条件。

[10] 对比文件2提供了一种人工合成莫来石的方法，但不是合成莫来石晶须的方法，更没有提供原位形成莫来石晶须强化陶瓷材料的技术。对比文件2中并未给出制得莫来石晶须的

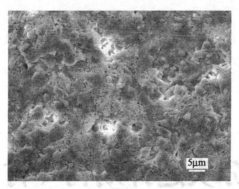

D1 附图 2

任何启示。

[11] 将制成的晶须材料，加入到基体材料中，然后烧结制备晶须增韧陶瓷复合材料，尽管增韧补强效果明显，但存在晶须在基体中分散困难、分布不均、烧结困难等技术问题，同时晶须粉体对人体有害。文献"张锦化. 莫来石晶须的制备、生长机理及其在陶瓷增韧中的应用[D]. 中国地质大学，2012：111-112"公开：原位生成法是将各反应混合物料混合均匀成型后，通过热压烧结或常压烧结等工艺，在陶瓷复合体烧结过程中原位生成晶须。由于晶须在陶瓷基体中均匀生长，可避免外界环境污染，晶须与基体之间的界面结合较为紧密，可改善晶须与基体材料的结合性能。另外，自生晶须增韧陶瓷材料可简化复合材料的工艺过程，降低生产成本。

[12] 综上所述，对比文件 1、对比文件 1 和对比文件 2 的结合，以及现有技术中均未具体公开在陶瓷材料中利用原位聚合的方法生成莫来石晶须的方法，本申请权利要求 1 请求保护的技术方案具有创造性。

注意：

① 为了清楚说明审查意见答复时各段的内容，所以在各段前标了段号，实际答复中不用标。

② 段[3]先从整体角度评述了对比文件 1 与本申请的实质区别：对比文件 1 中陶瓷材料含有的仅是莫来石相，而本申请陶瓷材料中含有的是莫来石晶须；两者的差异集中在是否有莫来石晶须形成。

段[4]～[6]举证剖析莫来石与莫来石晶须的区别。

段[7]～[9]结合本申请和 D1 附图证明本申请提供技术方案形成的是莫来石晶须，D1 形成的仅是莫来石。

段[10]陈述对比文件 2 并未给出技术启示。

段[11]陈述原位生成法形成晶须的好处。

段[12]总结。

附录

按照分类选择期刊（材料科学类）

全称	分类	子类别	国家
PROGRESS IN CRYSTAL GROWTH AND CHARACTERIZATION OF MATERIALS	工程技术	材料科学:表征与测试	ENGLAND
MATERIALS CHARACTERIZATION	工程技术	材料科学:表征与测试	UNITED STATES
POLYMER TESTING	工程技术	材料科学:表征与测试	ENGLAND
MECHANICS OF TIME-DEPENDENT MATERIALS	工程技术	材料科学:表征与测试	NETHERLANDS
EXPERIMENTAL MECHANICS	物理	材料科学:表征与测试	ENGLAND
Nanoscale and Microscale Thermophysical Engineering	工程技术	材料科学:表征与测试	UNITED STATES
JOURNAL OF NONDESTRUCTIVE EVALUATION	工程技术	材料科学:表征与测试	UNITED STATES
ENGINEERING FAILURE ANALYSIS	工程技术	材料科学:表征与测试	ENGLAND
JOURNAL OF STRAIN ANALYSIS FOR ENGINEERING DESIGN	工程技术	材料科学:表征与测试	ENGLAND
Computers and Concrete	工程技术	材料科学:表征与测试	SOUTH KOREA
RESEARCH IN NONDESTRUCTIVE EVALUATION	工程技术	材料科学:表征与测试	UNITED STATES
MECHANICS OF ADVANCED MATERIALS AND STRUCTURES	工程技术	材料科学:表征与测试	ENGLAND
Nondestructive Testing and Evaluation	工程技术	材料科学:表征与测试	ENGLAND
ARCHIVES OF MECHANICS	工程技术	材料科学:表征与测试	POLAND
POWDER DIFFRACTION	工程技术	材料科学:表征与测试	UNITED STATES
EXPERIMENTAL TECHNIQUES	工程技术	材料科学:表征与测试	UNITED STATES
INSIGHT	工程技术	材料科学:表征与测试	ENGLAND
Beton-und Stahlbetonbau	工程技术	材料科学:表征与测试	GERMANY
JOURNAL OF TESTING AND EVALUATION	工程技术	材料科学:表征与测试	UNITED STATES
Materials Testing-Materials and Components Technology and Application	工程技术	材料科学:表征与测试	GERMANY
RUSSIAN JOURNAL OF NONDESTRUCTIVE TESTING	工程技术	材料科学:表征与测试	RUSSIA
MATERIALS EVALUATION	工程技术	材料科学:表征与测试	UNITED STATES
MATERIALS PERFORMANCE	工程技术	材料科学:表征与测试	UNITED STATES
PARTICLE & PARTICLE SYSTEMS CHARACTERIZATION	工程技术	材料科学:表征与测试	GERMANY
NDT & E INTERNATIONAL	工程技术	材料科学:表征与测试	ENGLAND
JOURNAL OF SANDWICH STRUCTURES & MATERIALS	工程技术	材料科学:表征与测试	ENGLAND

全称	分类	子类别	国家
POLYMERS & POLYMER COMPOSITES	工程技术	材料科学;表征与测试	ENGLAND
DYES AND PIGMENTS	工程技术	材料科学;纺织	ENGLAND
CELLULOSE	工程技术	材料科学;纺织	NETHERLANDS
TEXTILE RESEARCH JOURNAL	工程技术	材料科学;纺织	UNITED STATES
COLORATION TECHNOLOGY	工程技术	材料科学;纺织	ENGLAND
Journal of Engineered Fibers and Fabrics	工程技术	材料科学;纺织	UNITED STATES
FIBERS AND POLYMERS	工程技术	材料科学;纺织	SOUTH KOREA
WOOD AND FIBER SCIENCE	工程技术	材料科学;纺织	UNITED STATES
JOURNAL OF THE AMERICAN LEATHER CHEMISTS ASSOCIATION	工程技术	材料科学;纺织	UNITED STATES
JOURNAL OF THE TEXTILE INSTITUTE	工程技术	材料科学;纺织	ENGLAND
Industria Textila	工程技术	材料科学;纺织	ROMANIA
International Journal of Clothing Science and Technology	工程技术	材料科学;纺织	ENGLAND
SEN-I GAKKAISHI	工程技术	材料科学;纺织	JAPAN
JOURNAL OF THE SOCIETY OF LEATHER TECHNOLOGISTS AND CHEMISTS	工程技术	材料科学;纺织	ENGLAND
Tekstil ve Konfeksiyon	工程技术	材料科学;纺织	TURKEY
AATCC REVIEW	工程技术	材料科学;纺织	UNITED STATES
FIBRE CHEMISTRY	工程技术	材料科学;纺织	RUSSIA
JOURNAL OF VINYL & ADDITIVE TECHNOLOGY	工程技术	材料科学;纺织	UNITED STATES
FIBRES & TEXTILES IN EASTERN EUROPE	工程技术	材料科学;纺织	POLAND
COMPOSITES SCIENCE AND TECHNOLOGY	工程技术	材料科学;复合	ENGLAND
COMPOSITE STRUCTURES	工程技术	材料科学;复合	ENGLAND
COMPOSITES PART A-APPLIED SCIENCE AND MANUFACTURING	工程技术	材料科学;复合	ENGLAND
COMPOSITES PART B-ENGINEERING	工程技术	材料科学;复合	ENGLAND
JOURNAL OF COMPOSITES FOR CONSTRUCTION	工程技术	材料科学;复合	UNITED STATES
POLYMER COMPOSITES	工程技术	材料科学;复合	UNITED STATES
JOURNAL OF REINFORCED PLASTICS AND COMPOSITES	工程技术	材料科学;复合	ENGLAND
JOURNAL OF COMPOSITE MATERIALS	工程技术	材料科学;复合	ENGLAND
APPLIED COMPOSITE MATERIALS	工程技术	材料科学;复合	ENGLAND
JOURNAL OF THERMOPLASTIC COMPOSITE MATERIALS	工程技术	材料科学;复合	ENGLAND
STEEL AND COMPOSITE STRUCTURES	工程技术	材料科学;复合	SOUTH KOREA
ADVANCED COMPOSITE MATERIALS	工程技术	材料科学;复合	NETHERLANDS
COMPOSITE INTERFACES	工程技术	材料科学;复合	NETHERLANDS
PLASTICS RUBBER AND COMPOSITES	工程技术	材料科学;复合	ENGLAND
MECHANICS OF COMPOSITE MATERIALS	工程技术	材料科学;复合	UNITED STATES
ADVANCED COMPOSITES LETTERS	工程技术	材料科学;复合	ENGLAND
CEMENT & CONCRETE COMPOSITES	工程技术	材料科学;复合	ENGLAND
JOURNAL OF THE EUROPEAN CERAMIC SOCIETY	工程技术	材料科学;硅酸盐	ENGLAND
JOURNAL OF THE AMERICAN CERAMIC SOCIETY	工程技术	材料科学;硅酸盐	UNITED STATES
CERAMICS INTERNATIONAL	工程技术	材料科学;硅酸盐	ENGLAND
JOURNAL OF NON-CRYSTALLINE SOLIDS	工程技术	材料科学;硅酸盐	NETHERLANDS
JOURNAL OF ELECTROCERAMICS	工程技术	材料科学;硅酸盐	NETHERLANDS
JOURNAL OF SOL-GEL SCIENCE AND TECHNOLOGY	工程技术	材料科学;硅酸盐	UNITED STATES
International Journal of Applied Ceramic Technology	工程技术	材料科学;硅酸盐	UNITED STATES
Advances in Applied Ceramics	工程技术	材料科学;硅酸盐	ENGLAND
AMERICAN CERAMIC SOCIETY BULLETIN	工程技术	材料科学;硅酸盐	UNITED STATES
JOURNAL OF THE CERAMIC SOCIETY OF JAPAN	工程技术	材料科学;硅酸盐	JAPAN

全称	分类	子类别	国家
Physics and Chemistry of Glasses-European Journal of Glass Science and Technology Part B	工程技术	材料科学;硅酸盐	ENGLAND
SCIENCE OF SINTERING	工程技术	材料科学;硅酸盐	SERBIA
JOURNAL OF INORGANIC MATERIALS	工程技术	材料科学;硅酸盐	PEOPLES R CHINA
GLASS PHYSICS AND CHEMISTRY	工程技术	材料科学;硅酸盐	RUSSIA
CERAMICS-SILIKATY	工程技术	材料科学;硅酸盐	CZECH REPUBLIC
GLASS AND CERAMICS	工程技术	材料科学;硅酸盐	RUSSIA
Transactions of the Indian Ceramic Society	工程技术	材料科学;硅酸盐	INDIA
JOURNAL OF CERAMIC PROCESSING RESEARCH	工程技术	材料科学;硅酸盐	SOUTH KOREA
BOLETIN DE LA SOCIEDAD ESPANOLA DE CERAMICA Y VIDRIO	工程技术	材料科学;硅酸盐	SPAIN
GLASS TECHNOLOGY	工程技术	材料科学;硅酸盐	ENGLAND
POWDER METALLURGY AND METAL CERAMICS	工程技术	材料科学;硅酸盐	UKRAINE
REFRACTORIES AND INDUSTRIAL CERAMICS	工程技术	材料科学;硅酸盐	RUSSIA
CFI-CERAMIC FORUM INTERNATIONAL	工程技术	材料科学;硅酸盐	GERMANY
JOURNAL OF THE ELECTROCHEMICAL SOCIETY	工程技术	材料科学;膜	UNITED STATES
APPLIED SURFACE SCIENCE	工程技术	材料科学;膜	NETHERLANDS
PROGRESS IN ORGANIC COATINGS	工程技术	材料科学;膜	SWITZERLAND
THIN SOLID FILMS	工程技术	材料科学;膜	NETHERLANDS
CHEMICAL VAPOR DEPOSITION	工程技术	材料科学;膜	GERMANY
JOURNAL OF THERMAL SPRAY TECHNOLOGY	工程技术	材料科学;膜	UNITED STATES
CORROSION REVIEWS	工程技术	材料科学;膜	ENGLAND
SURFACE ENGINEERING	工程技术	材料科学;膜	ENGLAND
TRANSACTIONS OF THE INSTITUTE OF METAL FINISHING	工程技术	材料科学;膜	ENGLAND
International Journal of Surface Science and Engineering	工程技术	材料科学;膜	ENGLAND
JCT COATINGSTECH	工程技术	材料科学;膜	UNITED STATES
JOURNAL OF VACUUM SCIENCE & TECHNOLOGY A-VACUUM SURFACES AND FILMS	工程技术	材料科学;膜	UNITED STATES
SURFACE & COATINGS TECHNOLOGY	工程技术	材料科学;膜	SWITZERLAND
JOURNAL OF PLASTIC FILM & SHEETING	工程技术	材料科学;膜	ENGLAND
Pigment & Resin Technology	工程技术	材料科学;膜	ENGLAND
BIOMATERIALS	工程技术	材料科学;生物材料	NETHERLANDS
Acta Biomaterialia	工程技术	材料科学;生物材料	ENGLAND
COLLOIDS AND SURFACES B-BIOINTERFACES	生物	材料科学;生物材料	NETHERLANDS
MACROMOLECULAR BIOSCIENCE	生物	材料科学;生物材料	GERMANY
DENTAL MATERIALS	工程技术	材料科学;生物材料	ENGLAND
Journal of the Mechanical Behavior of Biomedical Materials	工程技术	材料科学;生物材料	NETHERLANDS
JOURNAL OF BIOMEDICAL MATERIALS RESEARCH PART A	工程技术	材料科学;生物材料	UNITED STATES
JOURNAL OF BIOACTIVE AND COMPATIBLE POLYMERS	工程技术	材料科学;生物材料	ENGLAND
JOURNAL OF BIOMATERIALS APPLICATIONS	工程技术	材料科学;生物材料	ENGLAND
Biomedical Materials	工程技术	材料科学;生物材料	ENGLAND
JOURNAL OF BIOMEDICAL MATERIALS RESEARCH PART B-APPLIED BIOMATERIALS	工程技术	材料科学;生物材料	UNITED STATES
JOURNAL OF MATERIALS SCIENCE-MATERIALS IN MEDICINE	工程技术	材料科学;生物材料	NETHERLANDS
JOURNAL OF BIOMATERIALS SCIENCE-POLYMER EDITION	工程技术	材料科学;生物材料	NETHERLANDS
Journal of Bionic Engineering	工程技术	材料科学;生物材料	PEOPLES R CHINA

续表

全称	分类	子类别	国家
BIO-MEDICAL MATERIALS AND ENGINEERING	工程技术	材料科学;生物材料	NETHERLANDS
DENTAL MATERIALS JOURNAL	医学	材料科学;生物材料	JAPAN
Journal of Biobased Materials and Bioenergy	工程技术	材料科学;生物材料	UNITED STATES
CELLULAR POLYMERS	工程技术	材料科学;生物材料	ENGLAND
EUROPEAN CELLS & MATERIALS	生物	材料科学;生物材料	SWITZERLAND
Materials Science & Engineering C-Materials for Biological Applications	工程技术	材料科学;生物材料	NETHERLANDS
Bioinspiration & Biomimetics	工程技术	材料科学;生物材料	ENGLAND
ARTIFICIAL CELLS BLOOD SUBSTITUTES AND IMMOBILIZATION BIOTECHNOLOGY	工程技术	材料科学;生物材料	UNITED STATES
WOOD SCIENCE AND TECHNOLOGY	工程技术	材料科学;纸与木材	UNITED STATES
HOLZFORSCHUNG	工程技术	材料科学;纸与木材	GERMANY
BioResources	工程技术	材料科学;纸与木材	UNITED STATES
JOURNAL OF WOOD CHEMISTRY AND TECHNOLOGY	工程技术	材料科学;纸与木材	UNITED STATES
European Journal of Wood and Wood Products	工程技术	材料科学;纸与木材	GERMANY
JOURNAL OF WOOD SCIENCE	工程技术	材料科学;纸与木材	JAPAN
TAPPI JOURNAL	工程技术	材料科学;纸与木材	UNITED STATES
CELLULOSE CHEMISTRY AND TECHNOLOGY	工程技术	材料科学;纸与木材	ROMANIA
FOREST PRODUCTS JOURNAL	工程技术	材料科学;纸与木材	UNITED STATES
WOOD RESEARCH	工程技术	材料科学;纸与木材	SLOVAKIA
MOKUZAI GAKKAISHI	工程技术	材料科学;纸与木材	JAPAN
WOCHENBLATT FUR PAPIERFABRIKATION	工程技术	材料科学;纸与木材	GERMANY
NORDIC PULP & PAPER RESEARCH JOURNAL	工程技术	材料科学;纸与木材	SWEDEN
PULP & PAPER-CANADA	工程技术	材料科学;纸与木材	CANADA
NATURE MATERIALS	工程技术	材料科学;综合	ENGLAND
Nature Nanotechnology	工程技术	材料科学;综合	ENGLAND
PROGRESS IN MATERIALS SCIENCE	工程技术	材料科学;综合	ENGLAND
ADVANCED MATERIALS	工程技术	材料科学;综合	UNITED STATES
Nano Today	工程技术	材料科学;综合	ENGLAND
NANO LETTERS	工程技术	材料科学;综合	UNITED STATES
ACS Nano	工程技术	材料科学;综合	UNITED STATES
ANNUAL REVIEW OF MATERIALS RESEARCH	工程技术	材料科学;综合	UNITED STATES
ADVANCED FUNCTIONAL MATERIALS	工程技术	材料科学;综合	GERMANY
INTERNATIONAL MATERIALS REVIEWS	工程技术	材料科学;综合	UNITED STATES
SMALL	工程技术	材料科学;综合	GERMANY
CHEMISTRY OF MATERIALS	工程技术	材料科学;综合	UNITED STATES
Nano Research	化学	材料科学;综合	PEOPLES R CHINA
CRITICAL REVIEWS IN SOLID STATE AND MATERIALS SCIENCES	物理	材料科学;综合	UNITED STATES
CARBON	工程技术	材料科学;综合	UNITED STATES
MRS BULLETIN	工程技术	材料科学;综合	UNITED STATES
INTERNATIONAL JOURNAL OF PLASTICITY	工程技术	材料科学;综合	ENGLAND
SOLAR ENERGY MATERIALS AND SOLAR CELLS	工程技术	材料科学;综合	NETHERLANDS
Journal of Physical Chemistry C	化学	材料科学;综合	UNITED STATES
ACTA MATERIALIA	工程技术	材料科学;综合	UNITED STATES
LANGMUIR	化学	材料科学;综合	UNITED STATES
Soft Matter	工程技术	材料科学;综合	ENGLAND
Materials Today	工程技术	材料科学;综合	ENGLAND
CORROSION SCIENCE	工程技术	材料科学;综合	ENGLAND
ORGANIC ELECTRONICS	工程技术	材料科学;综合	NETHERLANDS

全称	分类	子类别	国家
NANOTECHNOLOGY	工程技术	材料科学;综合	ENGLAND
JOURNAL OF THE MECHANICS AND PHYSICS OF SOLIDS	物理	材料科学;综合	UNITED STATES
SCIENCE AND TECHNOLOGY OF ADVANCED MATERIALS	工程技术	材料科学;综合	JAPAN
MICROPOROUS AND MESOPOROUS MATERIALS	化学	材料科学;综合	NETHERLANDS
SCRIPTA MATERIALIA	工程技术	材料科学;综合	UNITED STATES
JOURNAL OF ALLOYS AND COMPOUNDS	工程技术	材料科学;综合	SWITZERLAND
CEMENT AND CONCRETE RESEARCH	工程技术	材料科学;综合	ENGLAND
MACROMOLECULAR MATERIALS AND ENGINEERING	工程技术	材料科学;综合	GERMANY
MATERIALS SCIENCE AND ENGINEERING A-STRUCTURAL MATERIALS PROPERTIES MICROST	工程技术	材料科学;综合	SWITZERLAND
MATERIALS LETTERS	工程技术	材料科学;综合	NETHERLANDS
JOURNAL OF MATERIALS SCIENCE	工程技术	材料科学;综合	UNITED STATES
MECHANICS OF MATERIALS	工程技术	材料科学;综合	NETHERLANDS
CONSTRUCTION AND BUILDING MATERIALS	工程技术	材料科学;综合	ENGLAND
MATERIALS RESEARCH BULLETIN	工程技术	材料科学;综合	UNITED STATES
INTERNATIONAL JOURNAL OF FATIGUE	工程技术	材料科学;综合	ENGLAND
MATERIALS CHEMISTRY AND PHYSICS	工程技术	材料科学;综合	SWITZERLAND
SYNTHETIC METALS	工程技术	材料科学;综合	SWITZERLAND
Plasmonics	工程技术	材料科学;综合	UNITED STATES
JOURNAL OF MATERIALS PROCESSING TECHNOLOGY	工程技术	材料科学;综合	SWITZERLAND
CURRENT APPLIED PHYSICS	物理	材料科学;综合	NETHERLANDS
SEMICONDUCTOR SCIENCE AND TECHNOLOGY	工程技术	材料科学;综合	ENGLAND
JOURNAL OF NANOPARTICLE RESEARCH	工程技术	材料科学;综合	NETHERLANDS
MODELLING AND SIMULATION IN MATERIALS SCIENCE AND ENGINEERING	工程技术	材料科学;综合	ENGLAND
Physica Status Solidi-Rapid Research Letters	物理	材料科学;综合	GERMANY
COMPUTATIONAL MATERIALS SCIENCE	工程技术	材料科学;综合	NETHERLANDS
INTERMETALLICS	工程技术	材料科学;综合	ENGLAND
JOURNAL OF INTELLIGENT MATERIAL SYSTEMS AND STRUCTURES	工程技术	材料科学;综合	ENGLAND
OPTICAL MATERIALS	工程技术	材料科学;综合	NETHERLANDS
Electronic Materials Letters	工程技术	材料科学;综合	SOUTH KOREA
JOURNAL OF MAGNETISM AND MAGNETIC MATERIALS	物理	材料科学;综合	NETHERLANDS
DIAMOND AND RELATED MATERIALS	工程技术	材料科学;综合	NETHERLANDS
WEAR	工程技术	材料科学;综合	SWITZERLAND
MICROSCOPY AND MICROANALYSIS	工程技术	材料科学;综合	UNITED STATES
JOURNAL OF NUCLEAR MATERIALS	工程技术	材料科学;综合	NETHERLANDS
IEEE TRANSACTIONS ON NANOTECHNOLOGY	工程技术	材料科学;综合	UNITED STATES
INTERNATIONAL JOURNAL OF ADHESION AND ADHESIVES	工程技术	材料科学;综合	ENGLAND
JOURNAL OF MICROMECHANICS AND MICROENGINEERING	工程技术	材料科学;综合	ENGLAND
GOLD BULLETIN	工程技术	材料科学;综合	ENGLAND
INTERNATIONAL JOURNAL OF DAMAGE MECHANICS	工程技术	材料科学;综合	ENGLAND
Particuology	工程技术	材料科学;综合	PEOPLES R CHINA

续表

全称	分类	子类别	国家
RAPID PROTOTYPING JOURNAL	工程技术	材料科学;综合	ENGLAND
MATERIALS SCIENCE IN SEMICONDUCTOR PROCESSING	工程技术	材料科学;综合	ENGLAND
VACUUM	工程技术	材料科学;综合	ENGLAND
PHILOSOPHICAL MAGAZINE	工程技术	材料科学;综合	ENGLAND
JOURNAL OF ELECTRONIC MATERIALS	工程技术	材料科学;综合	UNITED STATES
Archives of Civil and Mechanical Engineering	工程技术	材料科学;综合	POLAND
ADVANCED ENGINEERING MATERIALS	工程技术	材料科学;综合	GERMANY
METALLURGICAL AND MATERIALS TRANSACTIONS A-PHYSICAL METALLURGY AND MATERIAL	工程技术	材料科学;综合	UNITED STATES
MATERIALS AND STRUCTURES	工程技术	材料科学;综合	NETHERLANDS
SCIENCE AND TECHNOLOGY OF WELDING AND JOINING	工程技术	材料科学;综合	ENGLAND
JOURNAL OF MATERIALS RESEARCH	工程技术	材料科学;综合	UNITED STATES
Journal of Nanomaterials	工程技术	材料科学;综合	UNITED STATES
MATERIALS AND MANUFACTURING PROCESSES	工程技术	材料科学;综合	UNITED STATES
PHYSICA STATUS SOLIDI A-APPLICATIONS AND MATERIALS SCIENCE	工程技术	材料科学;综合	GERMANY
Functional Materials Letters	工程技术	材料科学;综合	SINGAPORE
METALS AND MATERIALS INTERNATIONAL	工程技术	材料科学;综合	SOUTH KOREA
JOURNAL OF MATERIALS SCIENCE-MATERIALS IN ELECTRONICS	工程技术	材料科学;综合	NETHERLANDS
JOURNAL OF CULTURAL HERITAGE	综合性期刊	材料科学;综合	FRANCE
INTERNATIONAL JOURNAL OF FRACTURE	物理	材料科学;综合	NETHERLANDS
JOURNAL OF NANOSCIENCE AND NANOTECHNOLOGY	工程技术	材料科学;综合	UNITED STATES
PHYSICS AND CHEMISTRY OF MINERALS	地学	材料科学;综合	UNITED STATES
Photonics and Nanostructures-Fundamentals and Applications	工程技术	材料科学;综合	NETHERLANDS
METALLURGICAL AND MATERIALS TRANSACTIONS B-PROCESS METALLURGY AND MATERIALS	工程技术	材料科学;综合	UNITED STATES
JOURNAL OF ADHESION	工程技术	材料科学;综合	ENGLAND
INTERNATIONAL JOURNAL FOR NUMERICAL AND ANALYTICAL METHODS IN GEOMECHANICS	工程技术	材料科学;综合	ENGLAND
MATERIALS AND CORROSION-WERKSTOFFE UND KORROSION	工程技术	材料科学;综合	GERMANY
JOURNAL OF ELASTICITY	工程技术	材料科学;综合	NETHERLANDS
Journal of Computational and Theoretical Nanoscience	工程技术	材料科学;综合	UNITED STATES
FIRE AND MATERIALS	工程技术	材料科学;综合	ENGLAND
MATHEMATICS AND MECHANICS OF SOLIDS	工程技术	材料科学;综合	ENGLAND
FIRE TECHNOLOGY	工程技术	材料科学;综合	UNITED STATES
JOURNAL OF MATERIALS IN CIVIL ENGINEERING	工程技术	材料科学;综合	UNITED STATES
Journal of Energetic Materials	工程技术	材料科学;综合	UNITED STATES
SOFT MATERIALS	工程技术	材料科学;综合	UNITED STATES
MATERIALS TECHNOLOGY	工程技术	材料科学;综合	ENGLAND
Road Materials and Pavement Design	工程技术	材料科学;综合	FRANCE
REVIEWS ON ADVANCED MATERIALS SCIENCE	工程技术	材料科学;综合	RUSSIA
JOURNAL OF POROUS MATERIALS	工程技术	材料科学;综合	UNITED STATES
Current Nanoscience	工程技术	材料科学;综合	U ARAB EMIRATES
NANO	工程技术	材料科学;综合	SINGAPORE
ACI STRUCTURAL JOURNAL	工程技术	材料科学;综合	UNITED STATES

续表

全称	分类	子类别	国家
Journal of Mechanics of Materials and Structures	工程技术	材料科学:综合	UNITED STATES
BULLETIN OF MATERIALS SCIENCE	工程技术	材料科学:综合	INDIA
RARE METALS	工程技术	材料科学:综合	PEOPLES R CHINA
Journal of Laser Micro Nanoengineering	工程技术	材料科学:综合	JAPAN
JOURNAL OF MATERIALS ENGINEERING AND PERFORMANCE	工程技术	材料科学:综合	UNITED STATES
MATERIALS SCIENCE AND TECHNOLOGY	工程技术	材料科学:综合	ENGLAND
Journal of Experimental Nanoscience	工程技术	材料科学:综合	ENGLAND
JOURNAL OF ADHESION SCIENCE AND TECHNOLOGY	工程技术	材料科学:综合	NETHERLANDS
MATERIALES DE CONSTRUCCION	工程技术	材料科学:综合	SPAIN
JOURNAL OF ENGINEERING MATERIALS AND TECHNOLOGY-TRANSACTIONS OF THE ASME	工程技术	材料科学:综合	UNITED STATES
FIRE SAFETY JOURNAL	工程技术	材料科学:综合	SWITZERLAND
Digest Journal of Nanomaterials and Biostructures	工程技术	材料科学:综合	ROMANIA
MAGAZINE OF CONCRETE RESEARCH	工程技术	材料科学:综合	ENGLAND
ACI MATERIALS JOURNAL	工程技术	材料科学:综合	UNITED STATES
MICROSYSTEM TECHNOLOGIES	工程技术	材料科学:综合	GERMANY
JOURNAL OF FIRE SCIENCES	工程技术	材料科学:综合	ENGLAND
FULLERENES NANOTUBES AND CARBON NANOSTRUCTURES	工程技术	材料科学:综合	UNITED STATES
CORROSION ENGINEERING SCIENCE AND TECHNOLOGY	工程技术	材料科学:综合	ENGLAND
MATERIALS RESEARCH INNOVATIONS	工程技术	材料科学:综合	ENGLAND
Journal of the Society for Information Display	工程技术	材料科学:综合	UNITED STATES
International Journal of Minerals Metallurgy and Materials	工程技术	材料科学:综合	PEOPLES R CHINA
ATOMIZATION AND SPRAYS	工程技术	材料科学:综合	UNITED STATES
ACTA MECHANICA SOLIDA SINICA	物理	材料科学:综合	PEOPLES R CHINA
JOURNAL OF ELASTOMERS AND PLASTICS	工程技术	材料科学:综合	ENGLAND
MACHINING SCIENCE AND TECHNOLOGY	工程技术	材料科学:综合	UNITED STATES
MATERIALS TRANSACTIONS	工程技术	材料科学:综合	JAPAN
PROCEEDINGS OF THE INSTITUTION OF MECHANICAL ENGINEERS PART L-JOURNAL OF MA	工程技术	材料科学:综合	ENGLAND
MICROELECTRONICS INTERNATIONAL	工程技术	材料科学:综合	ENGLAND
Journal of Advanced Concrete Technology	工程技术	材料科学:综合	JAPAN
International Journal of Nanotechnology	工程技术	材料科学:综合	ENGLAND
ADVANCES IN CEMENT RESEARCH	工程技术	材料科学:综合	ENGLAND
COMBUSTION EXPLOSION AND SHOCK WAVES	工程技术	材料科学:综合	RUSSIA
Journal of Nano Research	工程技术	材料科学:综合	SWITZERLAND
Revista Romana de Materiale-Romanian Journal of Materials	工程技术	材料科学:综合	ROMANIA
INORGANIC MATERIALS	工程技术	材料科学:综合	RUSSIA
Materiali in Tehnologije	工程技术	材料科学:综合	SLOVENIA
Materials Science-Medziagotyra	工程技术	材料科学:综合	LITHUANIA
CIRCUIT WORLD	工程技术	材料科学:综合	ENGLAND
JOURNAL OF PHASE EQUILIBRIA AND DIFFUSION	工程技术	材料科学:综合	UNITED STATES
Transactions of FAMENA	工程技术	材料科学:综合	CROATIA
FERROELECTRICS	工程技术	材料科学:综合	ENGLAND
SENSORS AND MATERIALS	工程技术	材料科学:综合	JAPAN
JOURNAL OF OPTOELECTRONICS AND ADVANCED MATERIALS	工程技术	材料科学:综合	ROMANIA
MATERIALWISSENSCHAFT UND WERKSTOFFTECHNIK	工程技术	材料科学:综合	GERMANY

续表

全称	分类	子类别	国家
MATERIALS AT HIGH TEMPERATURES	工程技术	材料科学;综合	ENGLAND
INDIAN JOURNAL OF ENGINEERING AND MATERIALS SCIENCES	工程技术	材料科学;综合	INDIA
JOURNAL OF WUHAN UNIVERSITY OF TECHNOLOGY-MATERIALS SCIENCE EDITION	工程技术	材料科学;综合	PEOPLES R CHINA
Optoelectronics and Advanced Materials-Rapid Communications	工程技术	材料科学;综合	ROMANIA
Science and Technology of Energetic Materials	化学	材料科学;综合	JAPAN
Journal of Fire Protection Engineering	工程技术	材料科学;综合	ENGLAND
HIGH TEMPERATURE MATERIALS AND PROCESSES	工程技术	材料科学;综合	ISRAEL
SAMPE JOURNAL	工程技术	材料科学;综合	UNITED STATES
INFORMACIJE MIDEM-JOURNAL OF MICROELECTRONICS ELECTRONIC COMPONENTS AND MAT	工程技术	材料科学;综合	SLOVENIA
MATERIALS SCIENCE	工程技术	材料科学;综合	UKRAINE
RARE METAL MATERIALS AND ENGINEERING	工程技术	材料科学;综合	PEOPLES R CHINA
LASERS IN ENGINEERING	工程技术	材料科学;综合	ENGLAND
ZKG INTERNATIONAL	工程技术	材料科学;综合	GERMANY
ACS Applied Materials & Interfaces	工程技术	材料科学;综合	UNITED STATES
CURRENT OPINION IN SOLID STATE & MATERIALS SCIENCE	工程技术	材料科学;综合	UNITED STATES
CRYSTAL GROWTH & DESIGN	化学	材料科学;综合	UNITED STATES
MATERIALS & DESIGN	工程技术	材料科学;综合	ENGLAND
SMART MATERIALS & STRUCTURES	工程技术	材料科学;综合	ENGLAND
ELECTROCHEMICAL AND SOLID STATE LETTERS	工程技术	材料科学;综合	UNITED STATES
MATERIALS SCIENCE & ENGINEERING R-REPORTS	工程技术	材料科学;综合	NETHERLANDS
INTERNATIONAL JOURNAL OF REFRACTORY METALS & HARD MATERIALS	工程技术	材料科学;综合	ENGLAND
JOURNAL OF MATERIALS SCIENCE & TECHNOLOGY	工程技术	材料科学;综合	PEOPLES R CHINA
JOM-JOURNAL OF THE MINERALS METALS & MATERIALS SOCIETY	工程技术	材料科学;综合	UNITED STATES
APPLIED PHYSICS A-MATERIALS SCIENCE & PROCESSING	工程技术	材料科学;综合	UNITED STATES
FATIGUE & FRACTURE OF ENGINEERING MATERIALS & STRUCTURES	工程技术	材料科学;综合	ENGLAND
KONA-Powder and Particle	工程技术	材料科学;综合	JAPAN
CMC-Computers Materials & Continua	工程技术	材料科学;综合	UNITED STATES
SOLDERING & SURFACE MOUNT TECHNOLOGY	工程技术	材料科学;综合	ENGLAND
Micro & Nano Letters	工程技术	材料科学;综合	ENGLAND
ADVANCED MATERIALS & PROCESSES	工程技术	材料科学;综合	UNITED STATES
INTERNATIONAL JOURNAL OF MATERIALS & PRODUCT TECHNOLOGY	工程技术	材料科学;综合	SWITZERLAND

参 考 文 献

[1] 刘振海，等．中英文科技论文写作教程．北京：高等教育出版社，2007．
[2] 任胜利．英语科技论文撰写与投稿．第 2 版．北京：科学出版社，2011．
[3] 郑霞忠，等．科技论文写作与文献检索．武汉：武汉大学出版社，2012．
[4] 邓富民，等．文献检索与论文写作．北京：经济管理出版社，2010．
[5] 张天桥，等．英语论文检索、写作与投稿指南．北京：国防工业出版社，2011．
[6] 武丽志，等．本科论文写作指南．北京：清华大学出版社，2011．
[7] 中国知网国际出版中心，编译快报．2017（1-8）．
[8] [美] 张俊东，杨亲正．SCI论文写作与发表．北京：化学工业出版社，2013．
[9] 中华人民共和国专利法（2008 年修正）．
[10] 中华人民共和国专利法实施细则（2010 修订）．
[11] 中华人民共和国国家知识产权局．专利审查指南．北京：知识产权出版社，2010．
[12] 国家知识产权局令，第六十八号，对《专利审查指南》所做修订．
[13] 国家知识产权局令，第七十四号，对《专利审查指南》所做修订．
[14] 朱俊波，等．信息检索与论文写作．成都：西南交通大学出版社，2010．
[15] 朱静芳，等．现代信息检索实用教程．北京：清华大学出版社．2008．
[16] 孙济庆，等．新编化学化工信息检索．上海：华东理工大学出版社，2010．